普通高等教育网络与新媒体专业系列教材

新媒体产品策划

王海峰　荆丽娜　陈兵枝　王佳伟　编著

机械工业出版社

本书是国内第一本以"新媒体产品策划"为题的图书。本书从新媒体产品策划相关问题的概念、现状、文化、观念、思维、创意、调研、用户、机制、组织、政策、版权、文案、技术、案例等多个方面进行详细论述，全面呈现了新媒体时代新媒体产品从无到有的可能、过程与经验。

本书理论深度与案例描述兼具，在带给读者较大思考空间的同时，也为读者提供了较为丰富的现实图景；本书采用点面结合的论述方法，既给读者以宏观的观察与审视，也让读者感受到微观思考的个性与魅力；本书利用"天工讲堂"数字平台，既让图书内容充满张力，让纸质图书的新媒体交互成为可能，也让读者的思维不断跳跃与拓展。

本书既可作为高校网络与新媒体相关专业的教材，也可作为广大新媒体从业者的参考资料。

图书在版编目（CIP）数据

新媒体产品策划 / 王海峰等编著. —北京：机械工业出版社，2021.12（2025.1 重印）
普通高等教育网络与新媒体专业系列教材
ISBN 978-7-111-69849-4

Ⅰ. ①新… Ⅱ. ①王… Ⅲ. ①传播媒介-运营管理-高等学校-教材
Ⅳ. ①G206.2

中国版本图书馆 CIP 数据核字（2021）第 253225 号

机械工业出版社（北京市百万庄大街 22 号　邮政编码 100037）
策划编辑：刘鑫佳　　　　　责任编辑：刘鑫佳
责任校对：史静怡　王明欣　封面设计：马若濛
责任印制：郜　敏
北京富资园科技发展有限公司印刷
2025 年 1 月第 1 版第 5 次印刷
184mm×260mm・16.25 印张・381 千字
标准书号：ISBN 978-7-111-69849-4
定价：49.80 元

电话服务　　　　　　　　网络服务
客服电话：010-88361066　机 工 官 网：www.cmpbook.com
　　　　　010-88379833　机 工 官 博：weibo.com/cmp1952
　　　　　010-68326294　金 书 网：www.golden-book.com
封底无防伪标均为盗版　机工教育服务网：www.cmpedu.com

前言

PREFACE

新媒体是一个万花筒。我们能够窥见的"颜色"和"棱角",很多是基于文化创意、大众传播与科技变革。新媒体经常变换"时态",却又始终新鲜。新媒体是一个加速器。我们的日常生活、组织和通信因之更加高效、快捷,时间（注意力）恒定,而我们的生活项目或工作项目不断增加。新媒体是一个交换机。我们在时刻上传、下载和转发海量信息,在这台机器面前,知识鸿沟似乎正在缩小。新媒体又是一个新大陆。我们改变了以往据地域为界的开疆扩土模式,转而在虚拟的"媒介现实"中赚取效益和价值。

新媒体可以是任何一样东西,因为它渗透和反映了社会、政治、经济、文化的方方面面,但同时,我们也注意到,新媒体也极为虚弱,自身存在很多困境和陷阱,人们对新媒体及新媒体产品的了解,并非像我们以为或曾经想象的那样。沃尔特·李普曼在《公众舆论》中曾经描述和论及外部世界和我们头脑中的想象的关系。事实上,用新媒体产品来勾勒或搭建那种关系再恰当不过了,即新媒体产品让我们找到了另外一个与现实沟通并完美对接的方法。我们经常在寻找、使用和满足的过程中,完成新媒体消费,结束头脑想象,实现用户价值。

在未来社会,新媒体产品会和时间一样,成为我们每一个现代人的生活常量。这种改变和烙印,不是刻骨铭心的,而是一点一滴的。这种极为缓慢的改变方式,也常常令我们放松警惕,逐渐丧失思考和理智。不论是古斯塔夫·勒庞的《乌合之众》、尼尔·波兹曼的《娱乐至死》,还是马歇尔·麦克卢汉的《理解媒介》,都让我们察觉到媒介之大、受众之轻与肉身之小。正是如此,我们一边陶醉于新媒体产品,又一边时时反思与批判;我们一边体验用户与上帝如影随形的快感,又一边不断捡拾自己的痛点并控诉媒介带给我们（包含童年）的伤害。

这是任何一本关于新媒体及新媒体产品的著作都需要面对的问题。在这本书中,我对新媒体及新媒体产品做了重新思考,这个思考的原点,便是以上谈及的无时无刻不在的新媒体及新媒体产品的内部和外部矛盾。没错,从本质上讲,新媒体产品试图在策划的起手处协调这些矛盾。不论是政策、法规、机制、定位、程序、提醒或舆论,其实都是在做这样一件事情。在本书中,你能够把握新媒体产品的来龙去脉,能够体察新媒体产品策划者的匠心与用意,能够拥有组织、撰写和动手制作的种种能力,最后,能够成为一个优秀的新媒体产品策划者。

关于本书的结构、脉络与命意,我们可以用基于新媒体产品策划主题的几个关键词来概括:第 1 章写"概念",第 2 章写"概况",第 3 章写"文化"和"理念",第 4 章写"思维"和"创意",第 5 章写"调研"。第 6 章写"内涵"。第 7 章写"用户",第 8 章写"组织"，第 9 章写"版权"，第 10 章写"导图"与"文案"，第 11 章写"工具"，第 12 章写"案例"。

  本书在形式和内容上都有很多新意。例如，我们在随书配套的"天工讲堂"平台上上传了很多资源，这些资源同书中的导引、解说和理论文字构成了一个多彩的新媒体产品策划生态圈；我们试图在书中给予你一种创意与策划的流程感，这是一种立体的感觉，不论在概念、环境与思想上，还是在流程、保障与操作上。这本书的适用性很强，既适合初涉新媒体行业的员工，适合新媒体专业的学生，也适合新媒体及新媒体产品策划的研究者。

  本书第 4 章由陈兵枝撰写，第 5 章由荆丽娜撰写，第 6 章由王佳伟撰写，其余章节由王海峰撰写，全书由王海峰统稿、修改。本书的完成要感谢很多人：感谢我的学生张新、刘月娇、张子微、聂鑫鑫、王必奇为本书搜集了很多资料并制作了本书配套的部分 PPT；感谢在第 12 章里提供新媒体产品案例相关素材的同学们。

  此书撰写一定存在诸多不足，恳请各位同仁批评指正！如有赐教，敬请您发邮件至 haifeng2115@126.com。

王海峰

目 录
CONTENTS

第 1 章

定义与反思：新媒体及新媒体产品相关概念

对新的对象，必须创造出全新的概念。

——亨利·柏格森（Henri Bergson）

我觉得任何一种想法和概念，无论它是多么抽象，我们都可以把它讲得简单到一个孩子可以接受的程度。

——耶胡迪·梅纽因（Yehudi Menuhin）

从心理学角度来讲，概念为人们的思考提供了架构。众所周知，通过架构我们能够认识事物，并产生看待事物的观点。然而语言却能够改变我们的观点。

——金根培（Kunbae Kim）

关键词

传播　新媒体　知识产权　知识付费　数字鸿沟　数字出版　新媒体产品　受众
用户　产品经理

在本章，我们会遇到很多概念，你熟悉的或不熟悉的。我们都将在一个维度对这些概念进行思考，这个维度就是重新估衡，或者叫反思。概念是抽象的，这就同人类历史进化过程中的象征化过程（Symbolic Process）一样，人们不会同动物一样去争夺食物和工具，而是去竞争那些具有代表性的"食物"，如纸币、股票、奖章等。人类的语言给予这种象征化更大的活动空间，人们用"桌子"这个名词指代此时此刻你头脑里所想象的桌子的模样。但是，我们也知道，你画出来的桌子和别人画出来的桌子是不同的，甚至每个人画出来的桌子都是迥然不同的。

那么，关于"桌子"的概念是否也有千差万别呢？如果你去查词典，你能够得到一种或几种权威的注解，比如：有光滑平板，由腿或其他支撑物固定起来的家具，用以吃饭、写字、工作或玩牌等。我们能够看出，词典需要保证给出一个既有概念一段时期内的基本而普遍的解释。这个解释包含了规律性的、普遍性的、一般意义上的内涵。但是，却很难满足或包含特殊情况下的释义，比如，我们在没有桌子的情况下，我们是否可以拿床或沙发来充当桌子呢？如果可以在床上吃饭、写字、工作或玩牌等，那么床和桌子的功用是否又变得模糊了。或许你会反驳，床的功能是供人睡觉。那么，桌子和沙发是否也可以供人睡觉呢？

事实上，我们知道，床、桌子、沙发之所以是不同的称谓，是因为它们的主要功能不同，但它们的主要功能或次要功能在特定时间和空间也并非不能替换，只是为了做概念上的区分罢了。换句话说，当有人对你说"把桌子搬过来"时，你不至于把睡觉的床搬给他。但是，你却可能犹豫：是把这个有机玻璃桌子搬给他，还是把这个电动麻将桌子搬给他呢？这便涉及了另一个问题：同一个概念下的不同性能和不同理解。

对桌子而言，不同性能，讲的是：这个桌子到底是供放置装饰品的玻璃桌子，还是供玩麻将的自动桌子？不同理解，讲的是：搬桌子的人如果没有见过麻将桌子，他可能就不会将那个四四方方的机器理解成一张桌子，可能就会直接将那张有机玻璃搬过去。所以，对于概念的理解绝不单纯是关系到概念本身的问题，也会关系到概念的接受者、听众或受众问题。对新媒体产品而言，则更是如此。同样是短视频类的 App，因为提供的资源不同、用户定位不同会产生不同的传播效果或营销效果。

> 这里关于"桌子"概念的例说，是比较简单、通俗的理解。更深入的学习可以阅读现代语言学创始人索绪尔（Ferdinand de Saussure）的《普通语言学教程》以及胡塞尔（Edmund Gustav Albrecht Husserl）的现象著作。索绪尔提出的能指和所指概念既是强制对应的，又是自由组合的，它们的确定性和不确定性各有前提。而胡塞尔以降的现象学家则强调事物的意义或概念是被我们建构的结果。

我们通过本章所介绍（引发你思考）的这些基本概念（既给出当下权威性的定义，也给出我们认为值得思考的线索），来尽最大可能为本书新媒体产品策划做概念层面上与理解范围内的铺垫。我们期待通过这些概念的"铺垫"，能够在你的头脑中建立起一个网络，并树立一种灵活的变化的辩证的乃至不断反思的对待既有概念的意识。我们期望对于概念的思考能够成为你思想中一颗"蓄势待发"的种子，在未来的新媒体产品策划活动中生根发芽。

1.1 传播

传播（Communication）一词的含义是变化的。从其本义来讲，传播有传送或散布的意思。

唐代《北史·突厥传》中言："宜传播天下，咸使知闻。"这里的传播是广而告之的意思，是传播学意义上的社会传播、大众传播。

元代辛文房《唐才子传·高适》中言："每一篇已，好事者辄为传播吟玩。"这里的传播是相互传阅的意思，可以归纳为传播学意义上的人际传播。

明代冯梦龙《东周列国志》第四十六回有云："宫人颇闻其语，传播于外。商臣犹豫未信，以告于太傅潘崇。"这里的传播是语言信息的多次传递，从"传播于外"到"犹豫未信"已涉及人际传播到人内传播的转变。

清代袁枚《随园诗话》卷十四："一砚一铫，主人俱绘形作册，传播艺林。"这里的传播带有"寓教于艺"或"载于史册"的色彩，我们可以将之看作组织传播或媒介传播。

在中国古代文献中，并没有关于传播的明确而具体的定义。而传播学传入我国的历史不过短短 40 年，有学者将这 40 年分为两个阶段，即传播学的前学科阶段（1978—1997）与传播学的学科化阶段（1998 至今）[一]。学科化阶段下的传播的含义更为明确。总括起来，当下阶段传播的内涵基本已经达成了学界共识。

在英语中，传播的本义是个名词，即 Communication，源于拉丁语的 Communicatio 和 Communis，本意中包含"通信、通知、信息、书信；传达、传授、传播、传染；交通、联络；共同、共享"等十几种意思，后来也指人类传递或交流经验、思想、情感等信息的活动。

美国社会学家查尔斯·霍顿·库利（Charles Horton Cooley）在《社会组织》（1909）一书中设立"传播"章节，将传播定义为：人际关系赖以成立和发展的机制——包括一切可以在空间中得以传递的精神象征，在时间上得以保存的物质手段。它包括表情、态度、动作、声调、语言、文章、出版物、铁路、电报、电话及人类征服空间和时间的其他新成果。

> 传播学作为一门学科出现于 20 世纪 30 年代左右的美国。这是一个具有跨学科性质的新兴学科，其涉及的领域有社会学、心理学、政治学、新闻学、人类学、文化学等。在我国，传播学是新闻传播学下属的二级学科。

美国哲学家查尔斯·桑德斯·皮尔士（Charles Sanders Peirce）在《思想法则》（1911）一书中论及"传播"：直接传播某种观念的唯一手段是像（Icon）。即时传播最简单的观念也必须使用像。因此，一切观点都必须包含像或像的集合，或者说是由表明意义的符号构成的。皮尔士的观点简单来说，就是传播活动需要借助符号、符号系统或精神载体来完成。

传播学家威尔伯·施拉姆（Wilbur Schramm）等人提出传播要素：信源、讯息、信宿。后来一些学者将传播定义为：传播是社会信息的传递或社会信息系统的运行。[二]传播是一个沟通或者分享的过程。在这个过程中有发送者、中介和接受者，从而在传播者与接收者之间形成了传递关系和交换关系。[三]

当今时代，传播已成为社会发展的重要生产性要素，已经融合到各个产业、行业之

[一] 胡翼青，张婧妍. 中国传播学 40 年：基于学科化进程的反思[J]. 国际新闻界，2018，40（1）：72-89.
[二] 郭庆光. 传播学教程（第二版）[M]. 北京：中国人民大学出版社，2011.
[三] 董璐. 传播学核心理论与概念[M]. 北京：北京大学出版社，2016：1.

中。作为异军突起的新媒体产业及新媒体产品更是传播经济的弄潮儿。事实上，从传播理论来看，我们可以将新媒体产品看作是传播的讯息，而讯息的接收者和接受者即为新媒体产品的用户和受众，是否接受，接受的效果如何，则是传播学中传播效果和受众理论的范畴。然而，对新媒体产品而言，单从传播学等理论视角去探讨，是远远不够的。因为我们知道，新媒体产品已经具备了出版物的属性。

1.2　新媒体

新媒体（New Media）一词源于 1967 年美国的一家在今天看来已属传统媒体的广播公司（CBS）[一]。麦克卢汉（Mcluhan）20 世纪 60 年代所预言的由媒介而带来的社会变迁，在今天得以淋漓展现。新媒体发展依托的主要工具便是网络和数字技术。新媒体的内涵从 20 世纪 60 年代计算机技术的运用与激进艺术的演变开始，经历 20 世纪 80 年代电子计算时代与 20 世纪 90 年代计算机和网络带动社会转型时期，到 2000 年后逐步发展和成熟的 4G（第四代移动通信技术）[二]网络时代。

我们认识到，其实新媒体是相对于传统媒体（旧媒体）而言的不断发展、完善和蜕变的媒体。当然，我们也清楚，变化虽然是绝对的，但是，新媒体至少在当今社会一段时期内是具有固定不变的媒体形态的。这段时期多长，以及新媒体的形态与内涵在未来会发生怎样的变化，我们难以预知。但这并不妨碍我们今天不断开拓和创新新媒体形态和研发新媒体产品的脚步。时至今日，我们谈到新媒体，仍然觉得它的内涵与外延在不断更新。虽然我们很多人察觉不到一些媒体技术的微小变革，但是你却总能听到有人突然在某一天对你说："你怎么还在用那个（媒体）？那个都已经没人用了。你过时了，我们都已经用这个（媒体）了。"

新媒体是一个不断改变社会和人类存在关系乃至形态的又不断进行自我更新的技术力量。

联合国教科文组织 1998 年曾对新媒体下过一个定义，认为新媒体是"以数字技术为基础，以网络为载体进行信息传播的媒介"，认为新媒体是以互联网为主要标志的区别于广播、电视、报刊的第四种媒体。

美国《连线》杂志对新媒体的定义："所有人对所有人的传播。"这个定义显然是强调了新媒体的一个属性，即交互性。同时，这个定义也涉及新媒体传播的广泛性或渗透性。不论是交互性、广泛性还是渗透性，新媒体都优越于传统媒体。

国内外学者和媒体从业者对于新媒体有很多定义，以致新媒体的内涵与外延至今还在不断变化和延展。这一方面与新媒体的概念不断随着技术和思想的发展而变化有关，另一方面也与"泛媒时代"[三]下的媒体与受众不断更迭的知识消费观念有关。例如，很多人将以往未曾或无法归类的媒体都置入新媒体的外延中，如：网络电视、网络广播、楼宇电视、手机短信、数字报纸、户外电子广告等。在纷繁复杂的含义世界，我们再去探讨新媒体的

[一] 匡文波. 新媒体概论[M]. 2 版. 北京：中国人民大学出版社，2015：3.

[二] "科普中国"百科科学词条编写与应用工作项目. 4G. https://baike.baidu.com/item/4G.

[三] 李海容. 泛媒时代[M]. 广州：暨南大学出版社，2011.

内涵与外延似乎变得没有太大的意义。事实上，我们可以通过新媒体的主要特征去判定以上所列媒体是否属于新媒体。

Martin Lister 等人在《新媒体批判导论》一书中，所提及的数字化（Digital）、互动性（Interactive）、超文本性（Hypertexual）、虚拟性（Virtual）和网络化（Networked）即为新媒体特征[⊖]。此外一些研究者还提出新媒体的"检索性""迅捷性""零成本""海量信息""即时性""个性化""社群化""共享性""多媒体性"等诸多特征。新媒体的主要特征及其表现见表 1-1。

表 1-1 新媒体的主要特征及其表现

主 要 特 征	具 体 体 现
数字化 （Digital）	（1）数字化意味着媒介文本内容可以和物质载体相分离 （2）数据压缩到很小的空间 （3）可以以非常快的速度和非线性的方式处理 （4）与模拟格式相比更易为人们所处理
互动性 （Interactive）	（1）用户注册时的互动 （2）传播沟通时的互动 （3）对文本解释的互动 （4）游戏时的互动 （5）导致用户产生内容（user－generated content）兴起，随之而改变的是传统意义上的"受众"地位的变化
超文本性 （Hypertexual）	（1）是用超链接的方式，将各种不同空间的文字信息组织在一起的网状文体 （2）数字图书馆 （3）搜索引擎
虚拟性 （Virtual）	（1）最明显体现于电子游戏中，如体感游戏 （2）空间、环境、现实状况、身份等的虚拟 （3）导致"媒介世界"成为凌驾于现实世界之上的另一层空间
网络化 （Networked）	（1）networked V.S. mass （2）在线（在网）成为一种必不可少的状态 （3）移动网络的迅速普及，信息广泛传播 （4）生产和消费的网络化
检索性 （Searchability）	（1）搜索引擎成为信息获取的重要入口 （2）Ctrl+F 成为页面检索必不可少的组合键 （3）有明确需求目的的用户越来越需要检索功能，甚至在寻找信息咨询服务公司
零成本 （Zero cost）	（1）互联网的衍生特点，转载、分享、复制都可以基于鼠标而非基于付费 （2）因此而来的版权（侵权）问题迅速增加，尤其是电子书和数字音乐行业的版权保护问题
海量信息 （Massive information）	（1）互联网的衍生特点，互联网信息成几何态势增长 （2）信息重复、冗杂、无效、碎片化严重 （3）检索功能相应而生，但数据库（跨库）和算法问题又成为困扰用户和新媒体产品开发者的新难题

⊖ Martin Lister, et al. New Media: A Critical Introduction[M]. London and New York: Routledge, 2009: 13-14.

（续）

主 要 特 征	具 体 体 现
即时性 （Immediacy）	（1）互联网的衍生特点，24 小时随时随地获取和上传网络资源 （2）移动网络（4G/5G）更加凸显了这一特点
社群化 （Community）	（1）基于社交网络的新闻资讯、影音娱乐、购物办公平台成为新的新媒体驱动，如微信钱包中的"腾讯服务"及"第三方服务" （2）由陌生社群到熟人社群的转化
共享性 （Sharing）	（1）位置共享 （2）好文章分享、好游戏推荐 （3）短信、通信录、照片等信息的云浏览，社群内部的私人状态分享 （4）也存在诸如 Snapchat 这类的"阅后即焚"的照片分享应用

新媒体对社会关系与人际关系的转变其实质应该是人的精神认知的彻底转变。这个转变实际上是多向与多维的，可以是自我认知，可以是人际认知，可以是社会认知，也可以是观念认知。新媒体所带来的信息爆炸与即时通信，在一方面缩短了人与人、人与社会的认知距离，又在另一方面加剧了人与人、人与社会的误解与隔阂。新媒体始终是技术驱动下的人类主导的媒体形态，却让我们从更新的角度思考人类和人类社会的生存与生活。

> 这些主要特征都是我们总结出来的。未来新媒体又会有哪些新的特征，则是需要我们不断发现与总结的一个课题。

1.3 知识产权

知识产权（Intellectual Property，IP），原意为"知识（财产）所有权"或者"智慧（财产）所有权"，也称为智力成果权，其内容广泛，包括著作权（版权）、专利权、商标权。有学者考证，知识产权最早于 17 世纪中叶由法国学者卡普佐夫提出，后为比利时著名法学家皮卡第所发展，皮卡第将之定义为"一切来自知识活动的权利"。直到 1967 年《世界知识产权组织公约》签订以后，该词才逐渐为国际社会所普遍使用。17 世纪上半叶，产生了近代专利制度；18 世纪产生了"专利说明书"制度；又过了 100 多年，从法院在处理侵权纠纷时的需要开始，才产生了"权利要求书"制度。在 21 世纪，知识产权与人类的生活息息相关，到处充满了知识产权，在商业竞争上我们可以看出它的重要作用，知识产权可以称之为现代商业竞争的核心竞争力。根据美国专利商标局（USPTO）2018 年 6 月 19 日发布的数据显示，美国自 1790 年 7 月 31 日乔治·华盛顿签署的第一个美国专利算起，美国目前批准的专利数已经突破 1000 万个。2017 年全球科技公司在美国获得的专利数量排名见表 1-2。

> 每个国家对于知识产权的重视程度是不同的。总体来看，经济、文化越发达的国家，越重视知识产权。知识产权是人的创造性的合法化的体现，其在本质上涉及人的存在意义与社会价值，代表了一种高级的生产力。

表 1-2 2017 年全球科技公司在美国获得的专利数量排名

排　名	科技公司	专利数量	排　名	科技公司	专利数量
1	IBM	9043	2	三星电子	5837

（续）

排　名	科技公司	专利数量	排　名	科技公司	专利数量
3	佳能	3285	7	谷歌	2457
4	英特尔	3023	8	微软	2441
5	LG	2701	9	台积电	2425
6	高通	2628	10	三星显示器	2237

根据《中华人民共和国民法通则》的规定，知识产权属于民事权利，是基于创造性智力成果和工商业标记依法产生的权利的统称。知识产权法包括专利法、商标法和著作权法三个方面的内容。我国在制定国内知识产权法律法规的同时，也加强了与世界各国在知识产权领域的交往与合作，加入了 10 多项知识产权保护的国际公约（如《与贸易有关的知识产权协定》《巴黎公约》《伯尔尼公约》《世界版权公约》《马德里协定》《专利合作条约》等）。

在新媒体产品领域，涉及的知识产权主要是指著作权（Copyright），例如，网络小说的剧本改编权、影视剧的独播权、网络首发内容的信息网络传播权、视频资源播放收益权等。著作权是公民、法人、非法人组织对其在文学、艺术、科学领域内的智力创作成果依法享有的人身权利和财产权利。著作权是知识产权管理与无形资产管理的重要组成部分，涵盖经济属性与人身属性。与著作权相应的是由著作权而形成的版权资产（Copyright assets）。版权资产是文化型、科技型、媒介类企业所拥有或控制的能够发挥持续作用并能带来经济效益的无形财产，其已成为文化产业竞争的核心资源，具体而言包含：知识、权益、信息、技术、品牌等非货币性资产。

版权资产的特征主要体现在如下 5 个方面，具体见表 1-3 所列。

表 1-3　版权资产的基本特征及具体释义

特　征	具　体　释　义
非独立性	版权资产依附于权利人，以价值形态存在，对文化型企业的生产经营产生直接或间接的经济影响。在版权资产流转时，版权资产根据权利归属关系，始终依附于流转前或流转后的权利人
排他性	排他性也称独占性或专有性，指版权资产权利人对其知识或智力成果享有独占或排他的权利，并受到法律保护。除被许可人以外，其他人不能在规定的时间或空间范围内以发行、复制、出租、展览、广播、表演等各类形式使用该版权资产，否则将构成版权侵权
流动性	流动性是指资产的具体形态可相互转化，版权资产的归属权利可以根据转让协议在权利人、被授权人之间流转。版权资产的转让一般是转让版权资产的所有权或使用权，转让过程中产生的权利和义务由权利人承担。在以取得货币、货物或其他经济利益为前提，转让版权资产的所有权或使用权的行为发生时，应按照"转让无形资产"税目征收营业税
可增值性	可增值性是资产在被利用从事生产、经营或转让使用权过程中，资产能够产生大于自身价值的收益，资本量在原有基础上得到增值的特性。在文化型企业对版权资产进行运营的过程中，版权资产增值体现在改编、复制、发行、网络信息传播权等经营活动中获得的收益，版权资产的可增值性在文化型企业对大量版权资产集中运营并发挥聚集效应时体现得尤为显著
社会性	版权资产是以价值形态存在的经济资源，兼有意识形态属性。在知识经济社会中，同样的版权资产根据其社会属性在不同的地域、不同的经济环境、不同发展水平的国家中具有不同价值，但版权资产的管理均应体现其应有的社会责任，其价值形态也应得到社会的承认

注：表中数据来自国家新闻出版广电总局出版专业资格考试办公室. 数字出版基础（2015 年版）[M]. 北京：电子工业出版社，2015：338-339.

我国很多新媒体人都将 2015 年称为"IP 元年",不论是网络小说改编网络影视剧热潮,还是短视频、直播行业的资源竞争与买断,不论是手机游戏挤压网页游戏盈利空间,还是版权竞争渗透到融媒体时代的各行各业,都带给新媒体产品新的冲击与活力。由国际授权业协会(LIMA)与全球授权中国站(LEC)联合主办的中国授权业大奖(China Licensing Awards)评选出的 2018 年年度中国 IP"吾皇万睡"即是从漫画+萌宠、深化内容、多方变现等方面打造了一个超级 IP。纵观 IP 市场,不得不说风生水起、凶猛异常。而对于 IP 的开发与经营则是新媒体时代的一门学问,一个优秀 IP 往往能够成就一个优秀的新媒体产品。

1.4 知识付费

知识付费(Knowledge Payment)的本质,就是把知识变成产品或服务,以实现商业价值。知识付费有利于人们高效筛选信息,同时,付费可以激励新的优质内容的生产。在我国,知识付费的热潮自 2016 年蓬勃兴起,2016 年也被称为"知识付费元年"。根据中国知网搜索主题词"知识付费"的统计数据显示,2016 年国内仅有 22 篇知识付费主题论文,而 2017 年的数量则是 2016 年的 11 倍多。图 1-1 为 1999—2018 年中国知网发表以"知识付费"为主题的学术论文数量趋势。

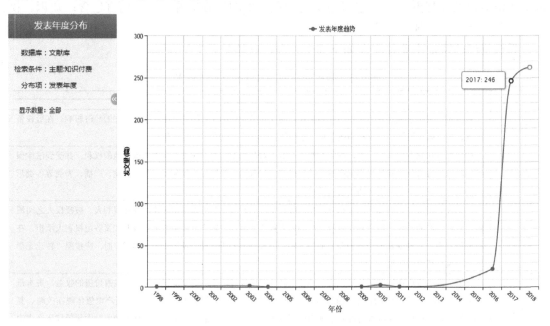

图 1-1 1999—2018 年中国知网发表以"知识付费"为主题的学术论文数量趋势

2016 年知乎的"值乎"、悬赏提问、付费语音问答和 Live 相继推出。2017 年 11 月 8 日,知乎入选时代影响力·中国商业案例 TOP30。[⊖] 2018 年 6 月 6 日,知乎"知识市场"

⊖ http://finance.cnr.cn/gundong/20171109/t20171109_524019089.shtml.

业务升级为"知乎大学"。[1]2018年7月，知乎完成新一轮融资，融资额接近3亿美元，估值接近25亿美元。[2]

分答（2018年2月更名为"在行一点"）平台自2016年5月15日上线，上线后李银河、周国平、罗振宇等众多专业领域名人纷纷在分答付费语音平台回答各类问题。分答上线42天，拥有1000万用户，生产了50万条问答内容，有超过100万授权用户为内容买单，交易总额超过1800万元，A轮融资2500万美元，当时估值超过1亿美元。针对分答KOL[3]变现能力有限、问答场景的单一化、用户付费意愿逐渐走低等问题，姬十三改组分答为在行一点。

得到是罗振宇"罗辑思维"团队出品的知识付费App，提倡碎片化的学习方式和让用户短时间内获得有效的知识。得到App2015年11月上线，2018年5月24日，罗振宇在其新浪微博发布消息，得到授权用户已超过2000万人。罗振宇完成了从"罗振宇"到"罗辑思维"知识付费脱口秀再到"得到"知识付费平台的转变。

在2016年之后，与以上三个知识付费平台相类似的平台还有很多，如：豆瓣上线的"豆瓣时间"、今日头条的"悟空问答"、喜马拉雅FM"好好说话"、网易云音乐的"采铜·好书精读"、微博问答、钛媒体Pro版、36氪付费专栏开氪、知识星球的高品质社群、微信公众号付费阅读、电商京东的"京答"等。这些平台的盈利模式多样、受众群体多元、用户兴奋点不同。但相同的是，这些平台都在努力为用户提供高品

> 后人类时代，人类将面临两种知识获取与服务形态：一种是知识付费，另一种是知识共享。二者既存在矛盾，又相互补充。人类的身体和心理将随着知识的获取而发生改变。这正如培根所说"知识就是力量"，也如福柯所言"知识是另外一种权利"。后人类时代的知识消费将如喝水呼吸一样必要与自然。

质的知识与服务。根据企鹅智库出品的《知识付费经济报告：多少中国网民愿意花钱买经验》提供的数据，55.3%的网民有过为知识付费行为，其中包括：订阅付费资讯，付费下载资料，付费参加线上线下的课程、培训、讲座，打赏，付费加入微信群、付费个性化咨询、付费语音问答等多种形式。[4]

知识付费中所言及的知识已经不再是放在图书馆里"睡觉"的等待别人去查询的被动的知识了，也不再是baidu.com、bing.com、google.com等搜索引擎网站里漫无边际、杂乱无章的、真假混淆的毫无个性化和针对性的知识，而是原有这些知识的升级、整合、增值和量身定做。

打个比方，原有的知识是一片所谓的知识的海洋，我们可以走到海边或在海里泛舟，用各种各样的网打捞属于我们的或适合我们口味的食粮，现在的知识付费或未来的支付付费状态应该是，我们坐在家里或走在任何偏僻的乡村，我们随时可以打开随身携带的电子"水龙头"（通信设备），通过设定有针对性的闭合性或开放性问题，或者是设定搜索的范围和层次等复杂条件，水龙头就可以将我们需要的订制资源送到我们手里。

---

[1] http://tech.sina.com.cn/i/2018-06-07-doc-ihcqccip8214804.shtml.

[2] http://tech.qq.com/a/20180719/026195.htm.

[3] http://wiki.mbalib.com/wiki/%E5%85%B3%E9%94%AE%E6%84%8F%E8%A7%81%E9%A2%86%E8%A2%96.

[4] http://tech.qq.com/original/archives/b122.html.

有研究者[1]分析，中国知识付费兴起的原因有如下几点。

（1）中国政策推动分享经济发展，这是知识付费得以发展的重要动因。分享经济并不是无偿分享的经济，知识付费体现了其精髓。

（2）中国社会主要矛盾已经转化为人民日益增长的美好生活需要和不平衡不充分的发展之间的矛盾，社会成员的生活需要日益增长，消费结构已经发生很大变化。

（3）移动互联的功能拓展和移动支付方式的快速发展，为知识付费铺就道路。近年来，支付宝、微信等移动支付工具有了长足发展，使得知识付费具备了线上移动付费的便利条件，使之在移动端爆发成为可能。

（4）部分消费者急于消除求知过程中某些痛点，其需求通过知识付费得到满足。

（5）"人口红利"[2]使中国知识付费的市场较为广阔，而且会有很好的发展前景。

两年时间，知识付费这块"山芋"已经炙手可热，但其中的问题也非常之多。知识付费消费过程中的版权问题、监管问题、用户满意度问题、价值估衡问题、产品化问题、知识重复问题等，都是需要我们进行深刻思考的。

➡ 1.5 数字鸿沟

数字鸿沟（Digital Divide）是指因信息和通信技术（Information and Communication Technologies，ICT）的获取、使用或影响方面的差异而导致的经济和社会发展的不平等。[3]国家内部的差异（例如美国的数字鸿沟）可能指个人、家庭、企业间或地理区域间的不平等，通常在于不同的社会经济水平或其他人口统计类别。世界各地不同国家或地区之间的鸿沟被称为全球数字鸿沟，通常指在国际范围内研究发展中国家与发达国家之间的技术差距。[4]数字鸿沟一词源于美国未来学家托夫勒于 1990 年出版的 *Powershift：Knowledge，Wealth，and Violence at the Edge of the 21st Century*（《权力转移》）一书，该书提出了信息富人、信息穷人、信息沟壑和数字鸿沟等概念，认为数字鸿沟是信息和电子技术方面的鸿沟，信息和电子技术造成了发达国家与欠发达国家之间的分化。

webopedia.com 的 Vangie Beal 认为：数字鸿沟是用于描述有权访问的人与使用新信息和通信工具（如 Internet）的资源以及没有资源和访问该技术的人之间的差异的术语。该术语还描述了具有使用技术的技能、知识和能力的人与不使用技术的人之间的差异。

> 这是技术信息不平衡所致的人类区域之间的裂痕与落差，一方面形成"信息流"，另一方面形成"文化殖民"。知识产权和数字鸿沟之间存在某种奇妙的关联，值得我们进行辩证思考。

生活在农村地区的人和生活在城市地区的人之间，受过教育的人和未受过教育的人之间，经济阶层之间以及全球范围内工业发达国家之间存在着的数字鸿沟。

---

[1] 丁晓蔚，王雪莹，高淑萍. 知识付费：概念涵义、兴盛原因和现实危机[J]. 当代传播，2018（2）：29-32.

[2] http://wiki.mbalib.com/wiki/%E4%BA%BA%E5%8F%A3%E7%BA%A2%E5%88%A9.

[3] https://www.ntia.doc.gov/ntiahome/fallingthru.html.

[4] Chinn Menzie D, Robert W Fairlie. The Determinants of the Global Digital Divide: A Cross-Country Analysis of Computer and Internet Penetration[J]. Economic Growth Center, 2006, 59(1): 16-44.

何为数字？这已不再是小学生学习的基数和偶数。数字是描述基于不连续数据或事件的任何系统。计算机是数字机器，因为在最基本的级别，它们只能区分两个值，0和1，或者关闭和打开。没有简单的方法来表示其间的所有值，例如0.23。计算机处理的所有数据必须以数字方式编码，如一系列0和1。

数字的反面是模拟。典型的模拟设备是指针在表盘上连续移动的时钟。这样的时钟能够指示一天中的每个可能的时间。相反，数字时钟只能表示有限次数（例如，1/10秒）。一般来说，人类以类似的方式体验世界。例如，视觉是一种模拟体验，因为我们感受到无限平滑的形状和颜色渐变。然而，大多数模拟事件是可以以数字化模拟的。例如，报纸上的照片由一系列黑色或白色的点组成。从远处看，观察者看不到点（数字形式），只看到线条和阴影，看起来是连续的。虽然数字表示的是模拟事件的近似值，但它们很有用，因为它们相对容易以电子方式存储和操作，这个过程的关键是从模拟转换为数字，然后再转回。从表面看来，数字代表的是技术，但实际上，数字代表的是资源、智力、文化、经济，乃至政治。

全球范围的国家和地区，互联网用户差距也十分巨大，具体见表1-4、表1-5和图1-2。

表1-4　2010年与2016年全球国家和地区互联网用户统计数据

单位：百万人

国家和地区	2010年	2016年
中国	470	750
美国	220	250
日本	100	120
印度	92	390
巴西	80	130
德国	66	73
俄罗斯	62	110
英国	54	62
法国	49	55
韩国	41	47
土耳其	39	46
墨西哥	36	76
意大利	32	36
西班牙	31	37
越南	27	44
加拿大	27	33
印度尼西亚	26	66
菲律宾	23	57
阿根廷	19	31
尼日利亚	18	48
埃及	18	39
哥伦比亚	17	28

（续）

国家和地区	2010 年	2016 年
澳大利亚	17	21
马来西亚	16	25
泰国	15	33
巴基斯坦	14	30
乌克兰	11	22
其他国家和地区	371	726
总计	1991	3385

注：数据来源：国际电联（ITU：International Telecommunication Union）。

表 1-5　2020 年全球互联网用户规模及渗透率统计情况与预测

世 界 地 区	人口（2020 年估计）（亿人）	互联网用户（2020 年 5 月 31 日）（亿人）	渗 透 率	2000—2020 年增长	互联网用户数量占全球
非洲	13.4	5.27	39.30%	11567%	11.30%
亚洲	42.94	23.66	55.10%	1970%	50.90%
欧洲	8.35	7.28	87.20%	592%	15.70%
拉丁美洲/加勒比海	6.58	4.54	68.90%	2411%	10.00%
中东	2.61	1.83	70.20%	5477%	3.30%
北美	3.69	3.49	94.60%	223%	7.50%
大洋洲/澳大利亚	0.43	0.29	67.70%	279%	0.60%
总计	77.97	46.48	59.60%	1187%	100.00%

注：资料来源：IWS、前瞻产业研究院整理。

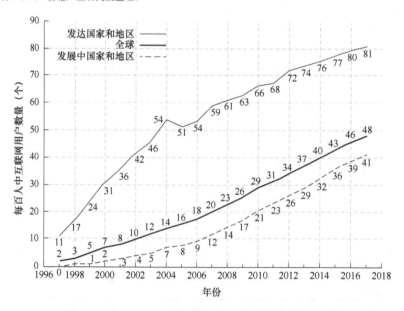

图 1-2　1996—2018 年每百人中互联网用户数量曲线图

注：数据来源：国际电联。

马丁·李斯特（Martin Lister）⊖等人在《新媒体批判导论》（第二版）一书中认为：

（20 世纪）90 年代上半段，我们听到了两个声音，经济决定主义和市场话语，两者联合起来创造了无处不在的"信息经济"的理念。技术、经济和政治之间的互动被描述为："旧社会通过用技术之权力（power of technology）服务于权术（technology of power）的方式来重新组装自己。"（Castells，1996：52）加纳姆认为"知识或信息经济"这一术语，在如下概念中是意识形态化的：它们被用于弥补对老套、未准备好的现代化进程的批评（Garnham，2000）。更重要的是，基于技术和技术普及的实际情况、新媒体内容的性质，我们都生活在一个信息时代的这个中心论点也备受质疑。因此我们现在要检验数字鸿沟中的富有者和贫穷者双方。

......

换句话说，数字鸿沟在很大程度上再现了社会上其他的不平等，并已成为一个关于社会包容性的主要辩论议题。然而，这些辩论的结果取决于所有权、管理技术和意识形态之间的复杂互动。特别是数字鸿沟问题，取决于在新自由主义主导的反管理和干涉的环境中，公共媒介是否能被维护下去。管理缺失、市场角色加重的情况下，资本主义经济的不确定性和发展趋势也会影响媒介的发展。⊖

数字鸿沟不仅反映了全球范围内的网络资源访问量的不均衡，而且反映了全球国家和地区之间的收入差距问题。而此间涉及的种族差异、观念差异、文化差异、技术差异、硬件差异、信息差异、思维差异、环境差异、家庭差异等问题都可以看作是经济差异的一面镜子。在新媒体极速发展的当今时代，网络传播、互联网访问成本、权限、技术的不平等可能会在全球信息传播与使用中成为主导因素，但丹·席勒（Dan Schiller，1999）认为，互联网很可能会加剧现有的社会不平等。这也是数字鸿沟带给我们的反思之一。

➡ 1.6　数字出版

2010 年新闻出版总署发布的《关于加快我国数字出版产业发展的若干意见》曾对数字出版做出过一个工作性质的定义："数字出版是指利用数字技术进行内容编辑加工，并通过网络传播数字内容产品的一种新型出版方式。"其主要特征为"内容生产数字化、管理过程数字化、产品形态数字化和传播渠道网络化"。目前数字出版产品形态主要包括电子图书、数字报刊、网络文学、网络教育出版物、网络地图、数字音乐、网络动漫、网络游戏、数据库出版物、手机出版物等。

数字出版（Digital Publishing）定义中的数字技术包含很多，如：计算机技术、通信技术、网络技术、流媒体技术、存储技术、显示技术等高新技术。当下新媒体所做的新媒体产品策划、制作、运营、销售即在很大程度上属于数字出版活动，如知识付费类 App、在

⊖ 马丁·李斯特（Martin Lister），英国布里斯托西英格兰大学创意艺术学院视觉文化教授。他著述广泛，涉足摄影视觉文化与新媒体等领域，论著包括《数字文化的摄影影像》《电子影像时代的摄影术》等。

⊖ 李斯特，多维，等. 新媒体批判导论（第二版）[M]. 吴炜华，付晓光，译. 上海：复旦大学出版社，2016：208-214.

线教育平台、电商平台的电子书营销等。数字出版经历了由传统出版的数字化、封装型数字出版、网络出版到移动出版几个阶段。数字出版改变了以往的出版流程，加快了社会文化的传播，改变了文化出版产业价值链，形成了新型的产业形态和结构。

据《2017—2018 中国数字出版产业年度报告》数据显示，截至 2017 年年底，我国数字出版产业的累计用户规模达到 18.25 亿人（家/个）。2017 年，我国数字出版产业依旧保持快速发展势头，全年整体收入规模为 7071.93 亿元。其中，互联网期刊收入 20.1 亿元，电子书收入 54 亿元，数字报纸（不含手机报）收

> 2019 年，我国数字出版产业收入规模超过 9800 亿元，比 2018 年增长 11.16%。其中，移动出版收入达 2314.82 亿元，互联网广告达 4341 亿元，网络游戏达 713.83 亿元。其他数据可参考每年的数字出版产业年报。

入 8.6 亿元，博客类应用收入 77.13 亿元，在线音乐收入 85 亿元，网络动漫收入 178.9 亿元，移动出版（移动阅读、移动音乐、移动游戏等）收入 1796.3 亿元，网络游戏收入 884.9 亿元，在线教育收入 1010 亿元，互联网广告收入 2957 亿元。移动出版、在线教育、网络游戏、网络动漫 4 者占数字出版总收入的 54.7%。报告认为，移动出版依然是数字出版的重要发展方向，具有雄厚发展潜力；在线教育作为数字教育出版最为活跃的部分，经过激烈的市场竞争，资源趋向集中化；网络动漫在深受资本追逐和动漫 IP 运营颇受重视的情况下，继续保持快速发展态势。传统书报刊数字化收入占比持续下降。2017 年，互联网期刊、电子图书、数字报纸的总收入为 82.7 亿元，在数字出版总收入中所占比例为 1.17%，相较 2016 年的 1.54% 和 2015 年的 1.77% 来说，呈持续下降态势如图 1-3 所示。

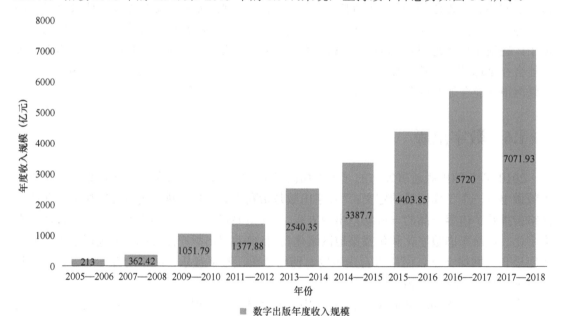

图 1-3 2005—2018 年数字出版产业收入规模

注：根据历年数字出版产业报告数据整理。

虽然，我们看到（见图 1-4）数字出版产业的发展势头很快，但是，数字出版及其产业也存在诸多问题，值得我们去反思。比如，数字出版专业人才缺乏问题。2018 年初，教育

部批准西北民族大学、广西师范大学漓江学院 2 所高校新设本科数字出版专业。⊖截至目前，全国新闻传播类本科专业在校生约 23 万人，在校教师数约 7000 人。⊜全国约 700 所高校开设了 1300 余个新闻传播本科专业点，其中，网络与新媒体专业有 197 个，数字

> 这些数据每年都有变化（一般为增加），可到教育部官网进行查询。一般而言，高校的专业设置整体情况与全国的专业就业整体前景存在宏观意义上的正相关性。

出版专业仅有 18 个，与传统的新闻传播学专业人才相比，高校培养的数字出版类应用型人才少之又少。2011—2017 年我国开设数字出版和网络与新媒体专业数量见图 1-4。

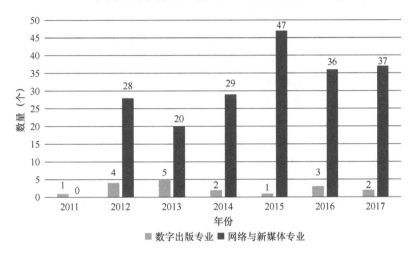

图 1-4　2011—2017 年我国开设数字出版和网络与新媒体专业数量

我国数字出版及其产业存在的其他问题，如数字出版产业的发展方向问题、数字出版产品国际竞争力问题、政府和文化市场制度创新问题、人口红利与用户体验问题、数字版权管理与保护问题、数字出版产业盈利模式探索问题、数字出版产品同质化问题、数字阅读与深度阅读协调发展问题等，这些都是需要我们放眼审视与静心思考的重要命题，每一个命题都与一个数字出版产品或新媒体产品的命运息息相关。

➡ 1.7　用户体验

没有一个时代比当今时代更加注重用户体验（User Experience）。生产者与消费者的距离更加接近，在产品没有生产之前，生产者就可以听见消费者的耳语，抑或是，消费者催促着生产者去生产自己预期的产品。我们都可以轻而易举地在新媒体产品市场上窥见这些供求行为。

⊖　教育部高教司. 教育部关于公布 2017 年度普通高等学校本科专业备案和审批结果的通知[EB/OL]. [2018-3-21]. http://www.moe.gov.cn/srcsite/A08/moe_1034/s4930/201803/t20180321_330874.html.

⊜　腾讯传媒. 2018 传媒业需要什么样的人才? 腾讯新闻发布首份传媒人能力需求报告[EB/OL].[2018-2-24]. https://mp.weixin.qq.com/s?__biz=MzA3MzQ1MzQzNA==&mid=2656934887&idx=1&sn=d6385aa40437a21c3b45d121de499ce4&chksm=84a7e1f2b3d068e40f0a784ccb3ecbc7287ee9c8dcb0cedf070026f271f474c227a9a06ef45f&mpshare=1&scene=23&srcid=0224v1JBK4dNmpQdyWVo3CrW##.

那么，什么是用户体验呢？用一句话概括，即：用户体验是用户与产品的交互过程。

用户体验是一个双向的概念。一方面对于生产者而言，另一方面对于用户（消费者）而言。

对于生产者而言，注重用户体验需要对用户体验有正确的预估，并认识到用户的真实期望和目的，能够根据目标用户的核心需求及时、低成本地修正产品的核心功能，实现用户核心需求与产品核心功能完美契合，并且能够达到最佳（即用户体验愉悦，乐于消费与传播产品）交互效果。

对于用户（消费者）而言，很少有人愿意为了适应或将就一个产品而心甘情愿改变自己的兴趣爱好、使用习惯或牺牲自己的某些选择权，这不仅是因为新

> 关于"用户"，我们会在本书的第 7 章做更为详细的解释与建构。

媒体时代下作为用户的原则立场问题，也是人类社会消费行为所赋予用户的基本权利，或者说，从古至今，人类总是精益求精，不断改进自己使用的产品，人类对产品（工具）有着某种近乎天性的控制欲。

用户体验既包括用户在使用产品过程中建立起来的一种纯粹的主观感受，也包括用户对产品的理性检验、思考和反思等。

例如，一个 App 以一种二次元的形态出现，可能会第一时间在主观感受上将那些二次元少女吸引，从而在很大程度上弱化了二次元少女用户对该 App 其他缺项的体验。再如，很多微信公众号文章非常注重文章标题的推敲，甚至出现很多"标题党"，用户在原初状态总会上当几次，但随着用户的"警觉"（媒介素养的提高），这样的文章便会引起用户反感，最终可能导致用户取消对该公众号的关注。作为用户的我们，在这个用户体验过程中，觉得自己受到了"愚弄"，这是一般用户所不能容忍的。

用户体验一般涉及这样几个要素：用户需求（User Needs）、核心功能（Core Functions）、用户界面（UI）和交互性（Interactivity）。

用户需求主要是指用户自身的刚性需求和其他需求共同构成的需求区域。比如，一个智能手机用户急需知道自己所处方位时，他通常会打开手机中的电子地图。这个电子地图，在彼时彼刻便是刚需，其他购物类 App 便显得无关紧要了。而当这个电子地图无法为用户提供非常明确的方位或路线时（即该产品核心功能无法满足用户需求），用户便会尝试下载其他电子地图，如此，就构成了多个产品之间在满足用户需求、产品核心功能上的比较。这些比较可能是用户在几秒钟之内完成的，也可能是用户在长期使用中比较而来的。比较当中的决定因素可能是产品中的某个界面导致用户体验不佳，也可能是产品中的广告植入太多，更可能是产品出现了意想不到的 Bug。这些比较、体验都需要用户在同产品的交互（使用）中完成。交互就像两个人谈话，你有什么，我需要什么；你喜欢什么，我爱好什么……彼此在沟通中考量是否相互匹配。

但是，对于用户体验中交互性的理解决非仅止于此。我们知道，从模拟电视到数字电视，再到互联网络机顶盒，用户逐步体验到了更多的交互性（包含自主选择性）。似乎在这场交互性扩张的战役中，用户取得了绝对胜利，但事实并不这么简单。用户虽然可以自主选择自己喜爱的节目，甚至可以通过购买 VIP 资格来跳过广告，但是，用户始终处于媒介产品生产者预先设计好的界面和预先审定投放的资源之中。这一点在我们的手机 App 每一

次产品升级时我们体验得尤为明显。

近年，自媒体方兴未艾，用户生成内容（User Generated Content，UGC）成为各种头条平台争夺用户的一种盈利模式。很多平台也推出了机器审核（主要针对内容的检索、审核）、智能推荐（主要针对用户使用习惯、兴趣爱好的用户画像和内容推荐）。用户生成内容和用户画像，是新媒体产品生产者和运营者在另外两个维度上获取用户体验信息的绝佳方式。

用户生成内容模式的特点包括三个方面：用户既是受众又是传播渠道；传播力相对更为主动、个性，并能够达到病毒式传播效果；一般与其他主题活动配合开展。例如，你在微信公众号平台上开办了自己的公众号，你需要传播和推销你的公众号，而你在这样做的同时也是在传播微信公众号这样一个用户生成内容的媒介平台。

打个比方：以前你在为别人种地，而且种的是你不太喜欢的玉米，种一块地你收获一笔钱；现在这块土地免费给你，你在为自己种地，你想种什么就种什么（只要不违法），于是你种了甘蔗，恰巧赶上五一劳动节，你自己搞了一个主题策划，把你的甘蔗推广给更多愿意吃甘蔗的人，你的地因此更值钱了。你开始为那些吃你甘蔗的人或为那些路过你的地的人画像。你试图更深入地了解他们，以期达到深化你的产品的目的。比如，你发现有个用户喜欢吃甘蔗，但是这个人不喜欢嚼甘蔗的感觉，于是你加工甘蔗汁卖给他，因此你便又赚了一笔钱。用户画像，帮你更深入地了解和看清你的用户。用户画像的核心内容便是掌握用户的数据，并通过分析这些数据得出用户消费基本轮廓、能力和潜在规律。用户数据包含两个方面，一为动态信息数据（如用户浏览网页内容，曾经下单信息等），二为静态信息数据（如用户性别、住址、职业等）。

有关用户体验的概念还有很多，在此不能逐一介绍。我们认为，用户体验的核心是交互性，交互效果好坏决定了用户体验的成败。但我们也必须注意到，交互性并非是一剂万灵药。诚如列夫·曼诺维奇（Lev Manovich）所言，我们有必要考虑交互性的不同范围和类型，并且从历史的角度或数字媒介的谱系学角度来认识和探讨这一概念。总而言之，我们对于交互性的认知还在路上，我们可以选择从社会学、心理学和技术层面等不同角度对其进行认知和探索，我们也可以从资本市场、社群网络和信息价值等方面去认知和探索，我们一方面将交互性的思想和概念抽象化，另一方面又将之具体化，这些都是需要我们不断去认知和探索的内容。

1.8　新媒体产品

在本书的 1.2 章节或以往你所接触的任何一本《新媒体概论》及新媒体相关图书中，你已经了解了新媒体的大致模样和相应特点，知道新媒体具有数字化、互动性、超文本性、虚拟性、网络化、检索性、零成本、海量信息、即时性、社群化、共享性等诸多特征。衡量或鉴定一个媒体是否为新媒体，我们只需要将这些"特征"集合起来做成一把标尺，即可解决。

例如"微博"：微博是基于互联网络的数字化表达介质，具有强烈的互动（发布、留言、点赞）属性，

> 这是 2018 年的数据。截至 2021 年 1 月，我们撰写这本书两年后，仍未见其他以"新媒体产品"为名的高校教材问世。

可以插入图文链接，带有多媒体展示功能，具有一定的虚拟性，可以检索，注册与发布零成本，信息虽短（长便为博客）但数量巨大，可以随时发布和查看，可以形成社群，可以分享等。我们可以判定微博是当今时代所定义的新媒体。

然而，新媒体产品是什么呢？

新媒体产品是指具有新媒体特质的能够满足用户智力消费需求的作品或服务。

我们继续以微博为例。我们每个人都可能或可以有一个或多个微博，亦即我们每个人都可以拥有一个或多个像微博这样的新媒体。我们可以在新媒体上发布我们的心理状态、生活经历、学习感悟或专业知识。那么，我们发布的这些杂七杂八的类似现在大多数人朋友圈里发布的内容，可以成为新媒体产品吗？答案当然是否定的。我们随手发在微博中的内容并没有经过精心的策划和编辑加工，也没有"卖点"，无法达成用户消费的心理预期，同时也少有可称之为作品[⊖]的内容。

那么，请问"微博"本身是新媒体产品吗？显然不准确。"微博"是新媒体的一种形态，即为新媒体产品的一个种类。而"新浪微博"则是新浪公司生产的一个新媒体产品，同样"腾讯微博"是腾讯公司生产的一个新媒体产品，"微信"是腾讯公司生产的一个新媒体产品。

那么，问题来了，微信中的微信公众号是一种新媒体产品吗？是的，微信公众号是微信这个新媒体产品的子产品，这类的子产品还有很多，如微信游戏、微信小程序等。

中国人民大学匡文波在最新一版《新媒体概论》[⊖]中将新媒体的主要形态分为 Web1.0 时代的搜索引擎、门户网站、垂直网站、电子商务网站，以及 Web2.0 时代的博客、微博、微信、社交网站、视频网站。当然，除此以外，新媒体的形态还有很多，如 BBS（论坛）、Podcasting（播客）、Wikipedia（维基百科）、App（手机应用程序）等。

如此看来，新媒体产品的形态与种类是纷繁复杂的，我们需要一把尺子来对其进行一个梳理和分类。我们依据新媒体产品提供的不同种类的服务，将新媒体产品分为内容类、服务类、技术类、平台类和硬件类五个方面（见图 1-5）。以提供优质而独特的内容为主要形态的新媒体产品在新媒体产品领域占比最大。我们可以这样理解，任何新媒体产品都是基于一定的内容而完成知识和技术变现的，这个内容可能是新媒体产品的最终形态，也可能是与新媒体产品息息相关、不可分割的重要组成部分。

当然，对于新媒体产品的分类，我们还可以按照其他标准进行划分，如按用户使用载体，可分为 PC 端新媒体产品和移动端新媒体产品（含 Pad 载体的新媒体产品）两类。对于 PC 端新媒体产品，如很多大型网络游戏（魔兽世界、英雄联盟、绝地求生）、需要 PC 端适应内容的网站、大型数据库等。对于移动端新媒体产品的类别则表现得更加多样，根据七麦数据对手机 App 的分类，可以是这样的：商务、天气、工具、旅游、体育、社交、参考、效率、摄影与录像、新闻、导航、音乐、生活、健康健美、财务、娱乐、教育、图书、医疗、报纸杂志、美食佳饮、购物。对于一般的移动应用商店（百度、酷安、Google 等）都将"应用"与"游戏"并列。可见新媒体产品中"游戏"的地位举足轻重。而游戏

[⊖] 我国著作权法所称的作品，是指文学、艺术和科学领域内，具有独创性并能以某种有形形式复制的智力创造成果。
[⊖] 匡文波. 新媒体概论[M]. 2 版. 北京：中国人民大学出版社，2015：3.

的类别也有很多：动作游戏、冒险游戏、街机游戏、桌面游戏、卡牌游戏、娱乐场游戏、聚会游戏、音乐游戏、益智解谜、竞速游戏、角色扮演、模拟游戏、体育游戏、策略游戏、问答游戏、文字游戏等。

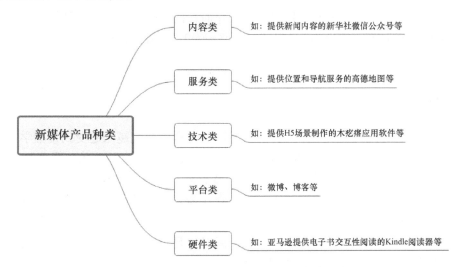

图 1-5　依据服务内容而划定的新媒体产品的类别

事实上，我们不必执着于对新媒体产品进行分类，这不仅因为每种分类都有其合理和尴尬之处，而且因为新媒体本身就具有融合性、跨界性；我们不能绝对地说某款新媒体产品只能划入到某一个类别中，因为类别是根据既有的新媒体产品而做的归纳和总结。分类的目的只是为了帮助我们更好地理解当下的新媒体及新媒体产品现状和形态，并且为我们提供一个较为清晰的透视新媒体产品的路径。在新媒体产品策划时，我们更多的时候考虑的问题往往不是归纳和总结，而是融合、分散、突破和创新。

新媒体产品的内容和定位是比较复杂的。关于新媒体产品，我们最后还要思考一个层次性的问题。事实上，通过以上的分析，我们也能够很轻松地理顺新媒体产品的层次问题。

举个例子：微信是腾讯公司推出的一款基于社交网络的即时通讯（也可满足用户获取资讯等其他媒体需求）产品，而微信平台中的一个优秀的微信公众号（如："大象公会""我要 What You Need"等微信公众号）也可以是一款新媒体产品，更进一步，某微信公众号中的某篇阅读量 10W+的新媒体文章（如：《这篇文章，站着看效果最好。》）也可以是一个优秀的新媒体产品。

那么，问题来了，这个例子中涉及 3 个层次，每个层次的产品都可以被定义为一个新媒体产品。

我们知道，产品是指能够供给市场，被人们使用和消费，并能满足人们某种需求的任何东西，包括有形的物品，无形的服务、组织、观念或它们的组合，而商品是用于交换的劳动产品。在新媒体产品的概念中，我们已经能够确认某些新媒体产品（如：需要付费购买的网络游戏《怪物猎人·世界》）是商品，有些新媒体产品（如前文所言的微信公众号文章，或者如《李翔商业内参》等）是作品或作品的合辑。总而言之，新媒体产品同新媒体本身一样，是一个具有十足的张力和延展性的概念。这也是新媒体及新媒体产品的魅力所在。

1.9 受众和用户

概括而言，受众（Audience）是相对于媒介而言的，用户（User）是相对于产品而言的，而在某些特定时刻"媒介=产品"或"产品=媒介"，那么其相对应的受众便转化为用户，用户即受众。

1.9.1 受众

受众是传播学研究的重要对象，目前来看，对受众的研究越来越受到传播学者和媒体行业的重视。受众作为重要概念也是新媒体产品研究需要重点关注的。丹尼斯·麦奎尔（Denis McQuail）认为，在常识性的应用之外，受众这一概念仍然存在许多意义的差异和理论上的争议。这种现象产生的主要原因是，受众作为一个简单的词汇要应用在各种与日俱增的复杂现实情况中，并要面对不同而且相互竞争的理论。受众是一定社会环境下（造成共同的文化兴趣、理解和信息需求）的产物，同时也是对于特定形式媒介供应物的一种反应。[一]对于受众，比较公认的理解是指大众传媒的信息接受者或传播对象。[二]或者，受众是社会传播活动中信息的接收者，是实际接触到特定媒介内容或者媒介"渠道"的人们。[三]两种说法都是一个意思。

> 其实，现在已经没有单纯的受众了，所有媒体产品的消费者均已纳入到"用户"范畴了。那么"受众"一词是否就无意义了呢？这个问题值得讨论。

受众通常是指传播的对象或信息的目的地，常常被传播者当作自己传播意图的体现者。受众与传播者同为传播活动的主体，既相互依存又相互矛盾，共同推动着传播过程不断向前运动。受众是信息的"目的地"，又是传播过程的"反馈源"，同时也是积极主动的"觅信者"。广义上的受众是指各种社会传播活动中信息的接收者；狭义的受众是大众传播活动中信息的接收者，如报纸的读者、广播的听众、电视的观众等。受众可能和真实的社会团体或者公众相吻合。受众可以通过相关的媒介、内容或者受众的社会组成被定义。受众也可以根据地区或者一天中的时段来加以定义。[四]受众可以是作为社会群体成员的受众；可以是作为"市场"的受众，即麦奎尔所说的特定的媒体或讯息所指向的、具有特定的社会经济侧面画像的、潜在的消费者的集合体[五]；也可以是作为权利（传播权、知情权、媒介接触权）主体的受众。总之，媒介受众并非一个固定不变的团体，只有经过调查统计才能被确定和了解。

受众规模与媒体发展的 3 个阶段见图 1-6。

受众的类型根据划分标准不同，可以分成多种。根据大众传播媒介的不同，受众可以分为：电影受众、报刊图书受众、广播受众、电视受众、网络受众、新媒体受众等；根据

[一] 麦奎尔. 麦奎尔大众传播理论（第四版）[M]. 北京：清华大学出版社，2006：305-306.

[二] 郭庆光. 传播学教程[M]. 2 版. 北京：中国人民大学出版社，2011：155.

[三] Denis McQuail. McQuail's Mass Communication Theory(6th Edition)[M]. Thousand Oaks: Sage Publications, 2010: 549.

[四] 董璐. 传播学核心理论与概念[M]. 北京：北京大学出版社，2016：197.

[五] Denis McQuail. Mass Communication: An Introduction[M]. Thousand Oaks: Sage Publications, 1983.

规模不同，受众可分为：普通受众（特定国家和
地区内能够接触到传媒信息的总人口）、特定受
众（某些特定传播媒介或信息内容的稳定接收
者）、有效受众（不但接收了相应媒介内容，而
且深受媒介内容影响的人群）；根据传播和接收
效果差异，受众可分为：实在受众（对大众传播
已有接收行为的那部分人）、潜在受众（暂时没
有接收，但未来可能接收的那部分人）；根据大
众传播信息内容注意的特点不同，受众可分为：
非专业受众（大众）和专业受众（小众）；根据
接收传播内容的类型不同，受众可分为：主智受
众（以满足认知需求为主导动机的群体）、主情

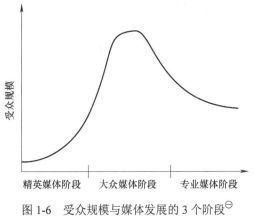

图 1-6　受众规模与媒体发展的 3 个阶段[○−]

受众（以满足情感需求为主导动机的群体）。按照不同标准进行的受众分类见图 1-7。

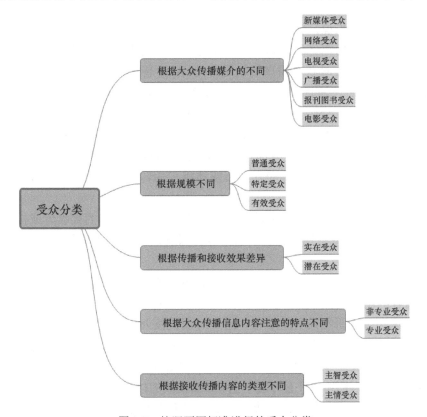

图 1-7　按照不同标准进行的受众分类

[○−] 郭庆光. 传播学教程[M]. 2 版. 北京：中国人民大学出版社，2011：162.

据 2018 年 1 月 31 日中国互联网络信息中心（CNNIC）发布的第 41 次《中国互联网络发展状况统计报告》显示：截至 2017 年 12 月，我国网民规模达 7.72 亿，普及率达到 55.8%，超过全球平均水平（51.7%）4.1 个百分点，超过亚洲平均水平（46.7%）9.1 个百分点。[⊖]与之同时，我国网民使用移动手机网络支付消费比率较 2016 年提升了 15.2%，为 65.5%，而农村网民移动网络支付比率为 47.1%，较 2016 年提升了 15.4%。相比之下，农村网民的增长率和移动网络支付增长率都要快于城市。移动网络支付作为一种支付手段在微信、支付宝等平台已经变得越发多元化、多样化，如支付宝"蚂蚁森林"在 2018 年 3 月 12 日植树节推出了主题故事征集活动。不论从公益、商业、文化还是情感角度来说，这种多元化的交互性的新媒体平台能够让所有受众都有参与和消费的可能，进而实现由受众向用户的转变。

> CNNIC 每年都会发布最新的统计数据，我们可以查阅其官网免费下载最新的统计报告。分析这份最新的报告，有助于我们深刻了解我国的网络发展前景。

1.9.2　用户

而对于新媒体平台来说，将受众转变为用户（甚至是授权用户）的方法有很多种，最直接的一种方式就是在用户下载或想进一步浏览平台中的内容资源时强制提示用户进行注册和授权。目前下载安装时获取用户授权是移动 App 普遍采用的方式，这些用户权利包含：定位、录像或拍照、通话、录音、读取联系人、读取彩信、发送短信、读取通话记录、拨打电话、开启 WLAN、开启蓝牙等。这些称为用户的受众，能够接触到更为核心的新媒体产品。一方面用户给新媒体产品生产者提供了自己的权限（即双方签订了"使用协议"，或"用户许可协议"），另一方面用户可以通过消费的方式进一步得到自己想要的产品，亦即在一定程度上讲，新媒体受众向新媒体用户的转变是由试用向正式购买（正式使用）的转变过程。

换而言之，如果说"受众"更多的是指传播学意义上的信息的接收者或接受者，那么"用户"则是商业、市场或营销学意义上的内容资源或讯息服务的更具忠诚度的使用者及消费者。

用户，在商业里，通常是指产品或者服务的购买者；在科技创新里，通常是指科技创新成果的使用者；在 IT 行业里，通常是指网络服务的应用者。信息通信技术的发展使得创新不再是科学家和技术研发人员的专利，用户对于科技创新的重要性日益受到重视，用户参与的创新 2.0（面向知识社会的下一代创新）模式正在逐步显现，"用户需求""用户参与"和"以用户为中心"被认为是新条件下创新的重要特征，用户成为创新 2.0 的关键词，用户体验也被认为是知识社会环境下创新 2.0 模式的核心。

对于新媒体产品而言，每一款新媒体产品都需要不断提高其用户的忠诚度。以当下移动 App 为例：只要用户轻点一下，就可以实现比移动网页更好的用户体验，同时这些 App 还可以通过推送通知与用户进行高效的再互动。然而对于应用程序商店中数以百万计的 App 和不断增加的用户期望，用户忠诚度、留存和盈利能力仍然是应用程序面临的重大挑

⊖ 第 41 次《中国互联网络发展状况统计报告》[EB/OL]. [2018-3-5]. http://www.cnnic.net.cn/hlwfzyj/hlwxzbg/hlwtjbg/201803/t20180305_70249.htm.

战。由于较小的持续互动，盈利常常因用户购买与广告浏览的减少而变得困难。结果导致用户生命周期价值（LTV）[⊖]下降。这带来了两种并行的趋势，进一步加剧了盈利方面的挑战。第一种趋势是自然应用非常分散，导致高价值自然用户数量下降，新媒体产品的收入也会因此降低；第二种趋势是优质的新媒体产品的生产成本不断上升，这给盈利能力带来了不利影响，在应用需要通过更多付费安装（苹果应用商店尤其如此）来补偿自然用户的下降之后，尤其如此。

图 1-8 为 7 个国家移动应用程序非自然用户首次购买情况。

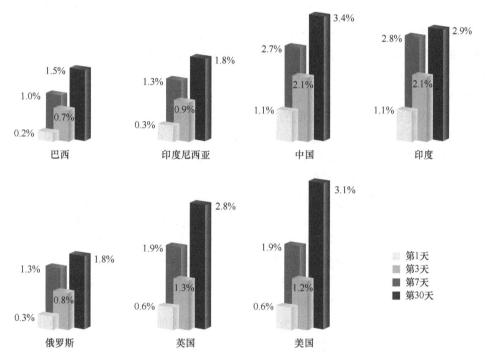

图 1-8　7 个国家移动应用程序非自然用户首次购买情况

注：1. 数据来源：AppsFlyer.com。

2. 以游戏类应用程序累计统计。

3. AppsFlyer 主要面向的对象是海外的开发者，因此，AppsFlyer 和国内的那些第三方统计平台（如友盟、TalkingData 等）在后台的统计和布局上都有稍许不同。首先，AppsFlyer 将所有的安装用户分为两种，即自然安装（即自然用户）和非自然安装（非自然用户）。所谓的非自然安装，就是指这些安装用户，AppsFlyer 可以监测到其下载的渠道来源。这需要这些渠道来源与 AppsFlyer 进行数据对接，从而使 AppsFlyer 能够监测到 App 在这些渠道上的具体情况，包括但不限于曝光、点击、安装等。因此，从点击到安装的转换率，也在一定程度上说明了这个渠道的质量。而自然安装，并不是如同字面意义上的 App 的自然安装用户，而是 AppsFlyer 在排除掉这些对接渠道之外的安装用户，单纯用 AppsFlyer 的自然安装来判断 App 的自然安装，是有失偏颇的。一般而言，非自然用户要远远大于自然用户的数量。

➤ 1.10　人工智能

人工智能（Artificial Intelligence，AI）是什么？

⊖　https://baike.baidu.com/item/LTV/10692626.

清华大学中国科技政策研究中心认为，虽然"人工智能"已经成为一个人尽皆知的概念，但对人工智能的定义还没有达成普遍的共识。传统的人工智能发展思路是研究人类如何产生智能，然后让机器学习人的思考方式去行为。现代人工智能概念的提出者约翰·麦卡锡认为，机器不一定需要像人一样思考才能获得智能，而重点是让机器能够解决人脑所能解决的问题。人工智能核心技术发展的两条主线分别是脑科学和类脑科学的研究。[一]

人工智能是一门利用计算机模拟人类智能行为科学的统称，它涵盖了训练计算机使其能够完成自主学习、判断、决策等人类行为的范畴。人工智能、机器学习、深度学习是我们经常听到的 3 个热词。关于三者的关系，简单来说，机器学习是实现人工智能的一种方法，深度学习是实现机器学习的一种技术。机器学习使计算机能够自动解析数据、从中学习，然后对真实世界中的事件做出决策和预测；深度学习是利用一系列"深层次"的神经网络模型来解决更复杂问题的技术。[二]

第四次工业革命正在来临，而人工智能已经从科幻逐步走入现实。自 1956 年人工智能这个概念被首次提出以来，人工智能的发展几经沉浮。随着核心算法的突破、计算能力的迅速提高以及海量互联网数据的支撑，人工智能终于在 21 世纪的第二个十年里迎来质的飞跃，成为全球瞩目的科技焦点。自从 2016 年 AlphaGo 战胜李世石之后，全球对于人工智能发展的兴奋与担忧交织难分。即使如此，世界各国已经认识到人工智能是未来国家之间竞争的关键赛场，因而纷纷开始部署人工智能发展战略，以期占领新一轮科技革命的历史高点。对于中国而言，人工智能的发展是一个历史性的战略机遇，对缓解未来人口老龄化压力、应对可持续发展挑战以及促进经济结构转型升级至关重要。中国从 2015 年开始就先后颁布了《中国制造 2025》《国务院关于积极推行"互联网+"行动的指导意见》《新一代人工智能发展规划》等重要国家级战略规划，各地方政府也积极出台政策支持人工智能发展，推动了中国人工智能发展的热潮。

中国人工智能学会和罗兰贝格认为，人工智能的发展阶段经历了三次大的浪潮。第一次是 20 世纪 50～60 年代注重逻辑推理的机器翻译时代；第二次是 20 世纪 70～80 年代依托知识积累构建模型的专家系统时代；第三次是 2006 年起开始的重视数据、自主学习的认知智能时代。在数据、算法和计算力条件成熟的条件下，当下浪潮中的人工智能开始真正解决问题，切实创造经济效果。

艾瑞咨询研究中心认为，20 世纪 50～70 年代初，人们认为如果能赋予机器逻辑推理能力，机器就能具有智能，人工智能研究处于"推理期"。当人们意识到人类之所以能够判断、决策，除了推理能力外，还需要知识，人工智能在 20 世纪 70 年代进入了"知识期"，大量专家系统在此时诞生。随着研究向前推进，专家发现人类知识无穷无尽，且有些知识本身难以总结后交给计算机，于是一些学者诞生了将知识学习能力赋予计算机本身的想法。发展到 20 世纪 80 年代，机器学习真正成为一个独立的学科领域，相关技术层出不穷，深度学习模型以及 AlphaGo 增强学习的雏形均在这个阶段得以发明。随后，由于早期的系统效果的不理想，美国、英国相继缩减经费支持，人工智能进入低谷。20 世纪 80 年代初期，人工智能逐渐成为产业，但又由于 5 代计算机的失败再一次进入低谷。2010 年

　　⊖ 清华大学中国科技政策研究中心. 中国人工智能发展报告[R]. 2018（7）.
　　⊜ 中国人工智能学会，罗兰贝格. 中国人工智能创新应用白皮书[R]. 2017（11）.

后，人工智能相继在语音识别、计算机视觉领域取得重大进展，围绕语音、图像等人工智能技术的创业大量涌现，从量变实现质变。图 1-9 为人工智能发展简史。

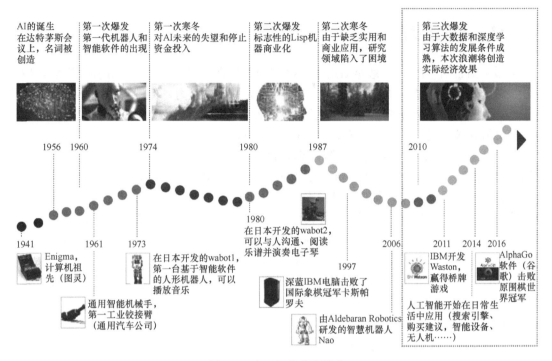

图 1-9　人工智能发展简史

注：数据来源：案头研究、中国人工智能学会、罗兰贝格。

从人工智能的应用范围上讲，人工智能可分为专用人工智能（ANI）与通用人工智能（AGI）。专用人工智能，即在某一个特定领域应用的人工智能，比如会下围棋并且也仅仅会下围棋的 AlphaGo；通用人工智能是指具备知识技能迁移能力，可以快速学习，充

> 我国高校最近几年开始开设人工智能专业。人工智能一直是近些年热点话题，但在人文社科领域，学者们对人工智能的争论很大。如果崇尚生命哲学的尼采在世，不知其会做何感慨？

分利用已掌握的技能来解决新问题、达到甚至超过人类智慧的人工智能。专用人工智能是真正在这次人工智能浪潮中起到影响的主角，具有极强的商业应用价值，而通用人工智能则尚未找到突破和实现路径。[⊖]

当然，我们也可从广义和狭义两个角度理解人工智能，即广义上的人工智能泛指通过计算机实现人的头脑思维所产生的效果，通过研究和开发用于模拟、延伸和扩展人的智能的理论、方法、技术及应用系统所构建而成的，其构建过程中综合了计算机科学、数学、生理学、哲学等内容。狭义上的人工智是指基于人工智能算法和技术进行的研发、拓展与应用。形象来说，人工智能可理解为由不同音符组成的音乐，而不同音符是由不同的乐器所奏响的，最终实现传递演奏者内心所想与头脑所思的效果。人工智能技术包括凡是使用机器帮助、代替甚至部分超越人类实现认知、识别、分析、决策等功能，而产业则是指包

⊖ 中国人工智能学会，罗兰贝格. 中国人工智能创新应用白皮书[R]. 2017.

含技术、算法、应用等多方面的价值体系。[一]而关于人工智能的发展现状及应用前景，我们在本书的第二章会加以论述。

1.11 产品经理

美国宝洁公司（P&G）最早启用了"品牌经理"来管理生产、销售等各个环节。1926年，宝洁公司开始销售一款佳美香皂，尽管投入大量人力财力，但销售业绩不佳。负责销售工作的麦克爱尔洛埃研究发现，多人同时负责一个产品，其各个环节容易脱节。于是，他向公司最高领导提出"一个人负责一个品牌"的构想，并于1931年5月31日起草了一个具有历史意义的文件，详列了品牌经理、助理品牌经理的工作职责。麦克爱尔洛埃的"品牌管理法"，一方面能在制度上对产品销售进行全方位的计划控制与管理，减少人力重叠、广告浪费和顾客遗漏，提升工作效能；另一方面给予"品牌经理"更大的能动性，使他们能更好地构思出好的产品想法，并得以系统推进实施。[二]"品牌经理"的理论和方法逐渐被其他企业所效仿，形成管理产品和品牌的优秀制度，后来逐渐在越来越多的行业得到应用和推广，并且取得了广泛的成功，以至形成"产品经理"。

产品经理是企业中专门负责产品管理的职位，是负责并保证高质量的产品按时完成和发布的专职管理人员。

产品经理的职责包括倾听用户需求；负责产品功能的定义、规划和设计；做各种复杂决策，保证团队顺利开展工作及跟踪程序错误等。总之，产品经理全权负责产品的最终完成。除此之外，产品经理还要认真搜集用户的新需求、竞争产品的资料，并进行需求分析、竞品分析以及研究产品的发展趋势等。

产品经理要具备3项管理能力，即自我管理、时间管理和创新能力管理。腾讯公司腾讯翻译君产品经理史景慧认为，产品经理要具备两方面的能力（见图1-10），一个是硬能力，一个是软能力。硬能力即专业技能和专业知识，软能力包括学习力、思考力、协作力、心态情商、领导力。

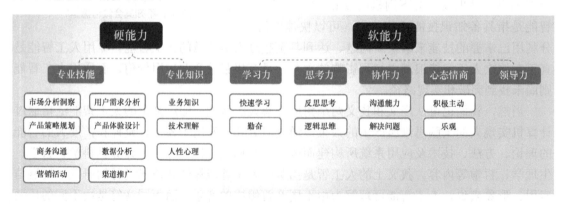

图1-10　产品经理职业竞争力

[一]《2018年中国人工智能行业研究报告》。

[二] 刘显铭，等. 互联网产品修炼手册[M]. 北京：机械工业出版社，2017：2.

产品经理是观察家，优秀的产品经理必须要观察产品发售前后的数据和市场变化；产品经理是发现者，即要发现用户的潜在需求，并做出相应调整；产品经理是协调者，要协调产品研发、管理、用户等各方面的关系；产品经理是超级用户，即具有"同理心"（Empathy）[1]，从用户的角度严格测验产品的每一个细节。

产品经理在一个项目中的工作流程基本如下：立项阶段（用户研究、市场研究）、设计阶段（交互设计、文案组织）、实现阶段（方案讲解、实现跟进、项目管理）、上线运营（营销推广、效果分析、迭代计划）、产品升级（更新产品、拓展和升级用户）。

这个基本流程也在很大程度上反映了新媒体产品经理和传统产品经理在工作内容上的一些区别，即：新媒体产品经理注重未来趋势导向，注重用户的心灵体验，以差异化取胜，关注产品的长期竞争优势，为抢占市场可推出颠覆性的产品；而传统产品经理则注重现实需求导向，注重产品的实际功效，以价格取胜，关注产品的即期盈利，以改良为主的渐进式创新。

琳达·哥乔斯（Linda Gorchels）[2]为我们呈现了一种经典的产品管理框架（见图 1-11），即从产品管理的上游和下游两个部分来划分产品管理。"上游职责是处理产品路线图和开发新产品战略。这通常包括识别重要的组合需求，然后提供从新产品开发一直到产品发布整个过程的营销领导力。下游职责是对产品生命周期的持续管理。有些医疗设备和诊断器械制造商（尤其如此）会分别雇用不同的人员来承担这两种职责……而不同行业对上游和下游职责的区分并不完全一致。"[3]

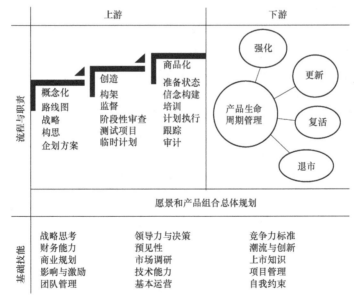

图 1-11　产品管理框架

---

[1] 泛指心理换位、将心比心，即设身处地地对他人的情绪和情感的认知性的觉知、把握与理解，主要体现在情绪自控、换位思考、倾听能力以及表达尊重等与情商相关的方面。

[2] 琳达·哥乔斯在美国威斯康辛大学麦迪逊分校专业与执行发展中心和琳达·哥乔斯公司任职。曾出版过多部专业畅销书，作品包括：《产品经理手册》（*The Product Manager's Handbook*）、《产品经理的第二本书》（*The Product Manager's Field Guide*）和《渠道管理的第一本书》（*The Manager's Guide to Distribution Channels*）。哥乔斯还为诺基亚、西门子、美卓自动化公司和其他全球组织提供公司培训服务。

[3] 哥乔斯. 产品经理手册（第四版）[M]. 北京：机械工业出版社，2017：7.

产品经理是一个全局性的职位，对当职者能力的要求也是较为综合与全面的。对于新媒体产品的产品经理而言，亦是在以上所言的能力范畴和此框架之内寻求具有新媒体行业特征的能力和框架。这在以后的章节中，我们会逐渐涉及并详细讲解。

【思考与练习】

1. 根据下面的拓展阅读材料，结合你对本章中所列出和阐释的概念，在自己已经或正在形成的认知和理解下，写出你认为对新媒体产品而言最重要的概念。

拓展阅读材料：

"Concept"翻译成汉语就是"概念"。19世纪在东亚，特别是日本，率先引进了西方的技术和学术，把西方的许多文化用语翻译成了汉字，"概念"也是其中之一。

概念的"概"原意是指刮斗板。从前在米店里，把米倒入木质的米斗中装得满满的，然后要用一种刮斗板把上面均匀地抹平。在使用刮斗板之前，倒进米斗里的米不是正好的一升，但是用刮斗板一抹，就成了标准的一升米。所以，所谓"概念"就是把各不相同的事物"整齐划一"。"概念"最终是以"Concept"当中的"con"为中心翻译而来的。

但是，把"Concept"翻译为"概念"的人如果知道《论语》中"一以贯之"的意思，也许就不会用"概念"，而翻译为"一以贯之"了。因为"一以贯之"中，"划一"和"掌控"的意思兼而有之，更符合概念的原意。也就是说，"一"中有"划众成一"之意，而"贯"中含有"贯穿掌控"的意思。

孔子强调"一以贯之"的同时，西方代表哲学家柏拉图通过他的意识形态论强调了概念性思考的重要性。意识形态用英语讲就是"Idea"。Idea可以翻译为"观念"，但观念是存在于大脑之中的，用语言表达出来就是"概念"。意识形态是看不见的本质，而眼睛看得见的千变万化都是纷繁的表面。

如果说意识形态只有一个，那么描绘出来就会有许许多多种。柏拉图把掌握了这种意识形态的人称为哲学家，也就是掌握了贯穿合一的本质和被这个本质所贯穿的纷繁表象的人，那就是哲学家。而经营者就要成为这种会概念性思考的哲学家。哲学家用柏拉图的话讲，是追求本质的人。特别是经营者，越到上层，越需要摆脱繁杂琐碎从而了解企业的本质，在这个基础上还要具备统合企业活动的能力。

据说三星的李健熙会长工作时有一个原则：首先要明确目的。报告的目的和要决定的事项必须明确，要掌握事情的本质。不了解本质就不做任何决定，他会再三询问直到掌握本质。也就是明确事物的概念是什么。他曾经说过，"掌握目的和本质是我的职责，先看树林再看看树木是我的习惯"。据说李会长还经常对三星管理层讲述"业的概念"。但如果问起"业的概念"是什么，恐怕大多数人都感到茫然。因为许多人对于事物的本质，也就是"业"的概念都没有深入思考过。

擅长概念性思考的人不纠结于琐碎的枝节，会通过把握本质，毫不费力地在短时间之内高效工作，并且会归纳思考被这个本质所贯穿的复杂要素。掌握本质和归纳正是概念性思考的特点。一切事物都是由具体内容集中起来而形成的，事情的成败便取决于具体细节与整体发生有机联系的程度。

具体来讲，就是由贯穿（con）和被贯穿（cept）共同组成的。正如俗语所说，"珠玉三斗，不穿不成宝"。散乱无秩序的事物是没有任何价值的，而使其有机贯穿成为宝物的就是"一以贯之"的力量，也就是概念的力量。进行概念性思考的人正是了解了概念的力量。所以，李健熙会长才对 CEO 们讲，企业的核心力量应该贯穿在"业"的概念当中。也正因如此，我常常把 CEO 叫作"概念执行官（Concept Executive Officer）"。

"核心力量不是自然形成的。开发核心力量需要不断研究努力和以投资来支持。但最重要的是，必须明确掌握公司追求的'业的概念'和公司的优势弱点是什么。因为只有这样，才能找准'业'开拓的方向，发挥出适合这种'业'的公司优势，进行正确的研究和投资。"

——选自《李健熙随笔：多想想，再看世界》

正如世间万事是由贯穿的和被贯穿结合在一起构成的，世事的成败也可说是取决于概念。贯穿的和被贯穿的是阴和阳的关系，需要相互依存、相生相成。二者应该合一，就是相互都不要孤立存在的意思。

（资料来源：选自金根培　著，苏西　译：《重新定义产品》，北方妇女儿童出版社，2016 年：第 18-21 页。）

2. 这个（也许你不止写了一个概念）概念为什么对你来说如此重要，请写出相应的理由，并讲解给同学们。

3. 是的，除此以外，你一定想到一个或很多其他的对新媒体产品而言也十分重要的概念，大胆说出来，并在下面为这些概念画一个关系图（保存好这个草图，等到学完这本书之后，你再回头思考这个草图，你是否还会坚持自己当初的想法？），这个图可能就是通向未来的优秀新媒体产品的金钥匙。

4. 请结合身边同学新媒体产品的使用情况，做一个调查（抽样、问卷等形式），撰写调查报告。

5. 针对当前你所接触的新媒体产品，谈谈你对新媒体产品市场的相关认知。

第 2 章

概况与分析：国内外部分新媒体及新媒体产品观察

我们了解得最透彻的是那些谁都没有向我们传授过的东西。

——沃维纳格（Vauvenargues Kehi）

同是不满于现状，但打破现状的手段却不同：一是革新，一是复古。

——鲁迅

培养全面发展的人，这种人要具有自觉的和有组织的社会本能，具有有目的的、成熟的世界观，清楚地了解周围自然界和社会生活中所发生的一切事情；这种人能从理论上认识并在实践中从事各种劳动（既有脑力劳动，又有体力劳动），能建设合理的、内容丰富多彩而又愉快的社会生活。社会主义社会需要这种人。没有这种人就不能完全实现社会主义。

——克鲁普斯卡娅（Надежда Константиновна Крупуская）

人苟欲为完全之人物，不可无内界及外界之知识，而知识之程度之广狭，应时地不同……知识又分为理论与实际二种，溯其发达之次序，则实际之知识常先于理论之知识，然理论之知识发达后，又为实际之知识之根本也……理论之识乃人人天性上所要求者，实际上知识则所以供社会之要求，而维持一生之生活；故知识之教育，实必不可缺者也。

——王国维

关键词

创意产业　互联网文化　在线教育　文化产业　新闻　消费　智能　音视频
移动媒体　社群　短视频　直播　用户画像　数字音乐　科技产业　人工智能

　　了解现状，准确定位，比较反思，把脉问题，是我们在进行具体的新媒体产品策划之前需要把握的重要前提。这个现状与问题，是兼具了宏观、中观与微观的深度考量，吸收了中国和外国的前沿信息，容纳了多元新媒体产品形态的客观分析，有助于你站在巨人的肩膀上极目远眺，俯视寰宇。

　　对于风云变幻的新媒体市场而言，未来产品的模样可能在你心目中层出不穷，但是未来未至，变数丛生，只有分析过往、把握现在才能够洞悉未来，或者说，未来产品的钥匙掌握在我们对历史和现在的深刻认知与不断创造的过程中。在本章中，我们会了解很多新媒体产品相关产业、领域的发展概况，并帮助你分析这些概况和其背后存在的诸多问题。但我们也深刻地知道，当我们写下这些文字的时候，这些现状已经成为历史。显然，这对于我们一般人而言通常是一件极为可怕的事情。但是，我们有理由帮助任何一个进行新媒体产品策划的人摆脱这种困扰。在这里，我更喜欢借助"心理场"（Psychological Filed）的概念来帮助那个人。

　　德裔美国心理学家库尔特·勒温（Kurt Lewin）[一]曾提出心理场理论，认为人是一个"场"，人的心理现象具有空间的属性，人的心理活动也是在一种心理场或生活空间中发生的。也就是说，人的行为是由场决定的。心理场主要是由个体需要和他的心理环境相互作用的关系所构成的。它包括有可能影响着个人的过去、现在和将来的一切事件，这三方面的每一方面都能决定任何一个情景下的人的行为。对于我们要帮助的那个人而言，他（她）现在即将要了解一段段最为贴近现状的"历史"，随着历史的面纱一点点被揭露，那个人的心理也在逐渐发生微妙的变化（这种变化通常是朝向越来越了解、踏实的方向）。与此同时，那个人会在所难免地将自己的思想感情加入进"历史"中。这个时候，那个人的手机收到的某个 App 的信息（我们很多时候都会面临和处理的各种日常信息提示）。这种"打扰"或"打断"往往便构成了一种"参与"，即现实世界可以感知的环境对正在思考"历史"的那个人的生命现场的一种"参与"和互动。打个比方，这类似于敲门（现实之手敲击正在思考过去的生命之门），那个人打开门，眼界在门外，思绪可能还在门内，于是，我们的策划世界便可能有了某种因"敲击"而引发的惊喜。我们的这种状态也许就不再是勒温所言的一个场域了，而是一个联通历史与实现、思考与存在的涟漪，一个信息可能就会激起无数涟漪的扩散，涟漪又拍打着思想的湖岸。所以，我们都极有可能在这样的视角中迎接新的思考和挑战。

➡ 2.1　全球互联网新闻市场概况及分析

2.1.1　国内互联网新闻市场及用户情况分析

　　根据 CNNIC（中国互联网络信息中心）互联网新闻市场研究报告[二]显示，移动端已成

　　[一]　库尔特·勒温（Kurt Lewin，1890.09.09～1947.02.12），拓扑心理学的创始人，实验社会心理学的先驱，格式塔心理学的后期代表人，传播学的奠基人之一。他是现代社会心理学、组织心理学和应用心理学的创始人，常被称为"社会心理学之父"，最早研究群体动力学和组织发展。

　　[二]　参见 CNNIC 2017 年 1 月发布的《2016 年中国互联网新闻市场研究报告》。

为互联网新闻最主要的竞争市场。

CNNIC 用户数据显示，通过手机上网浏览新闻的网民占比达到 90.7%，只用手机浏览新闻资讯的比例高达 62.9%，最经常使用手机浏览新闻信息的网民占比高达 85%。移动市场上，基于用户规模和高频使用的优势，移动社交平台、手机浏览器已成为互联网新闻的用户主要入口，用微信、微博获取新闻的比例分别为 74.6%、35.6%，用手机浏览器获取新闻的比例为 54.3%，用新闻客户端获取新闻的比例为 35.2%。尽管移动社交媒体与各类移动媒体渠道日趋多元，但新闻网站及商业门户网站仍占据互联网新闻市场一席之地。仍有 37.1%的用户通过 PC 端网站了解新闻，其中浏览过商业门户网站的网民占比为 51.3%。利用搜索网站主动搜索过新闻的比例为 48.4%，从计算机弹窗被动浏览的比例为 34%。

移动端市场格局已初步形成，腾讯新闻和今日头条优势明显。其中腾讯基于多年新闻门户网站积累以及 QQ、微信等社交媒体强大的渠道优势稳居首位，而今日头条则利用算法技术为用户提供个性化的新闻资讯推荐，将自身与其他商业门户网站的编辑模式相区隔形成差异化优势并超越多数门户网站。今日头条的快速发展也折射出在移动互联网技术浪潮下，技术对新闻效率和市场格局重构产生的重要影响。

此外，在加强内容扶持方面，各新闻资讯公司纷纷推出各自的新媒体产品及互联网新闻竞争策略，如：今日头条推出"千人计划"，腾讯新闻推出"芒种计划"，百度新闻推出"百家号"，UC 浏览器推出 UC 订阅号、"媒体赋能计划"、"W+"量子计划，一点资讯推出"创作者独享"政策。

再者，人工智能写稿也成为互联网新闻市场的一个亮点。如今日头条"AI 小记者 xiaomingbot"、腾讯财经"Dreamwriter"、新华社"快笔小新"等。

最后，多媒体化的新闻资讯呈现形式助力互联网新闻市场发展，如：微博体育在短视频内容方面与 NBA 达成了为期 4 年的合作；今日头条分别与中超联赛和芒果 TV 达成短视频内容合作；腾讯新闻、网易新闻等新闻资讯类 App 纷纷加入直播功能；2017 年两会期间，新浪新闻、人民日报、新华社、百度新闻等多新闻媒体和网站采用了 VR 技术进行报道。

在新闻资讯领域，传统媒体和互联网媒体已全面融合，根据极光大数据分析：网民对新闻资讯的需求发生了新的变化，网民有更丰富的渠道选择获取新闻并热衷于对新闻发表评论。各领域达人纷纷发挥自己所长提供和分享资讯。网民对新闻资讯内容有多样化的要求，长尾资讯被挖掘。这些特点可以概括为：去中心化、全民评论、内容多样化和自媒体性。与此同时，我们也注意到，新媒体新闻资讯存在几方面亟待优化的地方：同质化、标题党、假消息、粗俗化、浅薄化。

此外，我们必须注意，国家在互联网新闻政策法规方面的新规定。在 2017 年 5 月国家网信办发布新《互联网新闻信息服务管理规定》及《互联网新闻信息服务许可管理实施细则》之后，对新闻（尤其是时政、时事新闻）采编发和新闻单位设立都有了新的和细致的规定。这一方面在政策法规层面上规范和净化了互联网新闻环境，另一方面也同时对互联网新闻市场产生了比较重要的影响。根据相关媒体公信力调查⊖数据显示，1/3 的受访者最

⊖ 主要来自《小康》杂志社&清华大学媒介调查实验室"2016 媒体公信力调查"。

信任人民网，紧随其后的是央视网、中国新闻网、腾讯网和凤凰网。以此可见，原有的主流新闻网站和商业网站的新闻公信力地位已经改变。

2.1.2　国际互联网新闻市场及用户情况分析

根据 Reuters Institute（路透社研究所）的一项调查报告（*Digital News Report 2017*）提供的分析显示：

互联网新闻用户在社交媒体中的增长在一些市场中变得比较平缓，因为很多消息应用程序（尤其指跨平台移动消息应用）更私密和更倾向于不通过算法过滤内容，从而变得越来越流行。例如，WhatsApp 传播新闻便拥有很大的竞争力。

只有 24%的受访者认为社交媒体在将事实与虚构分开方面做得很好。路透社的定性数据表明，用户认为由于"缺乏规则"和"病毒式算法"这两个因素的存在，导致一些新媒体在新闻生产过程中无意地鼓励了低质量新闻和"假新闻"迅速传播。

路透社对其所调查的这些国家和地区进行了信任差异调查，对同一消息，相信比例最高的是芬兰（62%），但在希腊和韩国最低（23%）。在大多数国家，媒体与媒体之间存在着强烈的联系。在美国、意大利和匈牙利等政治分化程度较高的国家尤其如此。

在路透社的调查样本中有近 1/3（29%）的人表示他们经常或有时会避开某个消息。对许多人来说，这是因为它会对情绪产生负面影响。对于其他人来说，这是因为他们相信新闻的真实性。

越来越多的国家通过移动通信设备访问新闻。移动新闻通知在 2016 年大幅增长，尤其是在美国（+8 个百分点）、韩国（+7 个百分点）和澳大利亚（+4 个百分点）。移动设备（手机）成为新闻内容的新途径，为新闻应用带来新的生机。

在相关的发展中，移动新闻聚合器，特别是 Apple News，以及年轻观众的 SnAppchat Discover 也有显著增长。像 Amazon Echo 这样的声控数字助理正在成为一个新的新闻平台，已经超过了美国和英国的智能手表。就在线新闻订阅而言，路透社的调查显示，在美国很多年轻人不愿意为在线媒体付费（尤其是新闻）。在所有调查的国家和地区中，只有大约 13%的人愿意为在线新闻付费，但有些地区（北欧）的表现要好于其他地区（南欧和亚洲大部分地区）。

台式机上的广告拦截增长处于停滞（21%）状态，智能手机的增长率仍然很低（7%）。超过一半的人表示他们已经暂时禁用了他们的广告拦截器。在一项追踪英国超过 2000 名受访者的实验中，我们发现虽然大多数人都记得他们发现新闻故事的路径（Facebook、Google 等），其中通过搜索引擎获取新闻者占 37%，通过社交媒体获取新闻者占 47%，但只有不到一半的人可以回想起新闻品牌本身的名称。

路透社的调查还显示，奥地利人和瑞士人最依赖印刷报纸，德国人和意大利人更喜欢电视公告，而拉丁美洲人通过社交媒体和聊天应用获得的新闻比世界其他地方更多。

路透社的这项研究的数据覆盖了 30 余个国家（地区）和 5 个大洲，各国（地区）的数字新闻革命都有各自的独特起点，且并没有以同样的速度前进（见图 2-1）。这些数据提醒我们，数字革命充满了矛盾和例外。

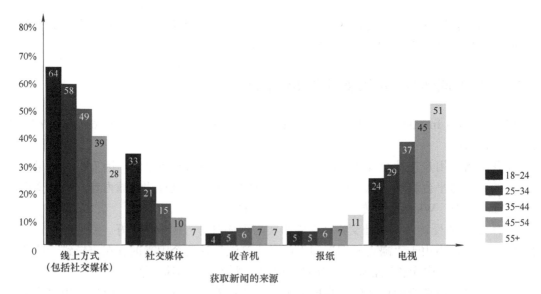

图 2-1　全球 36 个国家（地区）成年人（抽样调查）获取新闻的主要来源

注：资料来源：路透社。

根据 Reuters Institute 基于 YouGov 在 2016 年 9 月～10 月对英国、美国、德国和中国台湾地区的 7577 名成年人智能手机用户调查的基础上所做的关于新闻通知和锁屏战争的分析报告显示：

随着我们从信息稀缺的世界转向信息丰富的世界，一个关键问题是出版商和品牌如何吸引注意力并建立习惯。这是智能手机上的一个紧迫问题，消费者（在大多数情况下不包括新闻发布者）花费大部分时间使用少量应用程序（Forrester Research，2015）。路透社数字新闻报告（2012）追踪了智能手机日益增长的重要性、新闻品牌的知名度问题，以及使用社交网络等分布式平台在这些设备上消费新闻的趋势。

发布商将新闻应用和移动通知的组合视为重建用户关系的关键渠道，且不受第三方的干扰。在过去三年中，消费者对新闻通知的使用量在许多国家增加了两倍（Newman 等人，2016），而新闻机构一直在稳步增加新闻通知量（Newman，2016）。其他证据表明，来自新闻发布者的通知可以更频繁地使用特定的新闻应用程序（德克萨斯大学，2016）建立用户忠诚度，最终可以帮助新闻发布者获取收益。在智能手机上，应用程序和通知齐头并进，因为随着我们日常生活的日益忙碌，我们也越来越多地被其他 ping 和嘀嘀声所打搅。

在这方面，Apple 和 Android 设备上的智能手机锁屏和随附的通知中心看起来将成为发布商、平台和广告商的关键战场。

在个人通信方面，社交网络和生产工具变革之后，新闻和信息成为移动通知的最重要类别。中国台湾地区近 2/5 的智能手机用户（39%）接收新闻通知，美国、英国、德国接收新闻通知的智能手机用户分别占比：33%、27%和 24%。

调查显示，被调查者接收的通知数量平均约为每天 10 个，但对于重度智能手机用户而言，可能会超过 40 个。大多数人都表示他们对在这个最个人化的设备上被推送给他们的无关内容持谨慎态度。46%的人认为智能手机通知比其他设备上的通知感觉更具侵入性。

接收新闻通知的大多数人（73%）对他们收到的通知数量感到满意。中国台湾地区智能手机用户最有可能抱怨他们收到太多通知（22%），而英国只有 10%。苹果用户倾向于获得更多的新闻通知，可能因为他们往往受到更好的教育，并且对新闻比 Android 或 Windows 用户更感兴趣。消除这些差异，基于平台的影响很小。年轻人倾向于获得比旧智能手机用户更多的新闻通知，但他们可能会对通知采取静音设置。

总体而言，面对来自社交网络和其他聚合商的激烈竞争，通知正在增加人们回归属于自己的新闻品牌的规律性。

但路透社的研究还表明，出版商有巨大的增长潜力，因为：

（1）智能手机的使用量持续增加。

（2）智能手机渗透率较高的市场通知数量较多（如中国台湾地区）。

（3）年轻群体不成比例地使用通知并将其纳入日常习惯。

尽管如此，显然存在发布商和广告商发送的大量通知将导致消费者未来反弹的危险。在这方面，出版商应该通过结合被动个性化，更透明、明确的控制来集中关注提高其通知的相关性。

除了突发新闻之外，我们相信有更广泛的机会可以提供更相关的及时的新闻信息，满足用户需求。至关重要的是，未来几年通过移动平台和消息应用对通知负载的改进也将以新方式和方法提供通知的机会。

腾讯公司在其公布的 2017 年第四季度及全年业绩数据新闻稿中，提及网络游戏、视频类数字内容、广告、支付相关服务、云服务几个方面的收益，只字未提网络新闻内容及其收益。

根据 commonsense.org 对美国青少年获取新闻信息情况的调查数据显示：有近 50% 的美国青少年从社交媒体中获取新闻信息。该机构调查研究者认为：新闻机构应努力吸引年轻受众，在很多时候，新闻主题对青少年来说也很重要。许多孩子，特别是青少年，正在有效地获取他们所需要的信息。在分散的新闻环境中，我们需要帮助青少年学会评估在线新闻的质量、可信度和不同来源的有效性。在社交新闻体验中，看似合法的东西通常都是通过成年人过滤的内容，然而，这些成年人带来的媒体可能会或可能不会反映现实世界。儿童自己对知识信息的需求、解释和偏见有助于过滤错误信息并理解自身是否传递了信息。鉴于更多的孩子相信他们对新闻如何有偏见，传统新闻父母、教育工作者、政策制定者、研究人员和新闻机构组织有责任帮助儿童学会接受、辨别和评估新闻的相关技能（意即媒介素养）。事实上，只有 1/4 的孩子表示，相信自己拥有同成年人一样的媒介素养。

2.2　社交媒体（网络社群）概况及分析

据 KANTAR（凯度）最新一份关于中国社交媒体报告数据显示：在诸多社交新媒体中有如下趋势，微博对网民的覆盖率有明显增加，相比于全部社交媒体，微博在年轻网民中的影响力上升更快；QQ 对网民的覆盖率保持平稳，在年轻网民中的覆盖率有所上升；我国社交媒体向大龄群体渗透，社交媒体用户平均年龄为 30～33 岁，其中，60 岁以上社交媒体用户 2018 年的增长率为 38.2%。

凯度的调查数据显示，新媒体社交用户也越来越喜欢宅在家里，他们对于内在美的价值也越来越认同，对公益活动的态度更加积极，这展示出社交媒体用户一定的积极心态和正能量的价值观。

视频类媒体特别是西瓜视频等直播类媒体、今日头条等新闻类媒体、京东等电商类媒体以评论、弹幕、直播等形式，也具备了很强的社交属性，被归为广义上的具有社交功能的媒体。社交新媒体分类见表2-1。

表2-1 社交新媒体分类

序　号	社交媒体类别（社交类新媒体产品或带有社交功能的新媒体产品）
1	通信类社交媒体（如微信、QQ、LINE、米聊、无秘等）
2	平台类社交媒体（新浪微博、腾讯微博等）
	交友类社交媒体（如世纪佳缘、珍爱网等）
3	论坛类社交媒体（如百度贴吧、天涯、QQ空间、豆瓣、人人、Facebook等）
4	生活类社交媒体（如美团、去哪儿、携程、大众点评、58同城等）
5	知识类社交媒体（如得到、知乎、一个、在行一点等）
6	带有社交评论功能的新闻类媒体（如今日头条、腾讯新闻、网易新闻等）
7	带有社交评论功能的电商类媒体（如淘宝、京东、小红书等）
8	带有社交评论功能的视频或直播平台（如优酷、哔哩哔哩、斗鱼、虎牙等）

目前，中国最有影响力的社交新媒体平台是腾讯公司的微信。CAICT（中国信息通信研究院）评价："微信，是数字经济下的重要产品，以社交关系链为核心，通过连接、协调、赋能的平台力量，将新技术、新应用、新模式深度植入工作生活及社会治理，促进互联网惠及更多民众，持续拉动信息消费，不断带动相关就业，推动人与人、与设备乃至社会深度互联，为经济社会转型升级与和谐发展带来积极的影响。"

根据腾讯企鹅智库发布的《"95后"新生代社交网络喜好报告》数据显示：95后最常使用的社交新媒体是QQ，而非微信。QQ空间和贴吧等新媒体产品更受95后新媒体用户欢迎。新生代更偏重于用手机登录社交媒体产品。

据Simply Measured Inc.发布的一份社交媒体营销报告（*THE STATE OF SOCIAL MARKETING*）显示：营销组织中的社交媒体团队比例大幅上升，且团队发展保持相对稳定。数据显示，产品营销部门基本上都拥有社交媒体，但并非所有营销部门的社交媒体都能有助于提高销售利润，也就是说，并非所有的营销部门都能够深刻理解和领会社交媒体及对其的使用。

国外多份研究报告显示：对于社交媒体，用户除了使用其进行社群通信、了解新闻资讯、发布个人状态等活动之外，便是将其与营销紧密联系了。社交媒体营销在国外已成为一种随处可见的互联网"生活方式"和工作形式。而社交媒体营销也成为最热门的一种互联网营销方式。

据*2018 SOCIAL MEDIA MARKETING INDUSTRY REPORT*（2018年5月发布）[⊖]研究结果发现：

Facebook媒体营销具有不确定性。研究显示，只有49%的营销人员认为他们的Facebook营销是有效的，52%的人员表示他们较2017年Facebook覆盖范围内的营销业绩

⊖ 资料来源：Social Media Examiner，研究人员Michael A.Stelzner。

有所下降。然而，62%的人员则计划在明年增加其 Facebook 营销活动。

研究显示，营销人员更少关注发展忠实粉丝。研究首次发现，创造销售线索成为社交媒体营销人员关注的焦点，而不是以往的"培养忠诚的粉丝群"。研究猜测，这一现象可能表明营销指标和社交媒体智能化变得比以往的粉丝参与更为重要。

总体而言，国外社交媒体中，Facebook 的主导地位依然强劲。94%的营销人员使用 Facebook（其次是 Instagram，占 66%）。研究显示，有 2/3 的营销人员声称 Facebook 是他们最重要的社交平台。

Facebook 广告至高无上。有 72%的营销人员使用 Facebook 广告（其次是 Instagram，占 31%）。近一半的营销人员在 2017 年增加了他们的 Facebook 广告活动，67%的人员计划在未来 12 个月内增加他们对 Facebook 广告的使用。

Facebook Messenger 机器人引发了营销人员的兴趣。虽然只有 15%的营销人员使用 Messenger 机器人，但 51%的人计划在下一年使用 Messenger 机器人。

CEO.com 发布的数据[一]显示，42.5%的全球 500 强企业 CEO（首席执行官）在他们公司的 YouTube 频道上播放了关于 Ice Bucket Challenge 的活动，用于招聘、发布产品和其他企业宣传活动。

有 5 位 CEO 在 4 个社交媒体网络上都有业务，包括沃尔玛、百事可乐、Netflix、万宝盛华和 Live Nation 的高管。Expedia 的 CEO 是唯一一个使用超过 5 个社交媒体网络进行业务活动的人。

2016 年被认为是数字技术对许多行业（包括 B2B 和 B2C）都有较大影响的一年。Intuit 的联合创始人斯科特·库克（Scott Cook）观察到的"一个品牌已不再是我们最初告诉消费者的那个品牌，而是消费者彼此交流中的品牌"[二]已成为现实。

社交媒体，尤其是在线视频类社交媒体，对品牌声誉产生了重大影响。一个 CEO 既可以参与讨论并影响讨论，也可以冒险让他或她的公司形象接受公众舆论"法庭"的"审判"。

国外对社交媒体的研究已经到了极为微观的层面。例如，TrackMaven 对全球 75 个行业 5 个主流社交媒体[三]的社交媒体营销内容发布最佳时间的研究，已经细化到了具体的时间节点（何内容适合何时发布于何种社交媒体等）。再如，HHCC 和 TRILIA 对 Z 世代[四]使用社交媒体情况的研究，认为有超过半数的年轻人正在减少社交媒体的使用量，并预计到 2020 年有 40%的消费者将成为 Z 世代。Pew Research Center 对 2018 年美国青少年社交媒体用户的调查研究数据显示，YouTube、Instagram 和 SnAppchat 是青少年中最受欢迎的在线平台。95%的青少年可以使用智能手机，45%的青少年表示他们几乎实时在线。与此同时，Facebook 已经不再是当今时代青少年社交的主流媒体。我们从众多的研究数据中可以推断，社交媒体因为各自特点及时代的不同，而出现了不同程度的用户转移或用户分流的

㊀ 来自 2016 SOCIAL CEO REPORT。

㊁ 原文为"A brand is no longer what we tell the consumer it is, it is what they tell each other it is"。

㊂ Twitter、Facebook、LinkedIn、Instagram 和 Pinterest。

㊃ Z 世代是美国及欧洲的流行用语，意指在 1990 年代中叶至 2000 年后出生的人。他们又被称为网络世代、互联网世代，统指受到互联网、即时通信、短讯、MP3、智能手机和平板计算机等互联网科技产品及网络新媒体影响很大的一代人。

现象。然而，从当前的总体态势来看，国际社交媒体使用情况一直处于上升状态，这同国内的态势基本相同。

纵观全球社交媒体的发展态势，已诚如麦克卢汉所言，让地球变成了一个"村落"。麦克卢汉于 20 世纪 60 年代所预言的由媒介而带来的社会变迁，在今天得以淋漓实现，其依托之一便是新媒体技术的变革及社交媒体的高速化与融合式发展。

➡ 2.3 音视频新媒体产品发展概况及分析

2.3.1 智能音频产品概况分析

纵观以文字、图片、视频、动画和音频形式划分的新媒体产品市场，视频、动画、图片异军突起，文字内容也因为微博、网络小说、深度阅读等而一直热度不减，音频虽然没有因新媒体技术和环境大红大紫，但是其在全球拥有一群忠实的受众，而且音频产品用户总体呈不断上升趋势。基于音频的媒体正处于一个新的时代、在当今时间即为金钱的世界中，引人注目的音频内容和不断扩展的交付选项正在不断推动消费者使用音频产品。基于音频的新闻和娱乐可以很好地适应现代生活中的多任务现实。

从全球视角来看，音频是 2018 年移动中的世界人的首选伴侣。根据尼尔森（The Nielsen Company (US)，LLC.）的音频用户研究数据显示，在美国，每周接触音频产品的 18 岁以上消费者数量超过 2.2 亿，这个数量要多于接触电视、Web 等其他产品的成年消费者。

> 在视频，尤其是短视频大热的今天，音频依然大的市场份额。这是一个值得深思的现象。人类对待自己的耳朵，依然保持了恒定的理性。不要忘记，五官是媒介发展的"起源"。

而据 Edison Research 在 2018 年 5～6 月的一项全美抽样调查显示，在美国，18%的 18 岁以上消费者都拥有一个智能音箱，这个人数至少有 4300 万。

而针对消费者购买另外一个智能音频产品的原因，Edison 的研究分析显示，有 65%的人是用于让家庭变得更加智能化（如控制电灯、扫地机器人等），约 60%的人是为了方便听新闻。同智能手机和笔记本计算机相比，早前购买智能音频产品的人更倾向于用智能音频产品获取资讯。智能音频设备成为仅次于智能手机和笔记本电脑的音频信息获取途径。

中国移动音频的发展发轫于 2009 年左右。

（1）2009—2011 年，探索期。中国移动在浙江设立了阅读基地，早期的有声阅读形成。之后蜻蜓 FM、凤凰 FM 等相继上线，内容形式以 PGC（Professional Generated Content，专业生产内容）[⊖]为主，来源于电台广播、电视节目音频等。

（2）2012—2013 年，市场启动期。由于移动音频（听书和电台）可以满足于用户碎片化、场景化收听习惯，一时涌现懒人听书、喜马拉雅 FM、考拉 FM 等大量移动音频应用。

（3）2014 年之后，高速发展期。多家音频厂商获得融资，在不断壮大的同时，也因版权问题彼此纠纷不断。终端方面，除了智能手机外，还可与车载系统、智能电视、智能音响、智能手表等智能终端接入。图 2-2 为中国移动音频领域产业地图；表 2-2 和表 2-3 分别

⊖ PGC 用来泛指由传统内容产品生产向互联网新媒体产品内容生产过渡时期内的内容产品。

为全球智能音箱市场的主流产品和市场份额。

图 2-2　中国移动音频领域产业地图

注：资料来源：易观智库。

表 2-2　全球智能音箱市场主流产品

	厂　商	产 品 名 称
国内	百度	小度
	腾讯	腾讯听听
	小米	小爱
	阿里巴巴	天猫精灵
	京东	叮咚
国外	Amazon	Echo 系列
	Google	Google Home 系列
	Apple	HomePod
	Microsoft	Invoke

注：数据来源：清华大学中国科技政策研究中心。

表 2-3　全球智能音箱市场份额

排名	厂　商	2017 年第一季度	2018 年第一季度	同 比 增 长
#1	Google（Home 系列）	19.3%	36.2%	483%
#2	Amazon（Echo 系列）	79.6%	27.7%	8%
#3	阿里巴巴（天猫精灵）	—	11.8%	—
#4	小米（小爱）	—	7.0%	—
	其他厂商	1.1%	17.3%	161%
	总体市场（美元）	290 万	900 万	210%

注：数据来源：Canalys。

中国移动音频的用户，一二线城市活跃，同时逐渐向三四线城市下沉。移动音频老年用户和青少年用户都稳步增加，高学历用户也逐步增多。移动音频内容逐步从主流的小说、相声、美文、故事等逐步向财经、社科及更专业的知识内容扩展。

移动音频技术发展迅速，跨终端的云技术日益优化，智能语音技术更加成熟，大数据技术为分析用户兴趣，精准推送音频内容提供了越来越深广的支持，音频技术和物联网技术结合，使得智能音频成为很多老年和青少年用户青睐的新媒体产品。

不过，随着新媒体音频产品的飞速发展，随之而来的问题也很多，如版权、技术壁垒、优质内容生产等。

2.3.2 数字音乐市场情况分析

据艾瑞咨询研究数据显示，从中国文娱产业的发展趋势来看，2013 年开始，中国文娱产业开始快速发展。根据国家统计局数据显示，中国文化产业增加值 2013 年达到 2.1 万亿元，增速达到 18%以上，2015 年达到 2.72 万亿元，2016 年突破 3 万亿元。作为在多种文娱内容和产品中都有所体现的音乐产业，随着文娱产业黄金时代的到来，也将进入新的成长阶段。

根据国际唱片协会数据显示，全球音乐产业经历了 2013—2015 年的低谷期后，正逐渐突破瓶颈期。实体唱片规模的下降被数字音乐收入的快速增长所弥补，并体现出了更广阔的潜力空间。从全球音乐地域来看，国际唱片协会报告中也表明，中国被认为是下一个机遇市场，有可能与世界上最大的音乐市场比肩。2016 年录制音乐在中国收入增长 20.3%，流媒体上升了 30.6%。

从全球市场来看，2016 年全球音乐市场总收入为 157 亿美元，是 1997 年 IFPI（International Federation of the Phonographic Industry，国际唱片业协会）开始跟踪音乐市场以来的最高纪录。截至 2016 年年底，全球已经有 1.12 亿流音乐媒体付费用户，同比增长 60.4%。2016 年，数字收入占全球音乐行业年收入份额首次超过一半。流媒体增长抵消了下载量下降（−20.5%）和实际收入下降（−7.6%）。随着中国（+20.3%）、印度（+26.2%）和墨西哥（+23.6%）的收入增长，流媒体正在推动全球音乐市场的发展。数字音乐占到了录制音乐总收入的 50%，流媒体收入成为主要增长点。[一]

2016 年中国音乐产业总规模约为 3253.22 亿元，较 2015 年增长了 7.79%，同比增速高于同期 GDP 增速 1.09%。中国数字音乐产值在 2016 年达到 529 亿元，同比增速 6.2%，占中国音乐产业核心层产值的 75%以上，2017 年获得近 10%的同比增速。在政策扶持和资本青睐下，传统音乐产业与新兴音乐产业加快融合，不断重构产业链条、创新商业模式、激发消费活力，推动中国音乐产业在经济新常态下正式进入快速增长的"新时代"。中国数字音乐产业经历了免费时代、盗版横行时代，终于迎来了相对规范的版权时代，数字音乐在 2016 年的增速也开始回归至快速增长水平。在市场商业模式多元化的作用下，用户付费、广告、直播、音乐周边产品销售等收入模式将共同促进市场继续保持快速增长。[二]

数据显示，2012—2016 年全国音乐产业市场规模不断增长，年均复合增长率为 7%。2017 年全国音乐产业市场规模超过 3500 亿元，2018 年增速仍保持 7%左右，音乐产业市场规模将达到 3760.15 亿元。[三]

随着数字音乐的发展和其他领域数字产品的发展，数字音乐将会贯穿于各种娱乐和知

○ 来自《IFPI：2017 年全球音乐报告》。
○ 以上关于数字音乐市场的数据来自：艾瑞咨询《2018 年中国数字音乐消费研究报告》。
○ 数据来源：中商产业研究院《2018 年中国数字音乐产业市场前景研究报告》。

识付费场景，而具有原创性的音乐也将成为重要的 IP 资源受到垂青和重视。根据艾瑞咨询所进行的数字音乐消费者画像，数字音乐消费者群体呈现更加年轻化和高端化的趋势，数字音乐的消费者能够更加注重精神消费的高品质性。目前，中国移动音乐活跃用户规模已超过 5 亿人，但由于国内用户并没有养成付费听歌的习惯，因此数字音乐行业虽然看起来热闹非凡，但实际上盈利不易。

2.3.3　直播媒体发展情况分析

据 IBM 和 Brandlive 合作进行的一项调查数据[⊖]显示，到 2020 年，视频流量将占全部互联网流量的 82%，而其中不断增长的部分便是直播视频内容。2017 年的全球直播市场数据已经表明，越来越多的品牌和零售商正在利用直播获得收益。此项调查数据还显示，2018 年全球将有更多公司利用直播开展业务，而已经利用直播的公司将继续增加其使用量。该报告强调的研究成果证实，未来对于直播视频来说是光明的。预算不断增加，活动爆炸式增长，用力越来越多，技术和服务投资也越来越高，技术的进步使得播放视频内容比以往任何时候都更加简单，即使是放在口袋里的设备也是如此。如今利用直播的公司正在抓住机会，为员工、合作伙伴和客户提升更好的产品体验。更多的商业领袖也意识到，直播视频会与观众产生情感联系，而这种联系是通过其他类型的数字营销或传播无法实现的。直播视频的效果也是一般单纯通信类社交媒体难以实现的。据 IAB 研究显示，全球平均 67% 的新媒体产品消费者拥有直播视频（授权账号），其中以中东和北非地区占比最高，为 90%。图 2-3 为全球各地区拥有直播视频（平台）消费者所占比例。

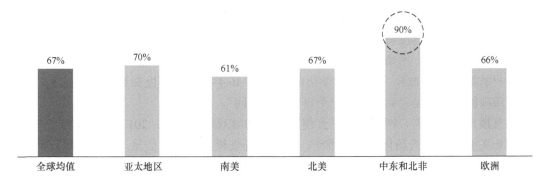

图 2-3　全球各地区拥有直播视频（平台）消费者所占比例

注：直播市场包括：北美（数量=600）：加拿大、墨西哥、美国；欧洲和非洲（数量=2000）：德国、匈牙利、爱尔兰、意大利、俄罗斯、南非、瑞典、瑞士、土耳其、英国；亚太地区（数量= 400）：澳大利亚、中国；中东和北非（数量=400）：沙特阿拉伯王国、阿拉伯联合酋长国；南美（数量= 800）：巴西、智利、哥伦比亚、秘鲁。

在国内，截至 2018 年 2 月，直播 App 整体市场渗透率高达 21.4%，用户规模超过 2.2 亿人，这意味着每 100 个中国移动网民中就有接近 22 个人是移动直播 App 的用户。市场渗透率最高的三款直播 App 分别是斗鱼直播、虎牙直播和 YY，它们的 2 月市场渗透率依次为 4.25%、3.61%和 3.33%。这三款 App 以娱乐（游戏）直播为主。于 2017 年 12 月 24

⊖ 来自 *2018 Live Video Streaming Benchmark Report*.

日上线的冲顶大会以 1.03%的市场渗透率跻身 Top 10。直播 App 用户以年轻男性为主，他们中 66.7%的用户不到 30 岁，59.6%的用户是男性。手游直播增速迅猛，王者荣耀成为直播视频用户最爱的 App。[一]

我国直播行业发端于 2004 年。2005 年由原语聊平台 YY 和 9158 视频社交平台转而发展为 PC 端的美女主播直播聊天室，六房间由视频网转为 PC 端秀场。

2011 年，美国 Twitch TV 从 Justin.TV 分离，独立为首家游戏直播平台，主打游戏视频的直播与互动，一出台就吸引了众多用户，每年覆盖人数以千万量级增加。国内游戏直播开始萌芽。

2013 年，YY、9158、六间房行业地位稳固，直播平台纷纷上市，新浪、百度、网易、搜狐也布局 PC 端秀场直播。随着国外游戏直播的火热，国内的 YY 游戏直播上线。

2014 年，斗鱼上线，国内纷纷出现 PC 端游戏直播平台。

2015 年，美国 Meerkat、Periscope 上线后引爆移动直播。同年，映客、章鱼、熊猫等纷纷效仿，移动端 App 全面占领直播市场，全民直播、垂直直播 App 层出不穷。

> 2020 年，新冠肺炎疫情期间，直播成为一种主要的销售方式。"直播带货"成为现象。其中的原因比较复杂，感兴趣的读者可以深入论证。

2016 年被认为是网络直播"元年"。

2017 年直播平台内容呈现多样化的趋势，并不断被翻新。

2018 年初，网络直播答题火爆一时。各种大型的游戏赛事直播（如企鹅电竞 App）也在这一年白热化。

结合近两年的直播发展态势来看，2017 年中国游戏直播用户整体规模呈现爆发式增长，而主要增长来自移动电竞游戏用户的转化。随着市场逐渐饱和，预计在未来几年，游戏直播用户规模增长速度将逐渐放缓。

从消费人群上看，网络直播用户以男性居多（73.5%），并呈年轻化态势（26~30 岁人群占用户总数的 34.2%），拥有大学学历的用户占 46.4%。[二]而百度知道大数据显示，网友关注度最高的问题则是"如何开设一个自己的直播间"。

从直播市场方面看，网络直播平台超过 70%为游戏网络直播；2017 年中国游戏直播市场的增长主要来自于秀场化运营的推动，整体市场规模达到 87 亿元。头部游戏直播平台（如虎牙）于海外上市，行业内部开始兼并整合；腾讯注资控股多个头部游戏直播平台确保控制游戏内容传播渠道。《绝地求生》受直播平台欢迎，各个平台推出相关自有赛事提升平台电竞内容竞争力；内容制作公司提升商业业务能力，为广告主提供多元化品牌广告服务。外部娱乐平台也加入游戏直播行业竞争，快手成立游戏直播频道并举办优质赛事切入游戏直播行业。

从直播相关政策法规方面看，随着《互联网直播服务管理规定》等政策法规的出台，行业整体朝着更加规范化的方向发展。一方面，行业的发展也在不断促进相关法规的完善；另一方面，未来行业对违规直播内容的宽容度也会进一步降低。只有做好平台内容监

督，建立完善的监控与明确的奖惩机制才能保障平台自身与整个行业健康的发展。

总体来看，我国直播视频的发展还处于探索阶段，市场需求（尤其是年轻消费者的需求）成为主导，而直播内容偏向娱乐化、低俗化，很多知识性、技能性的直播媒体（含自媒体）被系统整合到在线教育直播媒体（市场）中。

2.3.4　短视频媒体发展情况分析

随着 4G 和移动互联网技术的成熟，以快手、秒拍为代表的短视频厂商开始崛起，并且迅速占领国内大部分市场份额，吸引大量资本的关注以及更多玩家的布局。2016 年中国移动短视频用户数量为 1.53 亿人，2017 年为 2.66 亿人。[一]而截至 2018 年 2 月短视频综合平台与短视频聚合平台活跃用户规模分别达到 4.035 亿人与 1.655 亿人。[二]短视频的趋势正猛，各媒体报道显示短视频对用户的生活方式带来了深刻的变革。

根据七麦数据统计，短视频 App 自 2011 年起陆续上线应用市场，近年来随着智能手机的普及和移动互联网的快速发展，短视频被业界认为是互联网领域的风口，人才、资金等正大规模进入，2016—2017 年迎来井喷期，上线 App 数量共计高达 235 款，详见图 2-4。

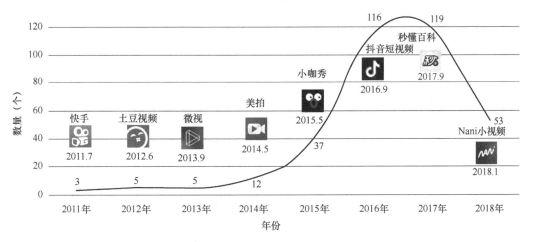

图 2-4　短视频 App 上线时间数量分布

注：1. 数据来源：Qimai.cn。

2. 数据截至 2018 年 5 月 25 日。

七麦数据根据常用几款短视频分类对整体布局做了统计，娱乐类短视频 App（如西瓜视频、土豆视频等）数量最多，以娱乐形式博得大众眼球、且增加关注的产品思路占大多数。摄影类短视频 App（如抖音、快手等）以 99 款位居第二，后期短视频 App 逐渐向多元化、创新性发展，用户可利用录像等功能重新加工视频，受到一致好评。其次是社交类短视频 App（40 款，如腾讯 NOW、段友等）、生活类短视频 App（38 款，如奶糖、范儿等）、工具类短视频 App（32 款，如小影、快剪辑等）。

⊖　来自艾瑞咨询《2016-2017 中国短视频市场研究报告》。

⊜　来自易观《2018 中国短视频行业年度盘点分析》。

短视频 App 从运营形态来分的话主要有 3 种：内容发布型、摄影工具型、社交平台型。由于运营方向不同可以给用户带来不同的体验，其中社交平台型的短视频平台其形象与功能是被用户买单最多的产品。

短视频内容按生产方式大致可分为 UGC（用户产生内容）、PGC（专业人士产生内容）两个类型。而这些内容通过独立的短视频平台（如抖音、快手等）或是综合类短视频平台（如腾讯视频、爱奇艺等）进行内容分发，传达给受众群体。

图 2-5 为 2018 年中国短视频 App 下载量排行榜 Top20。

排名	名称	开发商	排名	名称	开发商
1	快手	快手	11	小咖秀短视频	炫一下
2	西瓜视频	字节跳动	12	VUE	VUE
3	土豆视频	上海全土豆	13	微视	腾讯
4	火山小视频	字节跳动	14	蛙趣视频	智源慧杰
5	抖音短视频	字节跳动	15	梨视频	北京微然
6	美拍	美图	16	榴莲	百度
7	秒拍	炫一下	17	开眼	Eyepetizer
8	腾讯NOW直播	腾讯	18	看点	上海亚协
9	咪咕圈圈	咪咕动漫	19	有料短视频	百度
10	快视频	光锐恒宇	20	两三分钟	分钟时代

a)

排名	名称	开发商	排名	名称	开发商
1	抖音短视频	字节跳动	11	微视	腾讯
2	快手	快手	12	梨视频	北京微然
3	美拍	美图	13	蛙趣视频	智源慧杰
4	VUE	VUE	14	闪咖	腾讯
5	西瓜视频	字节跳动	15	开眼 Eyepetizer	Eyepetizer
6	土豆视频	上海全土豆	16	FOOTAGE	VUE
7	火山小视频	字节跳动	17	足记	足记
8	秒拍	炫一下	18	咪咕圈圈	咪咕动漫
9	腾讯NOW直播	腾讯	19	快视频	光锐恒宇
10	小咖秀短视频	炫一下	20	超能界	星炫科技

b)

图 2-5 2018 年中国短视频 App 下载量排行榜 Top20

a）安卓系统 b）iOS 系统

注：数据来源：Qimai.cn。

纵观短视频发展态势，相比全网当下近 10 亿用户来说，短视频无疑还有较大的成长空间。视频时代的到来，也代表着人类社会的阅读方式发生了变革。随着短视频对用户和用户时间的占领不断保持强势增长，短视频同时也成为各领域生态布局的重要环节之一，短视频为各行业带来的产业升级和变革态势显现，这无疑也对用户的生活方式产生了深刻的影响。不过，我们也看到，在 2018 年 4 月，内涵段子被永久封禁，这也说明，短视频类视听媒体产品的内容生产与审核成为关键性问题。低俗和过度娱乐虽然是媒体大众化发展中难以避免的问题，但是，身为媒体产品和媒介内容的生产和把关人，我们需要担负更多的社会责任。

2.4　中国在线知识付费市场情况分析

广义上的在线知识付费产业是指"以付费购买在线知识服务为核心衍生出的利益相关、分工不同、能够在各自的产业环节内完成自循环的上下游业态集合体"[⊖]。在这里我们所分析的在线知识付费则是狭义上的，即排除在线教育这一类别的在线知识付费。在线知识付费的核心是知识，经过数字编辑出版而转化的在线知识产品。其相比一些自媒体随手传到网上的娱乐性质的短视频是有很大区别的。在线知识产品具有较强的专业性、知识性、适用性、资源性、深刻性、稀缺性等特点。

腾讯研究院的张钦坤、田小军认为：经历了数十年的奇迹增长，中国经济正处三期叠加的新常态，增速较之数年前有所下降，但经济结构持续优化。伴随"互联网+"战略的持续推行，作为第三产业的典型代表，互联网经济已经成为激活文化消费和信息消费的新引擎。以互联网文学、影视、动漫、游戏、音乐、新闻等细分领域为代表的互联网内容产业的增长势头则更为突出，其营收规模和产值正加速增长。从互联网内容产业营收结构来看，各细分领域中，游戏、音乐及广告收入占比略有下降，视频、动漫占比提升，电竞、直播、VR 等新兴业态会有大发展。

在线知识付费产品不断升级，在线知识付费行为越来越常态化。艾瑞咨询预测，中国知识付费产业规模在人才、时长、定价等因素综合作用下 2020 年将达到 235 亿元。产业形成"腰型"结构，长尾市场占据 40%营收份额。"小而美"模式将成为新小玩家入局的突破口。

用户求知途径从线下向线上拓展，知识付费促进出版业效能提升，并完善教育培训产业链条。其核心解决的是内容的获取及实践的效率问题，未来产业分工还将趋于专业和细分。从占领用户心智到关联内容方，深度运营成为平台方核心；内容方发展阶段整体滞后于平台方，建立生态是其发展重点。二者市场集中情况将决定话语权的分布。

对于在线知识付费产业而言，广告收入规模存在边界；各平台将不断拓展核心付费模式，以组合拳形式打造多元收入结构。

伴随着市场教育程度的提高，产品品质控制和用户预期管理将助力优质知识付费产品驱逐"劣币"；此外，同等服务的价格将下降，但用户为优质服务付高价的意愿提升，咨询及智库服务将成为在线知识服务客单价提高的重要突破口。

根据艾瑞咨询《2018 年中国知识营销白皮书》调查结果显示：知识型用户规模快速增长，用户对信息获取的效率和质量提出了更高的要求，用户消费升级加速，生活观念和方式发生变化，品牌营销的基础随之而变。这将成为在线知识付费的主要趋势。换而言之，即以今日头条的短视频平台为代表的主要依靠短视频广告变现的内容生产盈利增速将随着

⊖ 来自艾瑞咨询《2018 年中国在线知识付费市场研究报告》。

知识型用户数量的增长和互联网用户媒介素养的提高而逐渐放缓，转而有组织的高质量的在线知识付费服务将成为较大的增速点。

2.5 中国人工智能发展概况

在全球人工智能发展的浪潮下，市场对人工智能的投入与期望空前巨大，正确理解人工智能目前的应用能力、发展状态以及与市场预期间的距离，成为各行业企业的重要任务之一。各行业企业都有了在人工智能方向进行布局与行动举措的念头或实际行动，尤其是在新媒体环境下，科技企业与数字出版企业联手，形成新科技与新媒体的强强联合局面，导致新媒体产品别开生面，有了新的发力点。

在政府政策层面，2017 年 7 月，国家发布了《新一代人工智能发展规划》，将中国人工智能产业的发展推向了新高度。从 2009 至今，中国人工智能政策的演变可以分为五个阶段，其核心主题词也不断变化，体现了各阶段发展重点的不同。国家层面政策早期关注物联网、信息安全、数据库等基础科研，中期关注大数据和基础设施，而 2017 年后人工智能成为最核心的主题，知识产权保护也成为重要主题。综合来看，中国人工智能政策主要关注以下六个方面：中国制造、创新驱动、物联网、互联网+、大数据、科技研发。

从人工智能的发展态势上看，人工智能的发展已突破了商业领域对其应用效果的预测，受到风险投资基金的热烈追捧，人工智能技术的应用场景也在各个行业逐渐明朗，开始带来降本增益的实际商业价值。在巨大的产业需求规模与强有力的金融投资支持下，中国在全球新一代人工智能中发展态势良好，北京、深圳和上海在人工智能企业与人才积累上名列全球城市前茅，中国人工智能产业的发展进入了技术逐渐渗透到各行业产生实际价值的阶段。

中国人工智能学会与罗兰贝格联合发布《中国人工智能创新应用白皮书》，认为：除了互联网行业以外，汽车、消费品与零售、金融以及医疗行业等数据基础比较完善、数据资源比较丰富的行业具有最为成熟的发展基础与最大的市场应用潜力。预计到 2030 年，中国在金融行业，人工智能将带来约 6000 亿元的降本增益效益；在汽车行业，人工智能在自动驾驶等技术上的突破将带来约 5000 亿元的价值增益；在医疗行业，人工智能可以带来约 4000 亿元的降本价值；在零售行业，人工智能技术将带来约 4200 亿人民币的降本与增益价值。白皮书在价值链的研发、制造、营销、服务以及物流等环节上梳理并描述了这些典型行业内人工智能的主要应用场景。

图 2-6 为 2012—2017 年中国人工智能学术、投资与舆论曲线。

从人工智能行业、地域、技术方向分布上看，根据亿欧智库统计，2012 年，互联网服务、安防和机器人等领域创业企业逐渐增多。2014 年，中国正式迎来人工智能创业热潮。2015—2016 年，围绕机器人、大健康、金融、安防以及行业解决方案等行业，人工智能创业热度冲顶。图 2-7 为中国各行业人工智能技术分布情况。人工智能显著提升其他行业的运转效率，但风险亦存，风险主要表现在对就业、隐私安全和社会公平等方面。据中国信息通信研究院数据研究中心统计数据显示，截至 2018 年 6 月，中国人工智能企业数量已达到 1011 家，位列世界第二，但与美国（2028 家）的差距还非常明显。全球各国人工智能企业分布中，美国占比 41%，中国占比 22%。

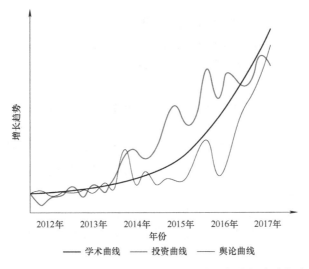

图 2-6　2012—2017 年中国人工智能学术、投资与舆论曲线

注：1."学术曲线"是中国知网中"深度学习"相关论文各年份发布数量变化情况；"投资曲线"是中国人工智能私募股权
　　 投资市场的投资频数变化情况；"舆论曲线"是百度指数中"人工智能"一词的搜索热度变化情况。

　　2. 数据来源：亿欧智库。

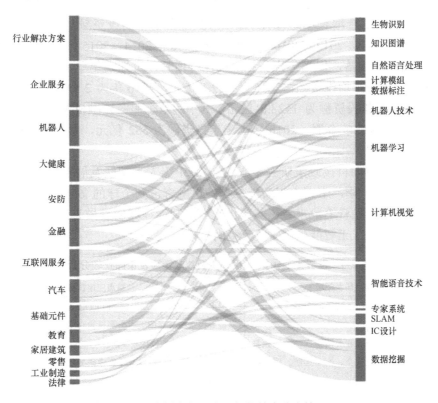

图 2-7　中国各行业人工智能技术分布情况

注：1. 数据来源：亿欧智库。

　　2. 图中左侧为 14 个行业，右侧为 13 项人工智能技术，中间的连线表示各行业应用到的人工智能技术，任一行业与任
　　 一技术之间连线的宽度，表示该行业应用该技术的比重。

中国人工智能企业分布于 22 个省份的 43 个城市。在所有省份中，北京、上海、广东占比达 74.2%。中国人工智能企业数量最高的十大城市为：北京（368）、深圳（141）、上海（131）、杭州（91）、广州（34）成都（24）苏州（16）、南京（16）、厦门（15）、武汉（12）。

中国目前主要的人工智能技术包含 13 项，分别为：计算机视觉（28.7%）、数据挖掘（13.2%）、智能语音技术（12.7%）、机器学习（10.7%）、机器人（10.1%）、自然语言处理（7%）、知识图谱（5.1%）、生物识别（4.2%）、SLAM（3%）、IC 设计（2.3%）、数据标注（1.3%）、计算模组（1.1%）和专家系统（0.4%）。其中计算机视觉研究和应用比重最大。

在 13 项人工智能技术方向上，技术应用占比 TOP5 的分别为计算机视觉、数据挖掘、智能语音技术、机器学习和机器人。其中，计算机视觉包含图像识别、视频结构化、人脸识别等，智能语音技术包含语音识别、语义生成等，机器学习包含深度学习、强化学习、对抗学习、迁移学习等。

在人工智能投资方面，据亿欧智库统计数据显示，2012—2018 年上半年间，人工智能相关投资整体呈现快速上升趋势，投资阶段由早期向中后期转移，战略投资增多。从行业角度看，投资频数 TOP5 的行业为企业服务、大健康、金融、机器人和汽车，投资频数均超过 100 次。投资频数方面，2012—2017 年，中国私募市场中的人工智能投资频数持续走高，五年间复合增长率达 67.1%。2018 年上半年的投资频数是 2017 年全年的44.6%。投资金额方面，2012—2016 年持续上升，其中 2014、2015 年出现 4 倍的大幅增长，2017 年有小幅回落，但当年投资频数仍保持增长，可知当年单笔平均投资额有所下降，具体来看：单笔平均投资额：2015 年为 2.1 亿元，2016 年为 2.5 亿元，2017 年为 2.1亿元。2018 年上半年投资额为 1528.8 亿元，其中蚂蚁金服三轮融资共约 944.6 亿元，占比达 61.9%。若不计蚂蚁金服，2018 年上半年投资额为 582 亿元，单笔平均投资额为 3.8亿，超过前 3 年数据。

根据清华大学中国科技政策研究中心《2018 中国人工智能发展报告》统计显示，从2013 到 2018 年第一季，中国人工智能领域的投融资占到全球的 60%，成为全球最"吸金"的国家。但从投融资笔数来看，美国仍是人工智能领域创投最为活跃的国家。表 2-4为世界主要国家/地区人工智能政策研发策略比较分析。

表 2-4　世界主要国家/地区人工智能政策研发策略比较分析

	重点研发领域	重点应用领域
美国	特朗普政府的《让美国再次伟大的预算蓝图》中对国土安全、军事国防、医疗给予重点支持	国土安全领域：脸部识别，FLOOD APEX PROGRAM 项目，可穿戴警报系统等（国土安全局已出台《人工智能白皮书》，《就有关新兴技术战略执行概要向总统的报告（拟）》）
		医疗影像（已出台《医疗影像研究和发展路线图》，有提到人工智能和医学影像的协调）
		国防军事（特别项目通告//2018 海军研究办公室//基础研究机会；"促进海军领域的人工智能研究"）
欧盟	数据保护；网络安全；人工智能理论；数字技术培训；电子政务	超级计算机；数据处理；金融经济；数字社会；教育

（续）

	重点研发领域	重点应用领域
德国	人机交互；网络物理系统；云计算；计算机识别；智能服务；数字网络；微电子；大数据；网络安全；高性能计算	智能交通（陆海空）；健康护理；农业；生态经济；能源；数字社会
英国	硬件 CPU；身份识别	水下机器人；海域工程；农业；太空宇航；矿产采集
法国	超级计算机	生态经济；性别平等（对女性的 AI 教育）；E-Government；医疗护理
日本	机器人；脑信息通信；声音识别；语言翻译；社会知识解析；创新型网络建设；大数据分析等	生产自动化；物联网；医疗健康及护理；空间移动（自动驾驶、无人配送等）
中国	关键共性技术体系"1+N"计划："1"是指新一代人工智能重大科技项目，聚焦基础理论和关键共性技术；"N"是人工智能的理论研究、技术突破和产品研发应用　加强人工智能前沿领域交叉学科研究和自由探索的支持	智能制造；智能农业；智能物流；智能金融；智能商务；智能家居；智慧教育；智能医疗；智能养老；行政管理；司法管理；城市管理；环境保护　在深海空间站、健康保障等重大项目，以及智慧城市、智能农机装备等国家重点研发计划重点专项部署中，加强人工智能技术的应用示范

在人工智能产品应用领域，人工智能已经在医疗健康、金融、教育、安防等多个垂直领域得到应用。全球智能音箱市场增长迅速，国内外主要互联网企业都有部署，其中谷歌和亚马逊的市场份额超过全球 60%，中国的阿里巴巴和小米分列第三和第四位。2017 年全球机器人市场达到 232 亿美元，中国市场占 27%。其他如无人机、智能家居、智能电网、智能安防、智能医疗和智能金融也发展较快。

在国民认知方面，国民对人工智能认知度高，超半数受访者支持其全面发展。2016—2017 年，人工智能热度飙升，成为年度关注度增长最快的科普话题。今日头条对用户的问卷调查显示，只有 6.23%的受访者对人工智能不了解；53%的受访者支持人工智能全面发展，而持保守态度的比例为 27%。对于其风险，受访者最关心的问题是人工智能的就业替代，也担忧人工智能失控造成社会危机的可能。总体而言，国民对人工智能的乐观和愤怒情感都有下降，态度趋于理性。对人工智能的关注度，在不同应用领域、年龄、性别、和地域上差异显著。

截至 2017 年 7 月，由教育部批准设立"智能科学与技术"本科专业的高校已达 36 个，人工智能相关专业方向达到 79 个。顶尖院校纷纷成立了关于人工智能研究的重点实验室。目前我国人工智能领域的教学和研究主要集中在计算机、电子信息、自动化等院系。针对网民的问卷调查发现，网络平台超过学校成为年轻人学习人工智能课程的主要平台。网民对学习人工智能的热情高，61%的受访者学习人工智能的时间在每周 10~20 个小时之间。⊖

在中国企业发展机遇方面，《中国人工智能创新应用白皮书》提出如下行动建议："企业在制定人工智能发展计划时，首先应当明确在当前业务场景下的应用机会点，这些机会点应当能够带来足够的商业价值，并且企业自身也具备应用这些机会点的条件。企业需要

⊖ 清华大学中国科技政策研究中心. 中国人工智能发展报告[R]. 2018.

通过研究外部市场发展情况，了解目前行业中其他企业在此技术方向上的布局，评估人工智能技术在自身业务背景下的应用机会，学习、观察、尝试在价值链各环节上的商业应用案例。其次，企业需要评估在组织、数据与技术、运用与执行能力上具备的核心竞争力，认识到在哪些方面存在不足，并针对不足为相关部门提供包括组织、流程、KPI 等各方面的支持与引导。最后，结合对企业内部核心竞争力打造计划与应用实施计划，企业需要制定明确的发展方向与发展程度期望，设置具有时间节点的发展蓝图，并打造相关的配套能力支持计划执行。"

新一代人工智能技术的应用将给各行业带来众多新的可能性，甚至有可能颠覆现有的行业格局并可能重塑行业。但与此同时，人工智能发展也存在诸多问题，例如，很多地方在人工智能发展政策方面仍然存在"跟风中央""追逐热点"的倾向；目前中国在人工智能发展政策上主要强调促进技术进步和产业应用，而对道德伦理、安全规制等问题还没有予以足够重视；在人工智能核心技术领域，如硬件和算法上，中国人工智能发展的基础还不够牢固；中国的人工智能技术发展缺乏顶尖人才（人才的研究领域也比较分散），与发达国家特别是美国的差距还十分明显。

【思考与练习】

1．查阅任何一份你感兴趣的新媒体产品及其发展趋势报告，写一篇 1000 字左右的能够表达你个人观点的评论文字。

2．根据本章内容，请你就当下的新媒体及新媒体产品发展情况做一个关于新媒体及某一领域新媒体产品发展概况的调研，试着将一些数据、现象和观点写到一张纸上（或手机、平板计算机的记事本中），然后分享给大家，从而和其他人的报告组成一个新版的新媒体及新媒体产品概况。

第 3 章

文化与表达：新媒体产品为什么需要策划

知识是珍贵宝石的结晶，文化是宝石放出的光辉。

——泰戈尔（Rabindranath Tagore）

有天资的人，当他们工作得最少的时候，实际上是他们工作得最多的时候。因为他们是在构思，并把想法酝酿成熟，这些想法随后就通过他们的手表达出来。

——达·芬奇（Leonardo Di Ser Piero Da Vinci）

能够注意事物的各个方面，就能够多方面地思考问题，经常如此训练你的头脑，就能够产生独创性的思路。

——奥斯本（Alex Faickney Osborn）

你心里想得透彻，你的话自然明白，表达意思的词语自然会信手拈来。

——布瓦洛（Nicolas Boileau Despreaux）

关键词

策划　新媒体产品　文化性　技术性　创新性　传播性　核心价值　概念　社会价值
表达需要

"后工业化时期国际上需求结构的一个重大变化就是从物质消费向精神消费的转变。随着知识经济的到来，创意已经成为经济增长的内生动力。创意产业积聚了高技术产业、服务业和制造业的众多门类，具有高整合、低能耗的产业性质，其对于提升和优化产业结构与消费结构，发展低碳经济具有决定性的作用，是未来各国经济发展的先导性产业。有鉴于此，发达国家纷纷将发展本国的创意产业作为国家未来是否能领先世界之林的重要战略来考虑。"⊖人类文化发展至今，已经到了一个"爆炸性"阶段，知识更迭速度也呈现出几何式增长。国与国之间的文化竞争日益白热化，随着文化传播技术、手段、方法的变革，策划与创意成为文化竞争的核心力量。

当今时代的文化，是一个比以往任何时代都依靠媒体的时代，甚至可以夸张地说：媒介即文化。新媒体已经成为一个"万金油"，任何企业都可以将它作为自己文化的传播杠杆。新媒体产品是科技力量与文化力量的融合产物，从一个公众号到一个 App，都凝聚着策划者与创意者的定位、理念、技术、构思、内涵、品位、理想等众多文化与科技元素。这些元素在策划者手中得到创造性的再生或变革，从而产生了新的文化产品类型——新媒体产品。如果用一句话来概括"新媒体产品为什么需要策划"的话，那么，我们可以说：新媒体产品的技术性、文化性、创新性、传播性决定其必须是优秀策划的产物。

➡ 3.1 新媒体产品的属性与策划

讲到概念、内涵、本质、属性、价值等词汇，多数人认为这些都是非常抽象的东西。而我们要做的恰恰是要将这些抽象的东西具体化。换句话说，人类文化发展的过程，其实是将思想实在化、具体化的过程。例如：人们需要交换思想，并记录历史和思考，便发明了指代意义的符号，将人类能够感知的所有意义尽可能地符号化、语言化；同样，对于改造自然和人类社会，人们从"理想国"的状态逐渐过渡到了"工具论"范畴，将文明的起点定位于对工具的创造和使用上。而对于当代文化传播社会而言，信息和技术的发达与发展，使得文化成为媒介的"影子"。没有文化，媒介便无法作为阳光下的一个正常的存在体；同样，没有媒介，文化也便"消失"了"动力"机制，无所依附，无法传播。

3.1.1 技术让概念有了"感觉"

康德说：感觉无概念则空，概念无感觉则盲。对于新媒体产品而言，技术让概念有了感觉。我们的思想和感情都是通过人的望、闻、听、问、尝、触等官能途径实现的，同样，对于新媒体产品而言，技术也是实现概念的必经之途。

> "技术"与"感觉"的关系是后人类时代最值得探讨的话题之一。例如，虚拟现实技术带给人的视觉感受，便意味着技术增强了人的视觉感。感觉的本质是一种心理和生理的综合效应，值得我们深入思考与体验。

例如：今日头条产品所体现的技术与概念。今日头条是由国内互联网创业者张一鸣于 2012 年 3 月创建（2012 年 8 月发布第一个版本）的一款基于数据挖掘的推荐引擎产品，它通过机器算法，根据用户选择和使用行为，为用户

⊖ 白远. 中国文化创意产业发展与产品内外需求[M]. 北京：经济管理出版社，2016：1.

推荐有价值的、个性化的、贴合其喜好的信息，提供连接人与信息的新型服务，是国内移动互联网领域成长最快的产品之一。2018 年 5 月 17 日之前，今日头条的 Slogan 是"你关心的，才是头条"。这个 Slogan 恰如其分地从概念上说明了机器算法推荐技术在用户至上时代里的重要作用。今日头条也成为成长最快的新媒体产品，上市 3 年即成为"最具影响力 App"。至今，今日头条、抖音等新媒体产品的日活跃用户均超过 1 亿。今日头条的这种"刷不见底""越刷越贴近自己喜好"（算法推荐）的概念和技术让用户体验到了无须筛选的快乐，实现了自己关心的才是头条的概念。这使得一些用户养成了"晨厕刷头条""晚厕刷抖音"的习惯。所以，该产品所属公司随后推出了防沉迷系统。

不过，字节跳动公司在受到了"内涵段子"被封且屡遭处罚之后，更换 Slogan 为："信息创造价值"。字节跳动官方的解释是：今日头条致力于连接人与信息，我们觉得，在促进信息的高效、精准传播中，应该坚持正确的价值导向，这是我们提出"信息创造价值"的原因所在。显然，导向是新媒体产品必须要面对的首要问题。而技术并不起决定作用。在当今时代，我们的技术已经可以同国外高科技公司相竞争，但诚如中国传媒大学教授刘燕南所说："技术是撬动注意力市场变革的杠杆，也是推动社会前进的重要力量。然而，技术进步不代表社会进步。"[⊖]但对新媒体产品而言，技术仍是极为重要的工具、外衣和手段。没有技术，新媒体产品的内容也将流离失所。

3.1.2　文化成为媒介的"影子"

2016 年是中国供给侧结构改革元年。供给侧结构性改革的根本目的是提高社会生产力水平，落实好以人民为中心的发展思想。[⊖]2016 年初的政府工作报告中提出"大力发展数字创意产业"。"创意产业以创新为产业发展的基本要素，是创新驱动增长的典型业态，对促进经济转型升级、提质增效具有显著作用，是实现国民经济从要素驱动转向创新驱动的重点产业。创意产业通过优化劳动力、资本、土地、技术、管理等要素配置，持续性激发创新创业活力，从而有效推进供给侧结构性改革，培育经济发展新动力。"[⊖]在发达国家，文化产业在国民经济中的比重一直不断攀升，而文化产业中的数字出版产业（或称为数字创意产业）则是"排头兵"。2017—2018 年我国数字出版产业整体收入规模突破 7000 亿元，创历史新高。依托媒介的文化产业发展如虎添翼。数字创意产业以创新、策划、创意驱动培育新的消费增长点，以极具创意的新媒体产品为供给侧改革提供了重要抓手。

文化是媒介的影子。这是一种看似本末倒置的观点，实则强调和表达了新媒体时代下文化的传播力与再造力的关键问题。媒介在重构文化形态，受众的注意力也从一成不变的传统文化身上逐渐向穿着新媒体

> 其实，我们单说"身"与"影"是片面的。媒介在传播文化的同时，也对文化做了加工、整合，甚至创新处理。媒介自身可能没有如此伟力，媒介的伟力在于它整合与重塑了文化中的各方资源。

⊖ 刘燕南. 数字时代的受众分析——《注意力市场》的解读与思考[J]. 国际新闻界，2017，39（03）：167-176.

⊖ 经济参考报. 习近平：从生产领域加强优质供给[EB/OL].http://www.xinhuanet.net//fortune/2016/01/27/c_128673404.htm,2016-01-27.

⊖ 张京成. 中国创意产业发展报告（2017）[R]. 中国经济出版社，2017：5.

外衣的新文化形态转变。在以视频为主导的接受语境之下，文化的传播形态，乃至文化本身所传达的观念，也在发生着意想不到的变化。

例如：由原创视频自媒体飞碟视界传媒科技（上海）有限公司出品的《飞碟说》系列网络视频，其每期选取社会热点为话题，用有趣的方式，对各种热点知识进行视频化科普解说。因其独特风格一路走红，成为公认的网络视频百科精品。

《飞碟说》的 Slogan 是"知识从未如此性感"。观看和喜欢《飞碟说》的用户往往并不期待和关心每期《飞碟说》的知识和文化是什么，而是期待和喜欢其对于传播与再造知识和文化的手段与方式。这种手段与方式是新媒体时代下的创意策划的产物。从受众与用户的角度来看，新媒体的表达方式俨然成了接受的路径和接受的存在物，而作为本质内容的文化，则藏在这些表达方式和包装外衣的后面，成为媒介的影子，让受众和用户以为媒介是一个真实的具有文化性的存在物，甚至，让一部分受众认为：媒介即文化。

3.1.3　策划是创新的战略选择

《后汉书·隗嚣列传》言："夫智者睹危思变，贤者泥而不滓，是以功名终申，策画复得。"其中"策画"，即有今天的"策划"之意。策划即为智谋、计划的体现。"策"主谋略、创新，"画"主计划、行动章程。策划是"策"与"画"的合一表达，其表征是计划、行动章程等，其本质则为创新。

> 这里所言的"策划"不是一次"行动"，而是一种创造。所谓"策划"就是"创意"，就是有目的、有理想、有计划、有效益的集体创造。

谷歌创始人兼总裁谢尔盖·布林（Sergey Mikhaylovich Brin）说，不要只想着解决简单的问题，越困难的问题越值得去努力。这是一种将问题不断放大的思维方式，其核心思想就是"不要把问题简单化、孤立化"，而是要联系地、全面地、系统地、创造性地看待问题的发生、发展。然后，从战略（策划）的角度解决之。我们知道，单纯地解决一个问题大多数时候是不需要什么创造力的。例如，某个机器上的一个齿轮坏损，我们只需要将它换成新的即可，这里面除了左左右右装卸齿轮，没有什么创新与策划可言。但是，如果我们尝试从整部机器及其设计的角度（全局的角度）思考这个齿轮坏损问题的话，可能就会得出机器在设计上存在某种缺陷导致这个齿轮部位及其关联部件无法承受全速运转的结论。那么，这个时候就需要我们做全盘考量，创造性解决问题并完成对机器的策划升级便势在必行了。

在做什么都讲究创新的新媒体时代，策划其实便是创新的理性表达和战略选择，创新体现策划的本质属性和根本目的。

对于新媒体产品而言，对产品的"定义"，便是对产品概念、内容、发展战略的一个整体策划。诚如韩国崇实大学经营学教授金根培（Kunbae Kim）所言：也许劣等的产品能够战胜优秀的产品，但劣等的概念绝对无法战胜优秀的概念。例如：马云推出阿里巴巴的淘宝产品时，便转变了产品的定位，改为与当年主宰市场的 eBay 相左的产品定位，即面向小微企业的网络销售平台；而对于淘宝网的销售策划也做了一个改革，即"亲民"策略，正如淘宝的 Slogan 所言：淘，我喜欢。

产品策划的逻辑本质就是拥有广泛的知识结构，基于对市场、运营、产品形态、技术发展等方面的认知，然后通过这些认知把它们相互关联和组合，再加上一些想法，创造出新的产品。而创新则不仅体现在产品的整个策划中，更体现在产品的细节里。例如：腾讯公司推出的微视产品。微视是基于开放关系链的 8 秒短视频分享社区。微视开启后的 Slogan 是"发现更多有趣"，是希望用户能够在这里发现更多好玩有趣的事物，但我们也知道，微视这款产品更多的还是对标抖音的防御性产品，并且凭借其独特的细节取得了很好的成绩。同样是短视频新媒体产品，微视在具备了观看视频、拍摄视频、编辑视频、分享视频等短视频基础功能上，还推出了视频跟拍、歌词字幕、一键美型等基于细节和分众的特色功能。此外，观察微视的用户流量，我们知道，微视用户都是通过 QQ 或微信账号登录的。微视用户必定是 QQ 用户或微信用户。他们的加入会将 QQ 和微信的社交属性注入微视中，这是微视背靠两大社交平台的优势，形成了"短视频+社交"态势。微视、抖音产品拓展功能竞品分析结果见表 3-1。

表 3-1　微视、抖音产品拓展功能竞品分析结果

拓展功能	微视	抖音	拓展功能	微视	抖音
录制-魔法道具	✓	✓	录制-特效	✓	✓
录制-配背景乐	✓	✓	录制-贴纸	✓	
录制-在线音乐	✓	✓	录制-裁剪	✓	✓
录制-本地音乐		✓	录制-歌词字幕	✓	
录制-滤镜	✓	✓	录制-跟拍	✓	
录制-美颜	✓	✓	录制-定点停	✓	✓
录制-美型	✓		录制-变速	✓	
录制-大眼瘦脸		✓	录制-倒计时	✓	✓

基于以上分析，我们大致可以将新媒体产品策划分为两类：

第一类是产品研发策划。此类策划主要是针对市场需求，以细分市场为基础，形成一个产品开发的具有创新性的整体思路，以扩展新的增长点。

第二类是产品营销策划。此类策划通过创造性地谋划通畅的销售渠道、持续的销售态势和维持产品设计的理想化售价，思考如何运用新的手段新的理念把产品卖掉，并在这个过程中塑造产品形象与打造产品品牌。

3.1.4　传播成为新媒体产品之翼

传播性是新媒体产品的重要属性。以往传统实体产品的传播称之为"销售"，如今新媒体时代的产品传播称之为"流量"。不论"销售"，还是"流量"，其实都是基于用户资源的产品营销概念。但二者之间的区别，正是体现了新媒体产品和传统实体产品在传播性上的区别。

举个例子，从传播性的角度思考：买一个杯子和下载一个 App 的区别。我们花钱买了

杯子之后，除了杯子出现质量问题外，我们基本是要把这个杯子用到不能再用或不想再用为止。杯子的销售方，扣除杯子成本和营销费用，便赚下了这个杯子带来的利润。而我们免费下载了一个 App 之后，可以通过"供出"我们的个人信息（手机号等）资源以注册的方式"换取"免费获取 App 内的信息资源。新媒体用户在享受基于免费下载服务的同时为 App 运营者带来了"流量"与"利润"。只不过，这里需要强调的是，这个"利润"是需要转化的间接利润。作为新媒体产品运营者而言，吸引用户仅仅是第一步，接下来自然是要黏住用户，让用户付费（知识付费）和传播（人际传播）。然而，我们也要注意到，新媒体产品是否能够被用户"传播"到"飞起"，则是一件难以预测的事情。

> 文化对应传播；产品对应消费。

有研究者这样总结新媒体传播问题：第一，新媒体是在压缩、宽带传输、手持设备采集与显示等技术的发展推动下形成的"全民皆媒体"现象；第二，新媒体是传播网络互相融合、信息传播融会贯通的结果；第三，新媒体是在软件技术的发展推动下使传播由点对点、点对面的线性传播结构扩展到非线性传播结构。[⊖]

我们认为，新媒体传播从现象、原因、结构与本质其实都是"新媒体技术+跨学科发展+高度信息化+深度社会化"的结果。传播是一种表征，是新媒体产品的翅膀。新媒体产品借助网络不断争夺和吸引受众与用户的注意力，也在不断模糊和篡改生产者与消费者之间的界线。这正如国外一些研究者所言："新媒体环境允许几乎所有人创建他/她自己的媒体——通过网站、博客、Facebook 网页或者 YouTube 视频，明显地模糊了政治信息生产者与消费者之间的界线。"[⊖]当然，我们还要注意到，国家、政治、文化、社会、经济、种族、技术、信息等界限，都在不同程度上限制了一些新媒体产品的传播行为，所以，我们必须注意到，新媒体产品的传播同其他信息的传播一样，是有界限的。

➡ 3.2　新媒体产品的思想与价值

新媒体产品更看重策划，其中一个原因在于，新媒体产品是不断变革中的文化产品，它必须要体现开发策划者的根本思想和核心价值，同时，也必须要付诸实践，获取社会效益与经济效益。新媒体产品的思想与价值必须借助策划得以传达和贯彻，这是"行动"之前必须要深刻认知与统一的战略、战术问题。

3.2.1　"概念"大于产品

大众消费者在购买产品时是不会考虑到大于产品的"概念"层面的因素的。因为概念是看不见、摸不着的。在很多时候，人们购买产品是因为推荐或品牌因素，口碑与品牌似乎成了通俗意义上的概念。但作为新媒体产品策划者而言，必须要从概念入手，而非产品。

⊖ 蔡新丰. 新媒体的传播模型及本质[J]. 新闻知识，2016（10）：3-6.

⊖ Bruce A Williams, Michael X. Delli Carpini. After Broadcast News:Media Regimes, Democracy, and the New Information Environment[M]. Cambridge: Cambridge University Press, 2011: 288.

我们经常会问自己，或听到别人问这样一个问题：我们要做什么样的产品？

其实，这个问题便是在说"概念"，即"我们要将什么概念赋予产品""我们如何定义产品"的问题，而非产品本身。换而言之，我们在做新媒体产品时，首先考虑的自然是它的精神内涵，然后才是作为表现形式的产品本身。

金根培在《重新定义产品》一书中说：

> 消费者认识会把概念和产品的相关经历结合在一起。概念，便是必须要购买的理由，它刺激到购买动机，从而引发购买行为。即销售者提出作为购买理由的概念，使之与消费者的购买动机相一致，从而引发购买行为。消费者的认识，即品牌形象。这是由产品品牌的感性经历和概念的结合而形成的。虽然说概念提供了必须要购买的理由，其实必须要购买的理由也提供了意义和价值。[⊖]

例如：柳韩金百利公司将原来"排便练习用"的纸尿裤标签撕掉，改用"学步宝宝用"作为新标签来定义和推广这款产品，最后大获成功；曾经濒临破产的哈雷摩托，将摩托车旅行文化概念输入产品的产品哲学"我们卖的是哲学，摩托车只是搭售"；新媒体产品中的今日头条，也曾经用"你关心的，才是头条"的概念来定义自己的产品而大赚流量。这样的例子不胜枚举。

我们经常说，新媒体时代是一个碎片化阅读与片面化理解的时代。同样，新媒体时代也是一个常常让用户和受众先入为主的时代。而对于新媒体产品策划者来说，新媒体时代则是一个概念先行、概念大于产品的时代。

3.2.2　"痛点"即为全部

在生活中，大多数人都会有这样的体验：沙粒儿钻进了眼睛，或者，鱼刺卡在了喉咙，这个时候，我们会感觉到眼睛或喉咙就是身体的全部，身体的全部"疼痛"都体现在这个"点"上，这个点的痛也会在一定程度上掩盖身体其他部位的不适。从这个意义上讲，我们所遭遇的"痛点"即为"全部"。而当我们解除了这种一点之痛时，我们也会有心情豁然开朗、身体全然放松的感觉。

在新媒体产品策划中，我们经常要提到的词汇之一"痛点"，能够很形象地概括出其背后的本质——产品的核心价值。

如果说"痛点"是相对于用户而言的，那么"核心价值"便是相对于产品而言的。于是，我们便能够得到图 3-1 的公式。

这就要求我们：在进行新媒体产品策划时，必须发现核心价值，进而考量和选择能够表达核心价值的最佳功能；对新媒体产品所进行的一切设计、准备、功能增减、内容筛选等都要基于这个核心价

图 3-1　用户痛点=产品核心价值

⊖ 金根培. 重新定义产品[M]. 长春：北方妇女儿童出版社，2016：8-9.

值，都要统一于这个核心思想；新媒体产品策划也要考虑到最终产品在用户手中的形态是否能够百步穿杨，精确找准用户的痛点与需求。

其实，实现了新媒体产品的核心价值，便是实现了新媒体产品的全部价值。这就要求我们在策划时对核心价值的建立、传达和表现都要干净利索，不拖泥带水。

2016年，微信产品经理张小龙曾经有一次公开演讲，言及微信的设计理念：

我想跟大家分享微信的一个基本价值观，我们认为一个好的产品是用完即走的，就是用完了我就走了……从微信的角度来说，微信一直希望用户能够合理地用微信，除了微信还有生活。

……事实上我们认为任何产品都只是一个工具，对工具来说，好的工具就是应该最高效率的完成用户的目的，然后尽快离开。如果一个用户要沉浸在里面，离不开，就像你买一辆汽车，你开完了，你到了目的地，你说汽车里面的空调特别好，所以要待在里面，那不是它应该做的事情。所以业界很羡慕微信是用户的时间杀手，但是我们要考虑的则是怎么样更高效率帮助用户完成任务，而不是让用户在微信里面永远都有处理不完的事情……

……好的商业化应该是不骚扰用户，只触达需要触达的用户。微信是不会在启动页放广告的，太低级。

好的产品是用完即走的。这一点在国外的新媒体产品中体现得更加纯粹。Google的很多产品在这一点上做得很好。我们看到各种数据（如腾讯公司2017年11月发布的《2017年微信数据报告》显示微信的日登录用户已超过9亿），微信已经占用了大家太多时间，对此张小龙很担心，他希望人们能够用微信高效率地完成事务，然后离开，去做别的事情。这是微信作为一款顶级新媒体产品的核心价值所呈现的一种表达状态。而对于用户而言，这也恰恰是用户的痛点所在。

3.2.3 "人本"驱动价值

事实上，我们在研究的过程中发现，很多新媒体产品做着做着便丧失了原有的价值，以致变成了一款人人唾弃的垃圾产品；或者很多人都在模仿某款产品，但总是模仿不到原版产品的精髓。经过分析，我们发现，这样的新媒体产品通常是忘记了新媒体产品策划的底色与初衷，即"以人为本"。

我们认为，"人本"是新媒体产品实现价值的根本依托，也是一切产品的生命线。做新媒体产品不仅仅要做到坚守"人本"，而且要在产品中创造性地表达和表现"人本"，从而才能实现产品的价值。

《罗辑思维》"罗胖60秒"中罗振宇讲了两个例子：

你觉得孩子沉迷游戏，这是个问题。但是，你想，在孩子的眼中，这是他没有成就感的解决方案。

你觉得别人抽烟是一个问题。但是，在他的眼中，抽烟是他无聊的解决方案。

　　这两个例子，其实说了一个问题，即罗振宇认为的：在你眼中的问题，在别人眼中可能是解决方案。但是，我们更深一层地思考后，便会发现，这是两个立场，两种思维，换位思考可能会暂时解决这种差异，但是却不能从根本上或从理念上创造性地解决问题。那么，"以人为本"便成为在思想层面上解决问题的好办法与好理念。如果我们关心这个孩子，让这个孩子在其他事物上找到成就感，那么他便不再沉迷游戏了；如果我们给他能够实现他价值的工作并告诉他抽烟对自己及家人的伤害，那么他便不会继续抽烟了。说到底，从人的角度出发可以解决关于人的所有问题。

　　那么"人本"的角度也可以分为两个方面：一个是人性的角度，另一个是人文的角度。

> 人创造的一切产品都是人的产品，都是为人服务的，即便是一袋猫粮，那也是为了猫的主人而生产的。

　　从人性的角度做新媒体产品，我们要将新媒体产品的管理、心理、消费、传播等都与人性相结合，都要考虑产品是否具有人性价值。例如，抖音产品之所以能够在短时间内让人沉醉或沉迷，便是在"投其所好""激发好奇心"等方面下了大功夫。

　　从人本的角度做新媒体产品，我们也要将新媒体产品的管理、心理、消费、传播、服务等都融入人本精神。例如，微信产品对于广告的"谨慎"与"忌惮"，使用户觉得很舒服，从而使用户体验到了微信与自己是"一体"的感受。

　　新媒体实现或回归了"人本"，才能够产生持久的爆炸性的价值。

3.3　新媒体产品的上线与表达

　　新媒体产品策划不仅体现在新媒体产品定位、思想、概念、设计、战略、模式等方面，其在研发、上线、营销、（用户）使用、传播等过程中也同样贯穿、融合了策划。

　　对于新媒体产品而言，上线才意味着和用户接触，而在此之前的一切策划，都可能因为线上数据不佳而导致前功尽弃、功亏一篑。所以线上的运营、营销也便并非是"兵来将挡水来土掩"那么简单，而是需要做好十足的策划之功的。

　　根据美国营销协会在线词典的解释，营销既是一种组织职能，也是为了组织自身及利益相关方的利益而创造、传播、传递客户价值，并管理客户关系的一系列过程。琳达·哥乔斯（Linda Gorchels）认为：这是对历史悠久的 4Ps 营销模型的演进。4Ps 模型就是指产品（Product）、价格（Price）、促销（Promotion）和渠道（Place）。由于这些概念只关注内部问题，现在有不少专家（美国营销协会的定义所示）已经把研究视角转移到了组织以外的客户身上。将产品视为针对各种客户需求的应对之策而不是一系列特征，是这种观点的重要内容。[⊖]也即，这种组织以外的延伸，变成了 7Cs：客户（Customer）、成本（Cost）、对话（Conversation）、便捷（Convenience）、明确（Clarity）、客户服务（Customer Service）、信心（Confidence）。

　　琳达·哥乔斯所言的模型，不论以往的内部模型还是转移后的外部模型，其本质都是对产品营销行为的组织性策划。这种系统（System）是产品实现及上线前的必要准备。而

　　⊖ 哥乔斯. 产品经理手册（原书第 4 版）[M]. 北京：机械工业出版社，2017：269.

难点便是这种组织性、系统性是需要根据不同产品而进行策略性调整的，其既是产品战略的实在化，也是产品实现价值战术的组织化、精准化和创造性策略化。例如：斗鱼 TV 曾经综合运用打赏、游戏代理、开设广告窗口等策略完成线上的流量变现与分成。此外，斗鱼 TV 还策划了"互联网+实体经济"模式、"直播+主题乐园"模式的"斗鱼嘉年华"活动，引来线下 30 多万参与者和线上 1.7 亿直播受众。[一]

Google 公司在产品发布上的例子更加能够体现一种组织力与策划性。谷歌公司的产品发布绝不只是简单地把文件传到服务器上那么简单。而是把这些文件当作"待嫁"的产品珍视，并制定了步骤和原则以保证产品上线质量：

（1）禁止产品发布前的新改动。

（2）随时例会，高效解决出现的问题。

（3）营造紧迫的气氛。

（4）核查发布清单。

（5）撰写媒体文章。

（6）发布产品。

（7）亲自验证产品。

（8）评估和应对发布带来的各种影响。

谷歌公司还提出了几项在产品发布后需要做的事情，每一项都需要精心策划：应对"回滚"[二]、处理产品危机、演示产品和应对媒体。Facebook 产品经理 Chris Vander Mey 在 *Shipping Greatness* 一书[三]中给出了一个应对产品上线危机的组织性、系统性方案（计划），可以作为一个典型的案例：

1. 危机应对方案（0～5 分钟）：

（1）不要惊慌，该出现的问题总会出现。

（2）检查这是否是一起突发事件并评估影响范围。

（3）确定这个问题不止在你这里出现。

（4）发起电话会议，尽快沟通。

（5）打开一个 Bug，试着看看到底怎么回事。

（6）知会危机扩大邮件组成员。

> 这些应对的处理方案看似机械，实际上却是需要内化为我们的思想与身体之一部分的。这需要一定程度的训练，才能让我们有一种"上手感"。

2. 危机应对方案（5～30 分钟）：

（7）问："我们能回滚吗？"

（8）推迟任何公关计划。

（9）知会相关方。

（10）知会社区。

（11）保持 Bug 的更新。

（12）寻找并引入专家协助团队解决问题。

[一] 白镇源. 斗鱼网络科技有限公司的盈利模式分析[D]. 青岛：青岛理工大学，2017：30-31.

[二] 回滚，意即把出现问题的新媒体软件产品撤回到预发布状态，这是产品发布的撤退计划或者说防守计划。

[三] MEY C Y. 谷歌和亚马逊如何做产品[M]. 北京：人民邮电出版社，2014：95-100.

（13）知会管理层。

3. 危机应对方案（31 分钟及以后）：

（14）定期发送状态更新，当有人请求时也可以立即发送。

（15）不要把客户晾在一边。

（16）继续解决问题，工作不要停。

（17）确保满足从事问题解决的人们的需求，提供给他们食物、服务器以及其他团队的支持等。

（18）建立轮班制度，不要让一个开发者持续工作 24 小时。

（19）采用变通或应急方案。

4. 危机应对方案（收尾及事故调查报告）：

（20）检查修复情况。

（21）表扬一下自己，把问题解决了。老板是否也这样想是另外一回事。

（22）如果你或者你的公关团队有必要对外部公布此次危机情况，那么需要准备一篇文章。

（23）在团队路线图中增加任务项并把他们的进展同步给老板或投资人。

（24）撰写故事调查报告。

对于新媒体产品的策划者而言，完美上线只能意味着产品成功了一半（交付成功），另一半（体验成功）也同样至关重要。这是一个"万事俱备，只差表白"的阶段。实际上用户体验的阶段便可以看作是新媒体产品策划者对用户的最终"表白"阶段。策划者能否成功"捕获"用户的"芳心"，完全体现在此前全部策划的点滴之中。例如，对 App 加载过程中的等待界面的策划，是白茫茫或黑黢黢的一片，还是像 Facebook 一样的为用户体验策划了预加载界面的虚拟缩略图；是佶屈聱牙、讳莫如深的专业术语，还是明白畅晓、萌动可爱的温馨提示等，这些都是策划者透过产品同用户的一次次、一段段"表达"与"对话"。

【思考与练习】

1. 请你找一款自己喜爱的或正在使用的新媒体产品，感受这款新媒体产品背后的策划者的匠心，并针对你所能够感受到的内容撰写关于新媒体产品策划方面的感想，并尝试进行分析。

2. 请指出你感兴趣的新媒体产品类别，试着尽可能多地在应用商店、网站或其他载体找全这一类别的新媒体产品，然后试着从文化定位、产品内涵、产品规划等方面将它们进行横向比较，画出一个表格，将你能想到的或能够检索到的比较标准放在表格内，衡量这些同类别的新媒体产品之间的不同策划思想以及思考"策划者为什么会那样策划自己的产品"。

第 4 章

思维与创意：新媒体产品策划之初

我没有失败，我只是发现了 1 万条行不通的路。

——爱迪生（Thomas Alva Edison）

未来的企业，小就是美，小和好更关键，更加灵活。

——马云

云计算服务像是一粒种子，我们都知道它将来会成为大树，会对公司营收有非常大的影响。

——贝索斯（Jeff Bezos）

什么都在变化，必须要创新，要快，要跟上甚至要引领潮流。

——于刚

思维　大数据　互联网　痛点　极客　云计算　跨界　众包

4.1　新媒体产品策划思维

策划是人类一种具有超前性的思维特质。它是对未来和未来发展所做的决策，目的是为了预测和指导未来的工作并保证其获得良好的效果。

策划的过程本身就是思维活动的过程，思维既是人脑的机能，又是自然和社会需求的产物。新媒体产品的策划，必须结合当下社会发展的现实，具备一定的思维，如大数据思维、互联网思维和新媒体产品思维。

4.1.1　大数据思维

大数据具有多种形式，从高度结构化的财务数据，到文本文件、多媒体文件和基因定位图的任何数据，都可以称为大数据。

> 关于大数据，我们要了解的太多了，并不是一时半刻能说完的。我们推荐舍恩伯格的《大数据时代》一书，作为大数据入门手册。

随着互联网的发展，如今，数据不再是静止和陈旧的。在以前，一旦完成了收集数据的目的之后，数据就会被认为已经没有用处了。如，飞机降落之后，票价数据就没有用了；某城市的公交车因为价格不依赖于起点和终点，所以能够反映重要通勤信息的数据就可能被丢弃了……但今天的设计人员，如果没有大数据的理念，就会丢掉很多有价值的数据。

今天，大数据已经成为人们获得新知、创造新的价值的源泉，大数据不仅可以改变市场、组织机构，而且与我们每个人的生活息息相关，甚至已经开始挑战到我们与世界进行交流的方式。因此，作为新媒体产品的设计人员，我们必须学习大数据思维。

1．样本和总体

19 世纪以来，当人们面临大量数据时，社会都依赖于采样分析。如在商业领域，随机采样被用来监管商品质量。这使得监管商品质量和提升商品品质变得更容易，花费也更少。从这个角度来看，随机采样在宏观领域是成功的。但是，随机采样的成功依赖于采样的绝对随机性，而实现采样的随机性非常困难，一旦采样过程中存在任何偏见，分析结果就会相去甚远。此外，随机采样也不适合考察子类别的情况。因为一旦继续细分，随机采样结果的错误率便会大大增加。可见，在宏观领域起作用的方法在微观领域却失去了作用。

采样分析是信息缺乏时代和信息流通受限制的模拟数据时代的产物，采样的目的是用最少的数据得到最多的信息，而当我们可以获得海量数据的时候，它就失去了普适性的意义。如今，手机导航、网站点击和微信等收集了大量的数据，而计算机可以轻易地对这些数据进行处理。不仅如此，在很多领域，我们可以收集所有的数据，实现样本即总体，从而提升数据分析的准确性。

此外，通过使用所有的数据，我们可以避免某些重要信息被大量数据淹没。如，信用卡诈骗是通过观察异常情况来识别的，只有掌握了所有的数据才能做到这一点。总之，因为大数据是建立在所有数据或者尽可能多的数据的基础上的，所以我们可以正确地考察细节并进行新的分析，从而可以实现任何细微层面的新的分析。

2. 接受数据的混杂性

大数据时代的第二个转变，是我们要乐于接受数据的纷繁复杂，而不再一味追求其精确性。在数据越来越多的情况下，当我们拥有海量即时数据时，绝对的精准不再是我们追求的主要目标，大数据纷繁多样，优劣掺杂，分布在全球多个服务器上。拥有大数据，我们不再需要对一个现象刨根问底，只要掌握大体的发展方向就行。当然，这并不代表我们放弃了数据的精确度，只是要求我们不要沉迷其中。

对"小数据"而言，最基本、最重要的要求是减少错误，保证质量。因为收集的信息量比较少，所以我们必须确保记录下来的数据尽量精确。然而，在数据不断增加的情况下，数据的混杂性是客观存在的，不仅在数据的收集、处理的过程中，错误率会增加，而且数据的格式不一致也会增多。

当然，我们不仅仅是要接受这些纷繁的数据的存在，而且要从这些纷繁的数据中受益。例如，在华盛顿州布莱恩市的英国石油公司（BP）切里波因特炼油厂里，无线感应器遍布于整个工厂，形成无形的网络，能够产生大量实时数据。在这里，酷热的恶劣环境和电气设备的存在有时会对感应器读数有所影响，形成错误的数据，但是数据生成的数量非常多，所以可以弥补这些小错误。而且，随时监测管道的承压使得 BP 能够了解到，有些种类的原油比其他种类更具有腐蚀性。以前，这都是无法发现也无法防止的。

总之，当我们掌握了大量新型数据时，接受数据的不精确和不完美，有利于我们更好地预测事情发展的趋势，更好地理解这个世界。

3. 数据的相关关系

一直以来，人们总是致力于找到一切事情发生背后的原因，其实在很多时候，寻找数据间的关联并利用这种关联就足够了。相关关系也许不能准确地告诉我们某件事为什么会发生，但是它会提醒我们这件事正在发生，而在很多情况下，这种提醒对我们的帮助作用是很大的。

首先，这种关联能成为我们预测的关键。比如，谷歌流感趋势：在一个特定的地理位置，越多的人通过谷歌搜索特定的词条，该地区就有更多的人患了流感。可见，相关关系可以帮助我们捕捉现在和预测未来。

其次，探求数据"是什么"而不是"为什么"，相关关系可以帮助我们更好地了解这个世界。众所周知，亚马逊的个性化推荐系统相当强大，据说亚马逊销售额的 1/3 都来自于它的个性化的推荐系统。但很少有人知道，亚马逊早期的书评内容其实是人工完成的，是由 20 多个书评家和编辑组成的团队，他们写书评、推荐新书，挑选非常有特色的新书标题放在亚马逊的网页上，因为他们才使得书籍销量猛增。后来，亚马逊又决定尝试根据客户个人以前的购物喜好，为其推荐相关的书籍。正如詹姆斯·马库斯所说："推荐信息往往为你提供与你以前购买物品有微小差异的产品，并且循环往复。"很快，亚马逊的格雷格·林登就找到解决方案，即找到产品之间的关联性。1998 年，林登和他的同事申请了著名的"ITEM-TO-ITEM"协同过滤技术的专利。因为估算可以提前进行，所以推荐系统不仅快，而且适用于各种各样的产品，由于系统中使用了所有的数据，因此，推荐结果也更理想。

而亚马逊的个性化推荐系统梳理出了有趣的相关关系，就是：知道是什么就够了，没必要知道为什么。[⊖]

4.1.2　互联网思维

互联网的发展，为互联网产品用户铺平了道路，给传统企业带来了巨大的冲击，在互联网的发展基础上产生的互联网思维也给新媒体产品的设计提供了更多的途径。

互联网思维是指在（移动）互联网、大数据、云计算等科技不断发展的大背景下，企业对市场、对用户、对产品、对企业价值链乃至对整个商业生态进行重新审视的思考方式。[⊜]互联网思维作为思维的一种，它是当今时代所有行业、所有人都需要学习的思考方式。互联网思维的内容较多，它存在于产品从研发到问世的每一个阶段，这里主要结合产品设计的流程，重点分析用户思维、平台思维和迭代思维。

1. 用户思维

互联网时代，随着新媒体的发展，如今，用户思维已经贯穿产品从研发到消费的全部阶段。体验经济时代，新媒体产品都必须坚持"以用户为中心"的设计理念，用户已经作为产品设计中的一个重要组成部分，通过各种市场反馈的方式拥有了越来越大的话语权。

用户思维作为互联网思维的核心，已经成为新商业文明时代的指导思想，对于今天的绝大多数企业来讲，如果不具备用户思维能力，将无法理解完整的互联网思维。

用户思维的内容，主要是从用户出发，包括以下内容：

（1）对用户的生活形态要了解，观察用户使用产品的习惯以及在平时生活是怎么对待事物的。

（2）关注用户的消费模式、用户购买力以及影响其购买决策的因素等。

> 互联网思维的本质并不在于"互联网"，而在于"网"。网络最初并非指互联网，而是一个社会学概念。网络的本质是关系、影响和合作。

（3）对用户使用产品的经验和使用习惯进行分析，并针对其使用习惯进行具体的设计。

（4）在用户使用产品后获取其对产品体验或使用后的真实想法，关注用户在使用产品过程中的情感投入。

（5）明确用户购买产品动机，以及用户对产品功能、体验上的希望。

（6）寻求用户在使用产品中的不满意的问题，并探索产品的改进方向和具体的设计方案。

除此之外，我们还要能预测出产品周边的服务模式，并在与用户沟通的过程中找出改进服务模式的对策。

互联网时代，要想获得用户的满意并不是一件容易的事，要想顺利为用户解决问题，我们还要认识到用户是产品设计的方向，只有用户满意的产品才是好产品，此外，

⊖ 周苏、王硕苹等. 创新思维与方法[M]. 北京：中国铁道出版社，2016：66-79.

⊜ 陈光峰. 互联网思维：商业颠覆与重构[M]. 北京：机械工业出版社，2014：1.

用户体验好不代表产品有无限的生机，一款好的产品不仅要戳到用户的痛点，还要能够解决其痛点。[一]

2. 平台思维

平台思维是指产品全新的商业形态、组织模式。在互联网产品中，平台思维，更多是指互联网产品中的开放平台一类的角色。平台思维是在互联网蓬勃发展时期产生的一个概念，很多有远见的企业发展到一定的程度都想自己做平台，因为有了自己的平台，就可以为未来平台上的用户提供服务，并从中收取佣金，而这种盈利方式相比较其他方式风险更小、收益更稳定。

典型的开放平台有苹果的 App Store、阿里巴巴、天猫和淘宝、微信、微博等。这些平台都能提供大量的流量支持，给予用户技术上的服务。同时，如果用户成本有限，还能给予适当的帮助。

对于前来平台的用户而言，由于平台能提供给他们比其他渠道更多的流量，为他们节约成本，从而带来更多的营收，实现平台与用户的互利互惠。

在当今综合性的交易平台已被巨头占领的情况下，对于很多企业来讲，要想开发自己的平台并非易事，最关键的是要能为自己的平台争取尽可能多的用户，一般可以采取以下几种策略：

（1）免费换用户。在平台建设初期，为了获取更多的用户，可以采用免费为用户提供服务的方式。如淘宝当初就是通过免费获得了广泛的流量，并打败了 eBay 中国。

（2）资源交换。为了争取与更多的用户合作，可以用资源交换的方式吸引用户，即平台和用户互相利用彼此的优势实现共赢，如平台为用户免费做推广，用户帮助平台吸引更多的用户。

（3）采用种子用户。平台建设之初，为了吸引用户，往往需要一批有影响力、规模较大的种子用户，凭借种子用户在行业的影响力来壮大平台的用户队伍。

（4）自营与平台混合。有一些网站开始是自营业务，后来随着发展引入合作伙伴，渐渐壮大后成长为平台，也有一些企业开始是做平台，后来自己也在平台上开展自营业务。这样的混合方式拥有平台与自营的优势，同时也可能带来风险，如会让伙伴觉得不公平等。

当然，对于企业来讲，采用哪种方式还得根据企业自身的实际情况而定。

3. 迭代思维

迭代思维是一种对传统设计流程的改进方式，其中有微创新、快速迭代等开发方式，特别适合互联网的产品，因为可以快速生成原型，并进行快速评估。[二]

对于互联网产品来讲，产品周期的控制可以做到松弛有度，一方面快速迭代可以为产品赢得市场机会，另一方面用户的反馈也有利于产品的不断完善。基于此，互联网产品迭代大多是基于用户体验的结果。因此，迭代思维要求我们做到：第一，快速验证，不怕试错；第二，跟进用户的体验反馈，从小处着眼，单点突破，渐进式创新；第三，快速更

[一] 陆西. 基于互联网思维的产品创新设计方法研究[D]. 武汉：武汉理工大学，2014：16-21.

[二] 陈光峰. 互联网思维：商业颠覆与重构[M]. 北京：机械工业出版社，2014：1.

新，及时调整完善。

当然，也有一些产品迭代没有将用户体验作为产品迭代的一部分，如极限编程作为一种高度迭代开发过程，就没有明确的研究过程。但如果能将这两种迭代结合起来，效果一定会更好，因为这样一个研究项目结果能回答之前项目提出的问题，同时还能指导之后的项目。

4.1.3　新媒体产品思维

互联网思维的核心是用户思维，虽然这一思维也适用于新媒体产品，但在新媒体产品的具体策划中，具体的设计思维各有不同。下面我们就几种常见的新媒体产品的设计思维做具体的分析。

1．大道至简思维

"大道至简"的意思就是大道理是很简单的，甚至用一句话就可以说明白。对新媒体产品而言，大道至简的思维主要体现在产品设计功能要简化、操作要简便、界面要简洁。这样的产品，用户用起来容易上手，甚至爱不释手。

功能要简化是指功能设计要突出主要功能，去掉不必要的功能设计；操作要简便是指针对具体某个功能的操作步骤不宜过多，尽量控制在五步以内完成；界面要简洁是指界面主色数量不要过多，要展现的内容多而繁杂时可以采用分段或者分屏的方式呈现。

大道至简思维在新媒体产品中的运用也深得用户喜爱，如全球手机排行榜首的苹果公司产品的外观设计向来以造型简洁流畅而著称。近来，让扎克伯克斥资 30 亿美元现金想要收购而被拒绝的 Snapchat，其功能设计也非常简单，主要功能就是发布图片，图片被看过几秒后便消失，即"阅后即焚"。而这一关键"阅后即焚"的功能让用户非常珍惜即将消失的图片，也正因为这一独特的设计让 Snapchat 的估值一路飙升。[⊖]

2．痛点把握思维

痛点把握思维就是找准用户的痛点并彻底解决好它。什么是用户的痛点呢？用户的痛点就是用户最迫切需要解决的问题。[⊜]痛点把握思维要求我们能做到如下几点：

（1）要比竞争对手更快地找到痛点。要运用痛点把握思维解决问题，首先要知道痛点怎么来？最常用的找痛点的方法就是市场调查，从数据分析寻找用户迫切需要解决的问题是当今大数据时代惯用的方法。其次，找到痛点的速度一定要比竞争对手更快。此外，还可以制造痛点，就是在针对社会发展、技术发

> 事实上，根本没有所谓的"新媒体产品思维"。只是我们在策划新媒体产品时，头脑中应有的一些思维和方法的集合罢了。思维是分析问题、解决问题的工具，如果非要说它有内容的话，那么方法与方式就是它的内容。这是一种结构化和形式化的思维。例如，我们要送给朋友一块巧克力，在情人节送和在清明节送是不同的。这就代表了结构或形式，本身无内容，过程赋予了它内容与意义。思维就是帮助我们拥有完美方法、方式、结构、形式与过程的工具。

⊖ 陈永东. 赢在新媒体思维 内容、产品、市场及管理的革命[M]. 北京：人民邮电出版社，2016：97-99.
⊜ 陈永东. 赢在新媒体思维 内容、产品、市场及管理的革命[M]. 北京：人民邮电出版社，2016：101.

展趋势，预测未来的新产品或新功能，让用户从"不痛"到"痛"，然后产生购买。当然，痛点一定要准确，一定是用户迫切需要解决的问题，这样的痛点才有价值。

（2）要比竞争对手更妙地解决痛点。找到痛点、找准痛点，只是完成了第一步，更重要的是将痛点解决得彻底、解决得漂亮，也就是说在解决痛点的过程中一定要尽全力将产品的解决方案做到极致，做到行业内最好，超出用户期望值，只有让用户在用过产品后产生深刻而美好的体验，用户才能义无反顾地选择你的产品。

（3）要用变化的眼光看待痛点。当今社会，技术发展日新月异，市场的需求也是瞬息万变，用户的痛点更是不断变化的，今天的痛点未必是明天的痛点，因此，要不断地研究市场需求，方能找准用户的新痛点，实现产品迭代换新，延续产品的生命力。

痛点把握思维在新媒体产品中运用成功的案例很多。如翻译笔，就是基于用户在遇到生单词时要去翻词典或者查电子词典时所需要解决的痛点（找查词典或输入单词）。翻译笔的解决方案是遇到生词只要把翻译笔指向这个单词，翻译笔上的小屏幕就会显示这一单词的解释。这样省时、省力的解决方案，深得用户喜爱。

3. 小而美思维

小而美思维提倡盯住某个价值点（当然，也可能是痛点），下真功夫深入研究，在某一功能上成功突破，在某个领域遥遥领先，甚至开创某一新兴市场，进而使自己的品牌成为该领域的代名词。⊖

小而美思维的"小"，一般是指某些小的领域，是那些大的平台所无暇顾及，或者不屑于去做的小市场，因而，这些领域更可能是蓝海，我们更容易在这个小的领域里实现从无到有，从 0 到 1 的突破。这些小的领域还必须做到美，"美"是指在这个小领域里将产品做到极致，做出自己的特色，做到令用户满足，甚至超出用户的期望值。这样的美才有价值，这样的小而美思维下产生的产品，才能吸引用户，才有市场。如，Instagram 小而美的设计，它虽小巧，但用户很多。

4. 极客思维

在新媒体时代，"极客"往往是指痴迷于与技术、想象力、创造力相关活动的人，他们痴迷于产品功能调试、设计极致化，痴迷于产品的亲自深度应用，进而促使产品创新能力和奇思妙想源源不断。⊖正是因为有"极客"的这种痴迷，才会让产品更具有吸引力，从而推动人们生活、学习方式不断地迈向新的台阶。

极客思维本质上就是一种做事精益求精、刻意追求完美的思维。新媒体时代，业界不乏拥有极客思维的企业家，如苹果公司的创造人乔布斯、小米创始人雷军、罗辑思维创造人罗振宇等。这些企业家，他们视产品为自己的生命，在产品制作的各个环节精心打磨、精益求精，努力创造出业界最优秀的产品。

当然，新媒体时代，并不是只有企业家要拥有极客思维，企业中的每一位员工都应该拥有这种思维，因为从产品的设计、生产到营销，整个过程是团队合作的结果。因此，极

⊖ 陈永东. 赢在新媒体思维 内容、产品、市场及管理的革命[M]. 北京：人民邮电出版社，2016：104.

⊖ 陈永东. 赢在新媒体思维 内容、产品、市场及管理的革命[M]. 北京：人民邮电出版社，2016：107.

客思维既体现在产品设计和生产中，要视产品为生命线，全力关注产品的研发与制作、体验与测试；又体现为视产品的深度体验为一种习惯。当然，极客思维并不以利益为目标，而以质量为目标；用户在意的首先是产品的质量，其次才是产品的价格。只有好的产品，才会受用户欢迎。

5. 跨界思维

跨界思维就是多角度、多视野地看待问题和提出解决方案的一种思维。在新媒体产品的设计中，跨界思维的运用主要有两种类型：一种是不同行业的企业和机构，通过各自发挥自己的优势合作，从而达到共赢的目的；另一种是通过其他业务的配套，进而形成相应的生态圈，使生态圈中的业务能够相互支撑，有些业务采用免费或者低价甚至亏损的方式铺垫市场规模，其他业务则可以赚取利润，从而达到提升整个生态的盈利能力的目的。

新媒体产品设计在运用跨界思维时，必须要找到两个不同行业的关联点。同时，跨界的方式也有很多种：将两种或两种以上相对平行、总体上归属一个领域的各种功能混搭在一起，形成具有综合性功能的产品，如微信，将聊天/聊天群、朋友圈、公众号等混搭在一起；也有将两种或两种以上相对差别较大的功能组合在一起，形成功能之间互补的产品，如提醒人们及时喝水、平衡人体内水资源的智能水杯；还有一种就是将两种及以上相对独立的功能组合在一起，其中有不同子功能的交叉，从而形成新的产品，如智能手机，其很多功能既可以单独使用，又与其他功能之间关联交叉。

6. 云计算思维

云计算包括基础设施即服务、软件即服务和平台即服务三个层次的服务。

基础设施即服务（Infrastructure-as-a-Service，IaaS）是指消费者通过互联网可以从完善的计算机基础设施获得服务，如硬件服务器租用。

软件即服务（Software-as-a-Service，SaaS）是一种通过互联网提供软件的模式，用户无须购买软件，而是向提供商租用基于 Web 的软件来管理企业经营活动。

平台即服务（Platform-as-a-Service，PaaS）是指将软件研发的平台作为一种服务，以 SaaS 的模式提交给用户。因此，PaaS 也是 SaaS 模式的一种应用。但是，PaaS 的出现可以加快 SaaS 的发展，尤其是加快 SaaS 应用的开发速度。例如，软件的个性化定制开发。

云计算的主要特点是超大规模、虚拟化、高可靠性、通用性、高可扩展性、按需服务、降低成本等。

对于用户来讲，基于云计算思维的产品设计，只需要用户按要求支付一定的费用（也有部分免费服务），就可以为用户提供一定的云存储空间，供他们存储相应的内容；可以让用户实现多个设备信息的共享，只需要登录相应的账号即可；可以让用户根据需要定制云端软件的相应功能而不用在本地安装客户端。

云计算对于传统信息化的建设最大的颠覆就在于按需租用服务（基础设施、软件或者平台等）。如，通过云计算服务，某公司的仪器在闲置的时候可以租给其他单位或者个人使用，从而让仪器的利用价值更大化；而用户也可以通过云计算服务远程租用所需要的功能和服务。例如，谷歌的 Google Docs 就可以提供在线使用类似 Word、Excel 及 Power point

的功能；苹果的 iCloud 云服务，让苹果的用户，利用 iCloud 可以让下载过的 App、音乐与书籍在更换设备或更新安装时随时完成，可以允许照片在多个苹果设备间共享，可以查找丢失的设备，可以对文件内容与进度自动在各处同时保存，可以允许日程安排及通讯录在苹果多设备间共享，还可以方便地进行备份与恢复文件等。[○]

7. 众包思维

众包的概念最早由美国《连线》杂志的记者杰夫·豪在 2006 年 6 月提出。他提出众包是指一家公司或机构把传统上由内部员工完成的工作任务以自由自愿的形式外包给非特定的大众网络的做法。[○]众包的必要条件是公开选拔和广泛潜在的劳动力。

众包思维在新媒体产品的创作中主要表现为通过调动网民集体的智慧，共同完成或进一步完善产品，而不再只是单纯地由某一家公司或者某一个平台来独自包揽。众包思维模式下所创作出来的产品，一方面可以扩大信息的来源范围，充分发挥大众的创意，另一方面也可以减少平台方的工作量、大大节约创新的成本。

众包作为一种新型的在线分布式问题求解模型，在网络中给予问题解答的人往往可以通过完成任务来获得相应的悬赏资金、积分或者是其他奖励。同时，众包也能让网民们把多余的时间、技能、智慧等与其他人分享，让这些闲置的资源得到很好的利用，从而盘活社会上原本沉睡的资源，从这个意义上讲，众包也是共享经济的一种体现。

随着互联网的发展，新媒体产品中运用众包思维的产品也越来越多，如"猪八戒网"、百度知道、百度百科等。正因为众包思维不断推广，网民可以随时地修改之前他人的内容，从而让内容变得更加完善、合理，更具有可读性。

8. 包容思维

新媒体时代，创新是每一家企业生存的根本。产品创意需要有良好的创新环境和价值观的支撑。但是，创新是一个探索的过程，犯错是必不可少的，因此，新媒体产品设计要有一个包容思维，只有包容的文化，才是鼓励产品设计过程中试错最应有的氛围。要不然，没有人愿意去尝试新的东西，新的方法，新的设计思路，也就不可能有创新的产品。亚马逊的创始人杰夫·贝佐斯受互联网超市的启发，在探索新的商业机会的时候，就采用做实验的方法，看通过网络是否可以成功将书卖出去，后来才有了"全球最大的书店"的诞生。

包容思维在新媒体产品的设计中，既体现在为产品创新提供了一个创新的文化环境，也体现在产品设计的过程能够包容不完美的产品上市，然后通过快速迭代的方式达到不断完善产品的目的。因此，对于新媒体企业来讲，包容思维必不可少。

➡ 4.2　创意思维方式与方法

创意思维又称创造性思维、创新思维。这是人类思维中最高级的一种思维方式。它普

○ 陈永东. 赢在新媒体思维 内容、产品、市场及管理的革命[M]. 北京：人民邮电出版社，2016：119-122.
○ 陈永东. 赢在新媒体思维 内容、产品、市场及管理的革命[M]. 北京：人民邮电出版社，2016：124.

遍存在于人类的实践活动和理论探索中。它于 20 世纪 40 年代被纳入到创造学（一种综合了哲学、心理学、人类学、生理学等学科中创造性特征的新兴学科）中。关于创意思维的参考书有很多。很多百科词典认为：创意思维是指以新颖独创的方法解决问题的思维过程，以求突破常规思维的界限，以超常规甚至反常规的方法、视角去思考问题，提出与众不同的解决方案，从而产生新颖的、独到、有意义的思维成果。创意思维的本质在于将创新意识的感性愿望提升到理性的探索上，实现创新活动由感性认识到理性思考的飞跃。

互联网时代，是一个不断创新的时代，掌握一些行之有效的创意思维的方法，可以有效地帮助我们在策划产品时寻求解决之道，最大限度地发挥自己的优势，扬长避短，设计出更好的产品。

4.2.1 创意思维方式

创意思维是一种具有探索性、新颖性、综合性的思维活动，总结其思维过程中的一些规律，对于解决具体的问题也是非常重要的，下面我们将创意思维的几种主要方式归纳如下。

1. 发散思维

发散思维是指大脑在思维时呈现的一种扩散状态的思维模式，它表现为思维视野广阔，呈现出多维发散状，从多方面寻找解决问题答案的思维方式。发散思维的方式是多方向、多思路、多角度的思考，不局限于既定的理解，从而提出新问题、探索新知识或发现多种解答和多种结果的思维方式。[注]

> 需要特别注意的是，这些"创意思维"的总结，都是被人主观建构的结构。所以，一切真正的创意思维都是针对实际做出的具有创造性的思考，而非忽视实际，也非定式。

发散思维作为一种多方向、多思路、多角度的思维方式，具有多元化、流畅性和独特性的特点。

发散思维的多元化指的是其思维的模式是向多个方向不断延展，而且每一个思考的方向之间没有交叉，却又呈现一定的秩序。这种多元化的思维可以为问题的解决方案提供更多的元素，从而产生更多具有创造性的点子，为寻找到优质的解决方案提供数量基础。

发散思维的流畅性主要是指在思考的过程中可以自由地思考，在尽可能短的时间里产生并且表达尽可以多的想法，并且尽快地适应和消化新的思想观念。

发散思维的独特性主要是指在思考的过程中所提出的想法具有新颖、独特、与以往所提出的想法有所不同，从而为解决问题提供创造性的成果。

2. 聚合思维

聚合思维是指将各种信息从不同的方向、不同的角度、不同的层面聚集起来，尽可能利用已有的知识和经验，将这些信息渐渐组织到条理化的逻辑序列中来，并在此基础上产生新的、合理的想法，最终形成合乎逻辑的解决方案。聚合思维具有封闭性、综合性和求实性的特点。

㊀ 吴多辉. 每个人都是创新天才——像乔布斯一样思维[M]. 成都：成都时代出版社，2012：58.

聚合思维的思考方向是从各个不同的方向向中心聚拢，最终形成一个合理的方案，所以，具有封闭性；聚合思维的综合性主要体现在最佳方案的产生来源于各种发散性的思考的成果，在形成最佳方案之前，必须对这些成果进行比较、分析、归纳，最终形成具有创新性的整合方案；求实性是指对发散性思维产生的成果进行筛选和分析的过程，是要按照其实用、可行的标准来进行取舍的，最终形成具有可行性的方案，因此，求实性必不可少。

3．逆向思维

逆向思维又称为反向思维，是从相反的方向或者反面进行提问或者思考问题，以不同于常规的方式，寻求新的解决问题的思维方式。也就是人们常说的"反过来想"。

逆向思维具有普适性、批判性和新奇性的特点。普适性主要体现在任何事物都有正反两个方面，人们在思考问题的时候既可以从正面思考，也可以从反面思考。所以，逆向思维适用于不同的领域。批判性主要是指逆向思维是突破传统和惯例，是对常规的挑战和否定，这就决定了逆向思维是需要勇气和胆量的思维方式，也正是这种批判性的精神成就了逆向思维。新奇性是针对逆向思维的结果而言的，是指运用逆向思维后，无论是提出问题、思考问题还是解决问题都能给人一种耳目一新、意想不到的效果。

4．横向思维

横向思维是一种共时性的思维，它截取历史的某一横断面，研究同一事物在不同环境中的发展状况，并通过同周围事物的相互联系和相互比较中，找出该事物在不同环境中的异同。⊖

横向思维具有同时性、横断性和开放性的特点。同时性主要体现其思维过程将时间确定在一定的范围之内，然后再对这个范围以内的事物的各个方面进行分析。横断性是指横向思维是对事物进行的横向的比较，比较的是这些事物之间的关联性，并从中寻求解决思路。开放性则体现在横向思维是一种突破问题的结构范围的思维方式，在思考过程中会将问题置于不同的事物或者关系之中，并从中受到启发而产生创造性的成果。

5．纵向思维

纵向思维是指在一种结构范围内，按事物发展的顺序，捕捉其发展规律的一种思维方式。纵向思维具有历时性、同一性和预测性的特点。

历时性是指纵向思维是基于对事物从过去到现在，再到未来的时间先后顺序的研究，揭示的是事物的起源、发展所具有的规律及特征。同一性是指纵向思维在考察事物的历史发展过程中，必须是对同一对象的研究。预测性是指对纵向思维会基于对事物过去和现在的发展规律的研究，能有效预测未来的发展趋势。

6．联想思维

联想思维是指人们在思考问题的过程中，将一种事物与另一种事物联系起来，分析它们之间的相同或者相似之处，从而寻求解决思路的一种思维方式。联想思维可以分为相似联想、接近联想和对比联想。

⊖ 周苏、王硕苹等. 创新思维与方法[M]. 北京：中国铁道出版社，2016：101.

相似联想是指根据事物之间在形状、性质、结构等方面的相同或相似之处进行联想，从而产生新的想法。当然，事物之间的相同或者相似之处有多有少，有大有小，有的表现在外部，有的则在内部，有的很明确，有的很深藏不露，不管怎样，只要能在人们思考的过程中发现相似之处，则可以为其联想提供可能。

接近联想是根据事物在时间和空间上彼此的接近而进行的联想，并在此基础上产生某种新的设想的一种思维。世界上的事物都不是孤立存在的，总是在空间或者时间上与其他事物之间有联系，如果人们能从一个事物联想到空间或时间上与之有相近之处的另一个事物，并受到启发，开拓思路，建立事物之间在思想上的联系，也是不错的创新思维方式。

对比联想则是指事物之间存在不相同，或者彼此相反的情况进而引发的联想，并产生新的思路的思维方式。事物之间或事物内部的相对或相反的关系是普遍存在的，能利用这种相对或相反的关系进行联想，并在这种相对或对立的关系中受到启发产生奇思妙想也不失为一种不错的思维方式。

4.2.2　创意思维方法

人类在长期的自然和社会实践中，创造和积累了很多解决问题的方法，如试错法、头脑风暴法、和田十二法、组合思考法等。这些方法让使用者具有较高的技巧，丰富的经验和知识积累量，并帮助人们有效地实现了创意。

1．试错法

试错法是指人们反复尝试运用各式各样的方法或者理论，使那些不可行的方法渐渐被否定，直到最后找到能有效解决问题的方法的一种创新方法。实验就是典型的试错法的运用，例如，著名的发明家爱因斯坦发明灯泡的过程中，就用过 1600 多种金属材料和 6000 多种非金属材料，所做的试验超过 7000 次，最后，终于找到了适合的灯丝材料，为人类带来了光明。

试错法对于解决一些简单的问题来讲，效果会比较明显，只需要试验相对较少的次数，如 10 次，或者 20 次即可；而对于复杂的解决方案则效率非常低，周期也会较长，付出的时间、精力和经济成本等也会很

> 注意：这些方式，只是一些初步的启发创意的"入口"。这样的"入口"还有很多，我们千万不能将这些方法绝对化。此外，"试错法"本身不是一种创意思维方式。"错"是和"对"相对的，创意并不是要找到那种"灯丝材料"，而是寻找更好的更具有创造性的内容形式。在白炽灯已被 LED 取代的今天，LED 就是一种创造与创意。"试错"是"有没有""是否唯一"的问题，而"创意"是"如何更好""怎么更新"的问题。"试错法"是一个伪命题、伪方法。

高。同时，也需要试验者具有不畏失败、勇于探索和执着的精神。

2．头脑风暴法

头脑风暴法也称为智力激励法、自由思考法或诸葛亮会议法，通常是指一群人开动脑筋，进行自由地创造性地思考与联想，并各抒己见，在短暂的时间内提出解决问题的大量构想的一种方法。这种方法是当今最负盛名，同时也可以说是最具实用性的一种集体创造性地解决问题的方法。

从形式上看，"头脑风暴法"是将少数人召集在一起，以会议的形式，对于某一问题进行自由的思考和联想，同时提出各自的设想和提案。头脑风暴法是一种发挥集体的创造精神的有效方法，与会者可以在没有任何约束的情况下发表个人的想法，提出自己的创意。参与的人甚至可以提出看起来异想天开的想法。

头脑风暴法之所以会产生大量新的创意，主要有 4 个方面的原因：①在轻松、融洽的气氛中，每个人都能敞开想象，自由联想，各抒己见；②能够产生互相激励、互相启发的效果，每个人的创意都会引起他人的联想，引起连锁反应，形成有利于解决问题的多种创意；③在会议讨论时更激发人的热情，激活思维，开阔思路，益于突破思维定式和旧观念的束缚；④竞争意识的使然，争强好胜的天性，会使与会者积极开动脑筋，发表独到见解和新奇观念。

在使用头脑风暴法时，为了减少群体内的社交抑制因素，激励新想法的产生，提高群体的创造力，必须遵守以下基本规则：

（1）暂缓评价。在头脑风暴会议上，会议主持人和会议参与者对各种意见、方案的正确与否，不要当场做出评价，更不能当场提出批评或指责。因为无论是批评还是指责都会让与会者人人自危、发言更加谨慎保守，从而遏制新观点的产生。把评价延迟是为了产生一种有利的气氛，有助于参与者提出更多的想法。

（2）鼓励提出独特的想法。在头脑风暴的会议上，与会者就像在和家人一起聊天，针对问题，可以想到什么就说什么，这样可以有效地避免人云亦云，从而有利于提出独特的见解，甚至是荒唐的想法。而这样正好可以开辟新的思维方式，提出比常规想法更好的解决方案。

（3）追求数量。头脑风暴法强调所有的活动应该以在给定的时间内获得尽可能多的方案为原则。这样头脑风暴会议结束时就有大量的方案，那就可能发现一个非常好的方案，以解决问题。

（4）重视对想法的组合和改进。在头脑风暴会议结束后，结合大量的方案，可以对他人好的想法进行组合、取长补短，形成一个更好的想法，从而实现"1+1=3"的效果。所以，头脑风暴法能很好地将集体的智慧发挥出来。

同时，在实施头脑风暴会议时，与会成员以 5～10 人为宜，最好具有不同的学科背景，较强的联想思维能力，且专家人数不宜过多，主持人要具备掌控会议、保持会议气氛轻松、能让与会者畅所欲言、献计献策的能力。⊖

3．和田十二法

和田十二法又叫"和田创新法则"或"和田创新十二法"，是指人们在观察、认识一个事物时，考虑是否可以：

（1）加一加：加高、加厚、加多、组合等。

（2）减一减：减轻、减少、省略等。

（3）扩一扩：放大、扩大、提高功效等。

⊖ 周苏、王硕苹等. 创新思维与方法[M]. 北京：中国铁道出版社，2016：83-89.

（4）变一变：变形状、颜色、气味、音响、次序等。

（5）改一改：改缺点、改不便、不足之处。

（6）缩一缩：压缩、缩小、微型化。

（7）联一联：原因和结果有何联系，把某些东西联系起来。

（8）学一学：模仿形状、结构、方法，学习先进。

（9）代一代：用别的材料代替，用别的方法代替。

（10）搬一搬：移作他用。

（11）反一反：能否颠倒一下。

（12）定一定：定个界限、标准，能提高工作效率。[一]

和田十二法一般是针对比较复杂的问题时运用的创新方法。按这十二个"一"进行核对和思考，会诱发人们创造性的想法，开拓其创意思维，进而找到解决问题的新方案。

4．组合思考法

所谓组合，就是把两种或两种以上的技术、理论、功能等叠加起来，以形成新的技术、理论或者功能。世界上很多重大的发明创造都是组合的结果，可见组合思考法在创意思维方法中的重要地位。

组合思考法具体可以分为主体附加法、异物组合法和重组组合法。

（1）主体附加法。主体附加法是指以某一对象为主体，为其添加其他东西。当然，所添加的这些东西可以是原来没有的，也可以是原来就有的。此方法的设想是希望将原有主体的功能或者性能等变得更加完善。

主体附加法的操作步骤：①要有目的地选定一个主体；②列举主体的缺点，即全面分析其在功能上、性能或者结构等方面存在哪些不足；③运用希望点列举法对主体提出希望；④根据其创造的目的为主体添加合适的附件；⑤在不改变主体的情况下，将附件与主体进行有机结合，产生发明创造。

（2）异物组合法。异物组合法就是将两种或者两种以上不同种类的事物组合在一起，形成新的事物的方法。这种组合法进行组合的对象没有主次之分，组合的对象之间可以实现原理的互相渗透，也可以是功能的扬长避短，还可以是材料的相互补充等。

一般情况下，异物组合法分为 3 种情况：关联组合、需求组合和互补组合。关联组合主要是指通过联想将两个或者两个以上的事物联系在一起从而实现的组合，其中，联想是关键；需求组合主要是基于用户的各种需求的组合而产生的新的事物；互补组合的对象是具有互补功能或者属性的事物的组合，从而产生的创造发明。

（3）重组组合法。重组组合法是指将事物原有的各项要素按着新的方式进行搭配后，让原有事物产生的功能得到改进或者产生新的属性的创新方法。

重组组合法的步骤：①要分析研究主体现在的结构；②结合现有主体的缺点，分析重组是否可以克服这些缺点；③探索重组的方式并进行重组。重组组合法在生活中最典型的表现就是积木、七巧板等。[二]

[一] 周苏、王硕苹等. 创新思维与方法[M]. 北京：中国铁道出版社，2016：92-93.

[二] 吕丽、流海平、顾永静. 创新思维：原理·技法·实训[M]. 北京：北京理工大学出版社，2014：180-184.

4.3 新媒体产品策划创意分析

创意是什么？创意是指人对旧事物产生新认识的思维活动，是创造新事物或新形象的思维方式，就其本质来说是一种辩证思维能力。[一]

新媒体创意是指现代传媒面向市场需求和变化，在信息建构与传播以及媒介经营与管理的各个领域、各个层面、各个环节所采取的具有创新性、创造性的策略和构思。其范围涉及传媒运作的方方面面，简单地说，可以概括为创意传播、创意经营和创意管理三大领域。[二]

> 以下我们读到的这 5 种新媒体的分类方式，只是权宜之计，是为了分析新媒体产品背后的策划创意而做的区别，目的是为了便于理解，使分析有一定的逻辑。新媒体及其产品在诞生之初并非有这样的分类。而随着新媒体的发展，其类别也非一成不变，可以说新媒体唯一不变的就是变。

分析新媒体产品的创意，我们先得对新媒体产品进行分类。新媒体产品种类很多，本节将新媒体产品分为融合类、社交类、内容类、影音类、商务类 5 种，以便我们分析这些产品运用的思维及创意方法。

4.3.1 融合类新媒体产品中的思维与创意

融合类新媒体产品包括门户网站、搜索引擎、分类信息网站、RSS 订阅、导航网站、掘客类网站等，本小节无法一一列举融合类新媒体产品的思维与创意分析，下面仅以百度作为此类新媒体产品的一个代表。百度作为搜索引擎类产品中的一个佼佼者，你知道百度在做百度知道、百度百科、百度贴吧、百度经验等产品时的创意思维是什么吗？

在我们的生活习惯中，当我们有问题要寻求答案时，如果是比较简单的问题，一般我们就需要回答"why，where，when"和"how"等问题，我们常用的方法就是去问身边的人，然后按他给予的答案去做，而百度知道就是基于人们的这种生活习惯而诞生的；当人们遇到一些专业性比较强的知识时，如专有名词、专业术语，怎么办呢？这类问题往往是有标准答案的，大多需要回答的是"what"和"how"等问题，大多数情况下，我们都会去查专业词语或者百科全书，百度百科就因此而产生；当人们遇到一些相对复杂的问题时，需要回答"which，what，why，who"等问题时，这类问题一般没有标准答案，人们在解决这些问题时往往需要群体智慧来解决，所以会以召开会议的方式进行讨论来解决，这就是 BBS 对应的百度贴吧；还有一类只需要回答"how"的复杂问题，而且没有标准答案，这时，人们多会去向一些有这方面专业经验的人请教，这就产生了百度经验。[三]

通过分析百度知道、百度百科、百度贴吧、百度经验这四个产品的创意来源，我们发现整个创意的思考过程都是围绕着用户的消费习惯进行设计的，可见，用户思维在百度知道、百度百科、百度贴吧和百度经验这四个产品中运用得非常彻底。同时，从百度知道、百度百科、百度贴吧和百度经验四个产品的关系来看，这是产品策划时多方向、多思路、多角度探讨的结果，这是发散思维的运用；四个产品之间彼此联系又各有侧

㊀ 陈初友、王国英.TOP 创意学经典教程[M]. 北京：北京出版社，1998：1-3.

㊁ 陈勤. 媒体创意与策划[M]. 北京：中国传媒大学出版社，2009：2.

㊂ 闫荣. 产品心经：产品经理应该知道的 60 件事[M]. 北京：机械工业出版社，2018：7-8.

重，这是联想思维的运用；四个产品均是针对用户在不同环境中的需求设计的解决方案，这是横向思维的运用。

4.3.2　社交类新媒体产品中的思维与创意

微信是一款社交类新媒体产品。微信自 2011 年诞生以来，旨在为用户提供极简的即时通信服务。微信中的朋友圈、视频号、直播、看一看等产品，都旨在为用户提供更多视角、更为多元的社交体验和信息服务。2014 年，微信推出收发红包功能，让红包文化延伸到社交类新媒体产品领域，成为一款增加用户黏性的重要产品。

微信是社交类新媒体产品的一个代表，而微信红包则是社交类新媒体产品中社交性、功能性的一次强化。在这个强化的过程里，我们可以看见大道至简思维、痛点把握思维、跨界思维、聚合思维、平台思维等诸多思维方法在社交类新媒体产品中的运用。

微信红包的诞生，始于腾讯内部员工的一个强烈需求：开工发红包。借助社交类新媒体产品发红包这一做法，既满足了传统文化意义上的用户需求，也满足了现实操作意义上的用户需要。这种用户的需求和需要即是一个痛点。微信红包把握并解决了这个痛点，从而成为一款可以增加用户黏性的产品。

微信红包功能简单，是大道至简思维的运用。为了增加微信红包收发过程中的社交性、趣味性，微信推出了拼手气红包、普通红包、专属红包、红包封面等功能。这也是一种运用用户思维将比拼游戏移植到网络社群中的体现。这种社交功能的强化，把握了"痛点"，实现了"跨界"。

而微信红包之所以能够成为一款用户喜爱的产品，其关键在于"抢"红包。"抢"改变了普通资金收支所代表的传统意义，而增加了趣味性、游戏性和社交性。"抢"也将众多用户吸引到微信上来。

2014 年春节，在农历除夕到正月初八这 9 天时间里，800 多万人共领了 4000 万个红包，遍布全国 34 个省级行政单位。2015 年春晚，抢红包呈现出一个百亿级的大场景：春晚抢红包的"摇一摇"。据统计，该年春晚微信"摇一摇"的互动次数达 110 亿次，总金额达到 40 亿元。[⊖] 微信官方发布 2019 年春节数据报告显示，2019 年除夕到大年初五，有超过 8 亿人次的微信红包使用量。

微信红包在众多用户的参与下，表现出一种开放、互联的态势。这让微信红包成为一个可以接连和聚合诸多媒介的"平台"。这是聚合思维和平台思维的运用。微信红包的不断迭代，自然也是迭代思维的体现。

自微信红包产品推出后，很多含有社交功能的新媒体产品都推出了发红包或抢红包的功能。这些功能的推出，都基于社交媒体的用户需求、高频消费、手机支付等。很多新媒体产品还推出了明星发红包、企业冠名发红包、购物返红包、特定日期发红包、特定时间抢红包等项目或功能。这些新媒体产品对微信红包功能的发展，表现了新媒体产品创意与策划过程中的极客思维、跨界思维。

⊖ 金错刀. 爆品战略 39 个超级爆品案例的故事、逻辑与方法[M]. 北京：北京联合出版公司，2016：12-17.

4.3.3 内容类新媒体产品中的思维与创意

核桃编程是内容服务类新媒体产品平台，其开放的 Scratch 课程属于内容服务类新媒体产品。它的产品设计体现了哪些创新思维呢？

Scratch 课程的目标用户主要是 7～12 岁的小学生，Scratch 课程作为教育出版数字化产品，也完全遵循了教学出版以学习者为中心的原则，Scratch 课程开发的终极目的是为了促进学生的编程能力的发展，提高教学的效果。因此，在学习资源的设计上充分考虑其目标用户——小学生的特点和需求。例如：核桃编程把整个教学过程打造成游戏化的课堂体验，这很好地调动了孩子们的学习积极性，把孩子对游戏的喜爱转化为对学习的喜爱，抽离出里面的核心元素再还原到学习中，让孩子们真正有了学习的动力。

资源内容分梯度设计，既有针对学习能力强的学生的高难度学习资源，也有针对学习能力较弱的学生的基础学习资源，让学生可以根据自身的发展水平去选择学习资料。同时，还鼓励学生的创造性思考，完成课外作业等。这就是用户思维在 Scratch 课程的开发中的充分体现。

此外，Scratch 课程中痛点思维也体现得很充分。用户的痛点就是用户最迫切需要解决的问题。少儿学编程之所以在当下成为一种现象级的热点，是因为随着人工智能的发展，未来将是人工智能的时代，未来人类能与机器抗衡的能力中想象力和创造力是必不可少的，学习编程可以更好地提高孩子的这些能力，与此同时，小孩子在学习编程中其逻辑思维能力、独立思考能力、专注力、耐心等也能得到提升，这些都很好地迎合了当下中国家长"望之成龙"的心理痛点——为了让自己的孩子更好地适应未来社会的发展。

Scratch 课程的设计中也少不了跨界思维的运用。Scratch 课程的目标用户是 7～12 岁的小学生，这个年龄段的孩子对于计算机编程语言都是零基础，为了解决计算机编程入门语言的问题，Scratch 课程设计采用了模块化和图形化的编程方式，让学生的编程过程变得轻松有趣，又不失严谨的编程逻辑。

此课程的设计，让学生运用积木式程序设计方式来学习 Scratch 的可视化设计，使得学生从算法和语法中摆脱出来，专注于想象与设计，并轻松将自己的想法得到实现。这种将复杂的计算机编程语言设计成学生喜欢的积木程序，使得程序代码更容易被零基础的小学生阅读和掌握。这正是组合思考法与和田十二法中改一改和代一代的具体运用。Scratch 课程设计思维中充分地将计算机语言程序与儿童玩具积木的组合融合在了一起，这正是联想思维运用的结果。此外，为了方便学生随时复习，Scratch 课程将学生学过的课程内容一直保留在云端，这又是云计算思维的运用。

4.3.4 影音类新媒体产品中的思维与创意

1.《奇葩说》

视频网站自制节目是指由视频网站自主策划、制作、播放的具有互联网特性的节目，同时还符合互联网用户需求和喜好，独自拥有版权及招商权，其包括自制电影、自制剧、自制综艺节目等形式。[⊖]《奇葩说》作为视频网站自制节目的翘楚，它是 2014 年由爱奇艺斥巨资打造的中国首档说话达人秀季播节目。在自制的综艺节目中，爱奇艺一直领先于其他视频网站，主要是因为其有着自身强大的竞争优势。

《奇葩说》作为一档娱乐节目，希望通过娱乐这种形式来传递价值、沉淀文化，同时节目围绕社会热点话题以辩论的形式进行，旨在寻找华语世界中"最会说话的人"。《奇葩说》节目虽以"奇葩"为核心，却以奇葩之名为"奇葩"正名，奇葩形式的背后其实是年轻人对这个时代热点话题的思考，对自己价值观的坚守和对这个世界多元化的解读。[⊜]下面我们一起来分析其特色之处运用了哪些创意思维。

《奇葩说》作为一档娱乐节目，它以辩论为外衣，用名人和话题来包装。《奇葩说》节目围绕目标受众所关注的热点话题展开辩论，这种辩论的形式，正是头脑风暴法的运用。作为辩论节目，它又与传统的辩论赛的正规、严肃不同，《奇葩说》的内容更加注重娱乐性和文化性。从这个意义上看，《奇葩说》的内容和形式的创意就是娱乐加辩论的组合，是组合思考法和跨界思维的运用。

《奇葩说》将自己的目标受众定位在视野开阔、思想新潮、拥有自己观点的年轻人，并在节目开始之前就提醒"40 岁以上请在'90 后'陪同下观看"。可见，《奇葩说》是一个窄播化、定制式的节目，只选择年轻人中的一部分，然后，为了满足这一部分受众的需求，从各个方面去"讨好"他们。例如：运用年轻网友喜欢的语言表达方式，选用个性化的辩手，采用个性化的辩论观点，而且《奇葩说》整个节目也都偏向年轻化，从制作团队到话题、选手的选择都洋溢着青春、大胆、无所畏惧的"90 后"氛围。[⊜]从中，我们不难看出，《奇葩说》节目制作就是从小处着眼，竭尽全力打造"90 后"喜欢的特色节目。这不得不说是小而美思维和极客思维的运用。

《奇葩说》节目在内容上有鲜明的颠覆性和新锐性的特质。在《奇葩说》的舞台上，一切都可以包容，比如高晓松可以自嘲自己长得丑。此外，《奇葩说》的语言开放，话题犀利也是其他语言类节目所无法比拟的，比如，"没有霹雳手段，怎怀菩萨心肠"，这是当下年轻人的话语方式，深得受众喜爱。再如，讨论的话题也多是当下"90 后"所关注的热点话题，例如，"第一次约会，我能不能用优惠券买单？""熬夜伤身，但使我快乐，还要不要熬？""第一次去男友爸妈家吃饭，要不要主动帮忙洗碗？"等，这些话题在其他的娱乐节目中却很少涉及。此外，其毫无违和感的广告植入，将广告与节目内容融为一体，让受众在无意识的状态下，将商品或品牌信息展现给受众，进而达到广告主所期望的传播目标。[⊝]节目采用各种形式来体现商品的信息，如，马东在节目中的口播式广告语，都是即兴发挥，根据节目中所谈及的内容直接加上广告，这样广告不但不会让观众反感，而且增加了节目的娱乐效果。总之，从这几点中，我们看到了《奇葩说》的节目组的包容思维、逆向思维和用户思维。

⊖ 熊珊珊. 国内视频网站内容产品自制研究[D]. 长沙：湖南大学，2013：10.

⊜ 任田田. 爱奇艺自制节目《奇葩说》的特色研究[D]. 曲阜：曲阜师范大学，2016：5.

⊜ 任田田. 爱奇艺自制节目《奇葩说》的特色研究[D]. 曲阜：曲阜师范大学，2016：7.

⊝ 郝朴宁. 话语空间——广播电视谈话节目研究[M]. 北京：中国社会科学出版社，2005：78.

2. 抖音

抖音是一款音乐创意短视频社交软件，是一个专注年轻人的 15 秒音乐短视频社区。用户可以通过这款软件选择歌曲，拍摄 15 秒的音乐短视频，形成自己的作品。此 App 已在 Android 各大应用商店和 App Store 上线。作为 2018 年短视频的佼佼者，在 2018 年的春节期间，日活跃用户就高达百万量级。如此火爆的抖音，其创意中又蕴藏着哪些创造性的思维呢？

众所周知，抖音作为一款社交类视频应用软件，用户可以通过抖音拍摄长度为 15 秒的音乐短视频，而正是这短短的 15 秒的视频要求，迎合了当下网民们阅读碎片化信息的需求，一方面在 15 秒钟内展现给网民的内容必然是"精华"，另一方面 15 秒的内容可以更好地吸引用户的注意力和关注点，且不用浪费过多的时间，这一设计正是和田十二法中缩一缩的具体运用，也是小而美思维和极客思维的体现。

此外，大数据思维在抖音中也得到了很好的运用。2017 年 11 月，在算法分析上，抖音采用了大数据用户分析方法。这样，抖音就可以利用海量的数据资源根据用户的浏览习惯和感兴趣内容给用户推送相关信息。在这种模式下，抖音相关视频内容可以更加精确地到达目标用户的使用终端。此外，大数据监测和分析也被抖音的运营方用来分析用户的性别、年龄以及每天使用抖音的时间等，并将这些数据运用于潜在用户群体的推广中。

4.3.5 商务类新媒体产品中的思维与创意

商务类新媒体最典型的产品类型就是维客类应用和威客平台，如百度百科、百度知道、猪八戒网等。我们以猪八戒网为例进行分析：

猪八戒网是一种在线文化创意及在线服务交易平台，为企业、公共机构和个人提供定制化的解决方案，将创意、智慧、技能转化为商业价值和社会价值。猪八戒网将悬赏任务的双方分别称为"雇主"及"服务商"，通常前者发布悬赏任务，可以向天下的能人悬赏征集某项任务的设计方案，后者选择悬赏任务并进行投票获得悬赏。

当然，作为"雇主"也可以分 3 步解决自己的需求：①上猪八戒网，通过频道、搜索等渠道快速找到合适的服务商；②雇用 TA（服务商），沟通细节，详细地描述需求内容、实时地与服务商沟通；③服务商完成需求，付款并评价。如是找到合适的服务商，则可以以如前所述的悬赏模式发任务，等待多人投票，以解决需求。

如果你是服务商，则可以凭实力换取真金白银。你可以在猪八戒网将你的智慧、知识、技能、经验转换成实际收益，通过解决科学、技术、工作、生活、学习中的问题实现经济价值。[⊖]

通过上述对猪八戒网的介绍，我们不难发现，猪八戒网的产品创意正是悬赏与众包思维的运用。雇主把过去由员工执行的工作任务，通过猪八戒网发布出去，并预付相应的悬赏资金，从多个参与任务的投票方中挑选自己满意的方案，并支付悬赏资金，这是众包思

⊖ 陈永东. 赢在新媒体思维 内容、产品、市场及管理的革命[M]. 北京：人民邮电出版社，2016：125.

维的运用；而服务商也从中通过自己的智慧、知识获得应有的经济价值。

【思考与练习】

1．请你针对某一具体问题，运用头脑风暴法寻求解决方案。

2．请你结合自己喜欢的某一款新媒体产品，分析其产品创意运用了哪些创意思维方式或方法？

第5章

调研与分析：新媒体产品从无到有

知己知彼，百战不殆；不知彼而知己，一胜一负；不知彼，不知己，每战必负。

——孙子

人们不知道他们想要什么，直到你把产品放在他面前。

——史蒂夫·乔布斯（Steve Jobs）

在投资过程中如同棒球运动中那样，要想让记分牌不断翻滚，你就必须盯着球场而不是记分牌。

——巴菲特（Warren E.Buffett）

世界的本质就是数据。

——维克托·迈尔–舍恩伯格（Viktor Mayer-Schönberger）

我们的核心不是便宜，而是满足用户心里占便宜的感觉。

——黄峥

关键词

调研　分析　市场　数据　用户　竞品　需求　垂直领域　流量

5.1　调研的意义与流程

什么是市场调研？市场调研是指运用科学的方法，有目的地，系统地搜集、记录、整理有关市场营销信息和资料，分析市场情况，了解市场的现状及其发展趋势，为市场预测和营销决策提供客观的、正确的资料。[一]

由概念的拆解可知"了解市场的现状及其发展趋势""为市场预测和营销提供客观的、正确的资料"为市场调研的"目的"；"市场营销信息和资料""市场情况"为调研的"内容"；"搜集、记录、整理""分析"为调研的关键"步骤"；"运用科学的方法"是强调调研"方法"的科学性、合理性。

本节将围绕调研的目的、流程、方法 3 个方面进行——详解。

5.1.1　为何要调研？

1．没有调研，就没有市场

调研是实施行动的前提和基础。市场调研是企业制定战略决策和产品运营的前提与先导性活动。市场调研能帮助企业回答及预测从企业发展、营销决策到产品项目管理等涵盖宏观、中观、微观三个层面的问题及疑虑。

没有调查，就没有发言权。美国科技市场研究公司 CB Insights 通过分析 101 家科技创业企业的失败案例，总结出了创业企业失败的 20 大主要原因，其中 42% 的失败是因为产品不符合市场需求。可见全面的市场调研是产品营销的前提，是企业探索新市场的基础。没有调研，就没有市场。市场调研是产品运营的起点。做一款产品的第一步就是市场调研，到市场中去验证我们的想法是否与市场相符合，用户是否有这样的需求。

2．把握市场的动态变化

市场是不断发展变化的，通过调研可以了解和把握市场的动向。"市场的变化总有一个规律：供求规律、趋势性规律、淡旺季规律、产品的经济寿命周期性规律和竞争规律等。"[二]企业只有掌握了市场变化规律才能为消费者提供更好的产品和服务，唯有实地调查才能了解和把握规律。

市场调研是对市场风向的掌控。企业在产品进入市场后更应实时了解市场动向，以便及时调整产品定位和服务方向。"准确把握企业产品或服务从成熟期进入衰退期的拐点，是市场调查活动定量分析的最高境界。产品服务的生命周期是由市场决定的，经济组织可以着力的工作就是如何控制好周期，保证在拐点处及时调整运营方向和内容，规避风险。"[三]市场调研有助于企业对市场趋势变化进行准确预判，以应对瞬息万变的市场。

[一] 市场调研. MBA 智库百科. [EB/OL].https://wiki.mbalib.com/wiki/%E5%B8%82%E5%9C%BA%E8%B0%83%E7%A0%94.
[二] 卫海英，陈凯，王瑞. 市场调研[M]. 北京：高等教育出版社，2016：7.
[三] 刘常宝. 市场调查与预测[M]. 北京：机械工业出版社，2018：9.

3. 调研为营销决策提供信息

市场调研的最大价值就在于为产品营销和企业的战略决策提供科学的依据。抛却管理者等内因不谈，企业经营决策的正确与否很大程度上取决于企业所处的外部环境。通过市场调研，获取环境信息、市场信息、用户反馈信息从而对企业的产品营销决策和市场布局提供启发和参考，以更大程度地保证企业决策的正确性。

5.1.2 调研的流程

市场调研的流程按时间划分，可分为如下 7 个步骤，详见图 5-1。

此流程可以概括为"提出问题→分析问题→回答问题"的过程。提出问题就是明确调研的任务、内容和具体方案；分析问题主要体现在对数据的收集、整理和分析上；回答问题是希望通过调研得出的结论回答调研目的中的预设问题。需要明确的是市场调研并不能解决问题。问题的解决仰赖准确决策后的行动，而调研只是为决策提供依据。

现将调研流程具体分析如下：

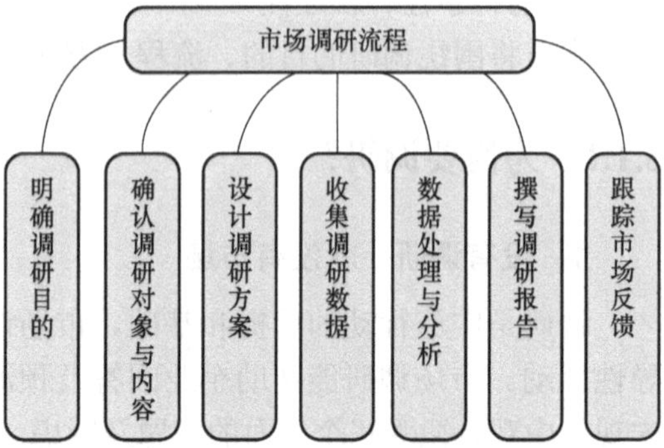

图 5-1 市场调研流程

1. 明确调研目的

明确调研目的，需要定义调研问题并提出相关假设。

著名调研专家劳伦斯·D.吉布森（Lawrence D. Gibson）认为正确定义调研问题将带来巨大收益——没有其他的问题可以对利润产生如此大的杠杆效应。明确调研任务的过程就是让自己的疑问转换成正确的调研问题，提出相关假设的过程。

定义调研问题至关重要。调研问题的提出必须建立在对企业的背景、现有资源、产品规划、市场环境等情况深入了解的基础上，并依据企业的发展目标和市场发展趋势提出问题。

调研问题一般分为两个层面：①宏观的决策性问题。即企业的决策者需要做什么及怎么做的问题。例如，该企业是否适合做互联网方向的转型？是否引进新产品？如何应对竞争对手的降价策略？②微观的产品营销性问题。例如，目标用户想要什么样的产品和服务？用户在哪些场景使用产品？产品的广告宣传效果如何？竞品的特点、价格等是否有竞争力？微观问题的设定应围绕宏观问题展开，其回答有助于决策者做出整体判断。调研人员在定义市场调研问题前，应与企业决策者、与行业专家进行深入讨论、访谈，并注意搜集二手数据，以发掘二手数据无法解决的当前问题。

假设是有待验证判断的命题。提出假设是调研人员对调研问题进行可能正确的预判性回答，思考在调研中会得到的可能性答案有助于调研人员反思调研问题定义的准确度。假设产生的渠道一般为历史调研活动、经济学等多学科理论及管理者的经验。

2. 确认调研对象与内容

在明确调研目的后，需要确认具体的调研对象与内容。其实是一个将调研目标"具体化""数据化"的过程，为调研目标匹配具体的调研内容。

在确认调研内容之前，要先明确调研对象。一般可分为用户调研、行业调研、产品调研、广告调研等。

（1）用户调研是针对特定用户（一般是目标用户）做观察和研究，在搜集目标用户信息的基础上分析用户的心理及行为。

（2）行业调研主要是针对特定的市场区域进行横向、纵向的分析，从政策、经济、技术等角度做研究。具体包括政策导向、市场规模、经济趋势等，要重点分析目标市场的发展状况。

（3）产品调研是针对某一类竞品的生产、销售等情况进行对比分析。可从线上、线下两个渠道获取资源。

（4）广告调研是针对特定的广告对其传播效果进行分析研究。

在制定具体调研内容时，可参考 OKR 理论（见图 5-2），从上到下，从宏观到微观，将调研内容层层分解。OKR（Objectives and Key Results）即目标和关键成果法，它是企业进行目标管理的一个简单有效的系统，能够将目标管理自上而下贯穿到基层。这套系统由英特尔公司制定，在谷歌成立不到一年的时间，被投资者约翰·杜尔（John-Doerr）引入谷歌，并一直沿用至今。

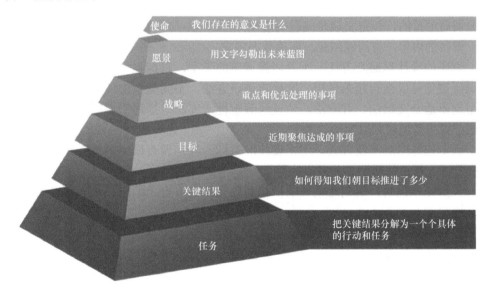

图 5-2　OKR 理论

根据 OKR 理论，企业在设定好目标和关键结果后，化目标为行动，将关键结果拆解为具体的行动和任务。而调研目的及调研主题的设定围绕 O（目标）展开，即"我们想要做什么？"也就是企业的战略、目标。而调研的具体内容则是完成一个个具体的任务，是通往 KR（关键结果）的路径。把目标中定性的部分转换成定量分析，将目标"参数化""数据化"，确定数据需求，并最终通过数据分析"我们离目标推进了多少"。

调研内容具体可从产品（或服务）；买方（用户）；竞品（竞争企业）；行业四个层面展开。简单举例分析：

问题：我的微信公众号不涨粉还掉粉，取关人数都赶上了新增人数，怎么办？

调研目标：怎样才能提高微信公众号用户黏性？尽快收获 10 万粉丝？

调研内容：

公众号文章的质量如何？原创与转载的比例如何，内容是否同质化？推送数量及时间是否恰当？广告推送的效果怎样？（产品）

用户关注的原因是什么？用户取关的原因是什么？用户在哪个情境下最容易取关？与用户的互动是否及时有效？什么类型的推送用户评论及分享率高？在哪个时段用户访问量最大？用户想在我的微信公众号上看到什么？（用户）

有哪些定位相似的竞品？我与竞品的差距在哪儿？（竞品）

市场上同类型的微信公众号是否已经供过于求？（行业）

调研内容的选取要根据调研目标，有所侧重。上述案例中调研内容的重点在用户层面，产品与行业调研为辅，通过调研寻求提升用户黏性的方法。

3. 设计调研方案

确定调研目标和大体的调研内容后需要制定一份较完整的市场调研方案。应包含如下内容：

（1）调研的目的，即定义调研问题及假设。

（2）调研的内容，将问题细化，明确数据需求。

（3）调研的设计思路及方法。①要明确调研的类型，是探索型、描述型抑或因果型。不同的调研类型可以结合起来使用。②确定调研方法。不同类型的调研采取的方法不同。如探索型调研适合文献法、观察法、访谈法等定性研究法；描述型调研适合问卷调查等定量研究法；因果型调研则以实验法为主。

（4）确定抽样的对象及方式。①需要找准目标，界定调查研究的对象群体；②确定具体的抽样方法，概率抽样还是非概率抽样。

（5）数据处理说明。规定对采集的信息和数据如何审查、编码、录入，以保证数据处理的规范性。

（6）预算编制。

（7）进度及人员安排。

4. 收集调研数据

收集、汇总资料是实地调研的重要一环，特别是保证数据信息的准确性。收集数据一般有两个过程：前测阶段和主体调研阶段。前测阶段只使用子样本，目的是为了判断出主体调研的数据收集计划是否合适。⊖以便降低不当的调研设计所造成的危害，提高调研的效率。

5. 数据处理与分析

收集数据后，需要整理、提炼出有效数据，并对其进行细致的处理、分析。数据的整

⊖ 卫海英，陈凯，王瑞. 市场调研[M]. 北京：高等教育出版社，2016：15.

理与分析需要如下步骤：

（1）审核数据。检查数据的有效性，调查数据是否齐备、完善，是否按照要求准确无误进行，调查结果是否真实反映了被调查者的回答，如采用抽样复检、电话确认的方式核实数据的真伪。

（2）编辑整理、编码。编码是对一个问题的不同回答进行分组和确定数字代码。封闭性的问题在问卷设计的同时就已经有预先编码，只需进行选项归类。开放性的问题，则需要重新编码，进一步归纳分析。

（3）数据录入并建模。数据录入可采用手工键盘录入、计算机智能录入和扫描的方式。用户深度访谈部分的数据整理，则需要通过头脑风暴，分析讨论，创建用户画像和模型，量化数据。

（4）列表与统计分析。这一环节就是将调查结果图表化，以便直观显示数据，并依据数据得出结论。对调查问卷的数据处理可采用 SPSS 软件进行统计分析。

6．撰写调研报告

调研报告是对整个调研活动的总结与梳理，一份完整、系统的调研报告一般包含如下内容：

（1）调研说明：写明调研的背景、目的、调研对象（目标人群）、调研过程及采用的方法。

（2）调研数据：呈现调研数据分析的结果，包括用户分析、行业分析、竞品分析等，力争用图表或图形的形式直观呈现。

（3）调研总结：根据调研情况得出可信服的结论，并针对此前的调研问题，给出相应的对策和建议。

（4）附录：调研报告的文末要附上重要的调研数据。

调研报告还需要向决策者及重要客户进行汇报沟通。且作为重要的历史文件，为方便以后查阅，调研报告应统一编号、存档，明确使用、传播的权限。

> 调研报告是调研活动的最终结果的书面呈现。报告之所以很重要，是因为书面表达可以帮助调研者更近一步清理逻辑思路等问题。

7．跟踪市场反馈

调研的目的是指导行动，将调研的结论付诸实施才是最重要的。要持续跟踪市场的反馈来评估调研的价值和影响，为后续的调研做铺垫。

5.1.3　调研方法

市场调研方法分为定性和定量两种，见图 5-3。

1．定性研究

定性研究是从事物的内在属性和规律出发进行研究的一种方法或角度，是探索性、预测性的调研方法，其特点是非结构化的、主观的，不追求精准的结论，重在了解情况，得出感性认识，主要用于确定用户需求，收集用户的态度、行为、习惯和体验。从产品开发初期的理念构想到产品迭代阶段的功能完善都需要用定性研究来描述用户需求。焦点小组访谈法、深度访谈法是较有代表性的定性研究。现具体阐述如下：

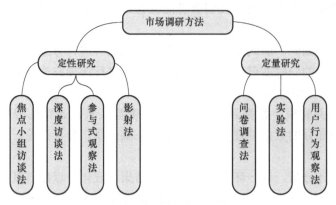

图 5-3　市场调研方法

（1）焦点小组访谈法。焦点小组访谈以获取人的想法、态度及其背后的原因为目的，是针对用户的有效调研方法。焦点小组（Focus Group）通常为 10 人左右，在主持人的引导下围绕某一主题进行深入讨论。在新媒体产品的调研中，焦点小组调研的意义在于了解参与调研的用户对产品的意见、态度、使用场景及感情的投入等。"群体动力所提供的互动作用是焦点小组访谈法成功的关键。使用焦点小组的一个关键假设是：一个人的反应会成为其他人的刺激，从而能观察到受访者的相互作用。"[⊖]因此，从焦点小组访谈法获取信息的数量和质量要远远优于个人访谈和群体访谈。焦点小组访谈的成功关键在于邀请忠诚的参与用户、设计恰当的访谈指南、选择能把握用户心理并具有社交技巧的主持人。

（2）深度访谈法。深度访谈法的目的在于通过对调查对象深入的访问，了解其行为动机和内在的情绪。在用户调研中，深度访谈法常用于了解用户的购买意愿、偏好、产品使用动机、场景及对产品的情感融入等。正所谓"深度访谈就像是考古工作：把那些隐匿在不同地层中的历史经验给重新挖掘、整理和呈现出来，并加以仔细研究。这种深度挖掘，实际上也给了人们一个反观、省思自己生活经验的机会"（王雨磊《深度访谈，始于尬聊》）。深度访谈法除了易于获取用户的产品使用体验外，还能挖掘出用户潜在的需求，从较少的样本中收集到丰富的信息，因此深度访谈法要求访问者必须具备同理心。

深度访谈的提纲至关重要，有效的访谈提纲至少包括两部分：

1）探测性问题，即访问者提出的让所有的受访者都回答的少量结构化问题，并对比不同受访者的回答，在提问时，访问者要掌握技巧，不能带给受访者压迫感，也不能给予受访者过多的暗示。

2）开放式问题，这是深度访谈的主题，松散、随意的聊天可使访问者收获意想不到的信息和启发，不但能拓展思维，还有机会挖掘出用户的潜在需求。

深度访谈法与焦点小组访谈法同属定性研究范畴，二者在问题询问及资料分析方面有相同之处，在某些场合，甚至可以通用。但两者在访谈形式、访谈对象、访谈时间等方面

⊖ 麦克丹尼尔，盖茨. 当代市场调研[M]. 李桂华，等译. 北京：机械工业出版社，2018：89.

仍存在明显差异。

（3）参与式观察法。参与式观察法源于"田野调查"，其有两个关键点：一是深入，深入到被调查者的日常生活中；二是隐蔽，调查者要隐藏身份，以便观察、获取真实的信息。在产品调研中，参与式观察的目的在于观察用户做什么、怎么做，即深入了解用户对产品的动态反馈，置身于情境内的观察更有助于访问者把握用户的使用习惯、需求和痛点。如为了解产品在某一区域的市场销售额下降的原因，调查者可乔装成普通的消费者深入到具体的销售场点，观察产品的营销手法、用户的反馈等，并抓住问题的症结所在。

参与式观察强调调查者的理性情绪和客观态度，切忌先入为主的验证假设式观察。但由于其耗时耗力，且多属于个案研究，并不具有普适性。

与参与式观察相对的非参与式观察是指调查者置身于调查对象的生活背景之外，以旁观者的身份进行的观察。非参与式观察时间较短，且几乎与被观察者零互动，难以了解其内心活动，无法获取深入的资料，只适用于简单的探索型调查。

（4）影射法。影射法是一种间接的、非结构化的提问方法，目的在于鼓励被调查者间接地透露其对有关问题的动机、信念、态度和感受。影射法又名投影法、投射法，因部分被调查者不愿意直接表露自己的态度或将情感外化，故需采用迂回战术，用伪装调研目的的影射法来间接获取真实的资料。市场调研中，影射法的目的在于探究隐藏在表象下的用户真实心理。

常用的影射法包括：

1）联想法：字词联想。将相关或不相关的字词杂糅，测试被调查者的不同反应，以此分析其潜在的心理；或提供特定的字词，让被调查者回答所联想的内容，可用于测试用户的偏好。

2）完成法：句子填空法（让调研对象在限定时间内将未完成的句子填补完整，以此捕捉不同用户对待产品的态度和购买意愿）；故事讲述法（通过展示图片，让被调查者按照自己的理解，虚构故事，或以他人的故事作为引子，启发被调查者讲述自己与产品的故事）。

3）构筑法：图片归类（被调查者通过将特殊安排的照片进行归类来表达其对产品、对品牌的印象和感受，常用于调查品牌形象的传播效果）；漫画测试（通过漫画展示特定的情境，让被调查者回答漫画中的问题，以描述的形式构筑一个回答）。

4）表达法：第三人称法（询问调查对象第三者的态度和看法，让调查对象把自己的想法转移给与自己相关的人。此种方式能使被调查对象放松心情，减少顾虑，调查结果往往更真实）；绘图法（让被调查者绘制图画，通过画面反映其内心的想法，以图片为载体表达感受或态度）。

通过影射法可以观察到被调查者不愿意或不能表达的深层心理。但影射法调研成本较高、专业性较强，对调研结果的分析与解释有一定的主观性，一般要配合其他调研方法使用。

2. 定量研究

定量研究强调用数据来量化事物，是与定性研究相对的概念，一般是结构化的，结果更加客观、精准、科学。

市场调研中，定量研究主要是为了测试和验证假设。定性研究得出的结论，需要用定量研究方法进行完善和测试。

（1）问卷调查法。问卷调查法是数据收集的核心渠道。在产品调研中，问卷调查可用于收集用户的产品使用行为与体验信息，从而测试产品或服务被用户的接受程度。问卷调查法是收集信息的有效手段，能提高调查的效率和精准度，可依据实际情况选择网络问卷、电话调查问卷、纸质问卷等不同方法。

1）问卷调查的功能。

首先，预判。在产品策划的前期，需通过问卷来了解目标用户对产品或服务的反应及接受程度，从而帮助决策者做出下一步的策略调整。

其次，定位。问卷调查有助于企业了解用户痛点和情感诉求，以便在产品进入市场前做出贴合不同用户定位的产品创意和营销计划。

如公众号"UI 头条"拟提供优质内容付费服务，为了解此项服务用户的需求程度及接受态度，并指导下一步的优质内容选取，特设置了如下小型问卷：

内容需求调查问卷

1. 你的年龄属于哪个阶段？（单选）
- 80～85 年
- 85～90 年
- 90～95 年
- 95～00 年
- 70 后

> 问卷调查法一般采取的是部分取样，它和大数据不一样。它更有针对性，更便捷，但没有大数据那种宏观性。问卷制定的水平直接关系到问卷结果的可靠性。

2. 你的职业是？（单选）
- 大学生
- UI/UX 设计师
- 网页设计师
- 平面设计师
- 插画师
- 动画师/3D 建模师
- 室内设计师
- 其他

3. 对于优质的设计内容分享你是否愿意付费？（单选）
- 愿意
- 不愿意
- 不确定

4. 你对知识付费阅读的价格能接受多少的区间？（单选）
- 1～10 元
- 10～50 元

- 50~100 元
- 100~200 元
- 200 元以上

5. 你关注的内容类型是哪些？（多选）

- 设计教程
- 作品赏析
- 经验分享
- 设计小技巧
- 其他

6. 你希望我们分享的设计知识是什么形态？（单选）

- 语音
- 视频
- 图文

7. 你关注的内容点是哪些？（多选）

- 移动应用界面
- H5 设计
- 网页设计
- 图标设计
- 企业 VI 包装设计/广告设计
- LOGO 设计
- 插画/壁纸设计
- 桌面软件设计
- 游戏界面设计
- 其他

在这份问卷中，除了 1～2 题为了解用户的基本信息外，3～7 题均以获取用户对优质内容付费的态度和需求方向为目的。

再次，优化。在产品进入市场后，企业需要通过定期的问卷调查实时了解用户不断变化的诉求与行为，从而判断产品是否需要更新迭代，并根据用户需求进行产品功能优化和服务升级。

最后，测评。如想了解目标用户对产品的满意度或营销方式的实质效果，有针对性的问卷调查是高效且实用的方法。

2）问卷的设计。调查问卷本身就是一款产品，调查问卷的设计不仅强调科学性、严谨性，更追求艺术性。

问卷设计要注意如下问题：

第一，问题要少而精，问卷尽量让被调查者在 5 分钟内答完。

第二，设计问卷时，要从定性和定量两个方面考虑，定性问题是开放性的，例如，"你希望如何优化产品？"定量问题有明确的是与非，例如，"你是否使用过本产品的新手指引功能？"但要以封闭性的定量问题为主，少问笼统的开放性问题。

第三，问题要无感情色彩，切忌以问题诱导被调查者。如针对视频网站会员收费的调查问题：

你难道宁愿看广告都不愿花 19 元购买会员吗？
你难道不认为会员费每月 19 元很合理吗？

以反问式提问，语气上带有诱导性，易激起被调查者的逆反心理。

第四，避免双重问题，问题要具体、单一，不能将两方面的问题糅合成一个问题。如"你认为本产品是否功能齐全、物美价廉？"

"功能齐全""物美价廉"包含多个层面，不应杂糅成一个问题，如此发问，不仅增加了被调查者的答卷难度也不容易获取其真实想法。

第五，问卷要简洁、美观，饱含创意、设计精良的问卷能提高被调查者的兴趣，提高问卷的完成率。

问卷调查通常是远程进行的，缺乏调查者和被调查者之间的互动。因此，仅仅通过问卷调查，容易遗漏被调查者的某些行为，且问卷内容未必是用户的真实想法。因此问卷调查易与用户访谈等定性方法结合使用，应尽可能在问卷调查之前先进行用户访谈，并以此为依据有针对性地设置问卷调查的问题。

（2）实验法。在市场调查中，利用实验法可获取市场的一手资料，通过观察实验因素改变下的市场变动，来挖掘实验对象的本质及其市场规律。产品的性能、价格、广告投放、营销渠道等都可作为实验变量。如某产品推出了多款新包装，若想了解新包装的产品是否受市场欢迎，哪种更受欢迎，可将少量产品投入到某些特定市场上进行试销，以观察用户的选择和以此带来的销售额的变化，为企业的下一步销售决策提供参考。在进行实验分析时可以选择单一实验组前后对比分析法将一段时间内产品的新旧包装的销售情况进行对比检测。

通过实验法取得的当前市场变动数据比较客观，具有一定的可信度。但在实践中，影响市场的不确定性因素很多，在某种程度下，实验效果的可信度会受影响。

（3）用户行为观察法。由于新媒体产品调研的独特性，需要对用户行为进行跟踪，通过对用户使用新媒体情况及其效果的持续追踪，获取客观数据，以此分析用户行为和偏好，在定量研究的基础上获得定性分析。

主要的观察渠道及技术如下：

1）浏览器 cookie 分析。通过分析 cookie 数据，可获取用户的浏览路径，跟踪用户行为。比如，通过记录用户在某一页面的访问时间、停留时间，访问频率可了解用户对内容的接受程度和动机偏好。移动端的用户行为监测和 PC 端相比更加灵活，通过类似 UDID（设备识别码，常用于 iOS 系统，已被苹果废除）或者 IMEI（国际移动设备识别码，即手机序列号）等永久性系统标识符来锁定设备，可追踪独立用户行为，能轻易获取访问者、点击量等数据，但在用户隐私方面存在较大质疑。App 内用户行为追踪最常用的方法是通过 SDK（软件开发工具包）在 App 内放置监测程序的头文件、库和其他模块，同时对调查

者感兴趣的用户交互行为单独加上代码进行追踪。[⊖]

2）专业仪器观察。眼动追踪。眼睛不会说谎，通过捕捉用户眼球运动得来的信息往往比问卷和访谈更真实、更有价值。通过视线追踪技术，监测用户在看到目标产品时的眼球运动和视线变化能直接获取用户的行为态度。具体能获取的信息有：

① 了解用户的注意力在界面上的各元素上是如何分配的。

② 了解用户在界面上的决策过程。

③ 了解产品页面布局与用户心理预期是否匹配。

④ 评估视觉设计与商业目标是否匹配。

⑤ 可用性测试中用于深挖可用性问题的原因。[⊖]

衡量这些变化的数据性指标包括注视的时间、频率；视线的轨迹及落点；瞳孔的变化；眼跳距离等。在新媒体产品调研中，眼动追踪常被应用于产品痛点抓取、竞品比较、广告效果分析、搜索引擎设计、页面布局等领域。

可穿戴大脑扫描仪。2018 年 3 月，英国科学家开发了一种可穿戴的脑部扫描仪，此扫描仪结合了量子传感器和一种新的消除周围磁场的技术，能够以毫秒级的分辨率记录 MEG（脑磁图描记术）数据，可在人体移动时记录大脑活动。在新媒体产品调研中，可让被调查者戴着大脑扫描仪，观察其看到有审美愉悦感的产品和使用用户体验较差的产品时大脑的不同活动。

行为观察仪。行为观察仪可以记录和分析人的动作、情绪、交互等行为。升级版的行为观察记录分析实验室"可以在人完全自然的状态下同步采集眼动轨迹、生理指标、脑波变化、生物力学、物理环境等数据；它是一个可以兼容广泛数据来源的整合平台，可以整合大多专业科研仪器，包括行为采集录像机、无线生理记录仪、生物反馈仪、眼动仪、脑电仪、作业环境分析系统、交互虚拟现实系统等。"（参见 Captiv 行为观察分析系统介绍）

在新媒体产品调研中，行为观察仪或行为观察记录分析实验室多用来记录分析人机交互效果、产品可用性测试、产品界面设计等。

3）VUI 测试。即语音交互界面测试。随着人工智能浪潮的袭来，VUI 作为一个新的领域也在飞速发展，智能手机、智能音箱、智能家居等一系列智能新媒体产品都需要 VUI，甚至有人预言 VUI 会成为未来新媒体研发的重点。

带有智能语音功能的新媒体产品一般均需要进行 VUI 测试。在 VUI 产品开发生命周期的不同阶段，可采取不同的测试方法，以获取用户在与智能语音助手交互过程中的体验与反馈。

一般情况下，进行 VUI 测试主要在内测前期、竞品测试和产品推入市场初期。可选取真实的场景，让用户进行自主体验，设计者和调研人员观察并记录用户的反应和 VUI 的表现。主要需观察如下因素：

① 用户如何进入一段对话（VUI 引导、入口设计）。

② 哪些对话辅助效果突出任务流畅（VUI 主动性、内容有用性）。

⊖ 宋星. 移动设备的用户行为数据如何追踪[EB/OL]. [2013-11-6]. http://www.chinawebanalytics.cn/how-to-track-users-in-mobile-platform/.

⊖ 网易杭州用户研究团队. 四个方面，从 0 到 1 解读眼动测试[EB/OL]. [2017-7-6]. http://www.woshipm.com/pd/710122.html.

③ 什么时刻用户感到迷茫或不耐烦（VUI 结合反馈形式、VUI 内容设计）。

④ 任务出错时能否及时修正（VUI 防错机制）。[⊖]

⑤ 在测后可以辅助问卷和访谈，以获取用户的主客观评价。

VUI 测试通常要与 GUI 测试（图形交互界面测试，主要观察应用程序上 GUI 元素是否符合操作规范或用户的使用习惯）相结合。

5.2 发现市场

发现市场的过程就是在未知的行业和领域如何将产品从 0 做到 1，并不断抓住市场中被人忽视的机会，逐步将产品从 1 进阶到 100 的过程，即依据调研数据评估市场、进行市场机会分析的过程。那么如何发现新的市场机会呢？现从洞察先机、细分市场、舍得与聚焦 3 方面切入详解。

5.2.1 洞察先机

对新媒体产品的策划和开发而言，通过调研了解互联网行业的现状，并洞察其未来发展趋势，才能力挽狂澜，"红海"变"蓝海"。

2016 年资讯类短视频应用梨视频上线，其创始人是原澎湃新闻 CEO 邱兵，团队核心成员也均是传统媒体人。彼时短视频行业风生水起渐成红海，娱乐类短视频占据了市场的大半壁江山，新闻资讯类短视频仍是蓝海。两年来，短视频特别是移动短视频行业呈现爆发式增长，据第三方数据机构 QuestMobile 发布的 2018 春季报告显示，截至 2018 年 3 月，短视频行业的用户规模已经达到 4.61 亿。在《未来，短视频新闻如何发展？》的报告中，李良荣教授认为当前中国的短视频主要呈现三方面特征：重娱乐，轻资讯；重流量，轻质量；UGC（非专业用户生产）多，PGC（专业用户生产）少。快手、抖音、火山小视频、西瓜视频、秒拍、美拍等一众全网渗透率较高的短视频应用均呈现出此特征。娱乐搞笑类、泛生活类、美食类、时尚类等垂直领域的短视频节目数量多，产出高，但用户规模增速放缓，渐从高峰滑落，与娱乐短视频市场的火热不同的是以新闻资讯为主的短视频发展的相对滞后，尤其是影响力大的新闻资讯短视频产品还较少。资讯类、质量上乘、品相较佳的短视频目前存在较大的缺口。[⊖]

邱兵及其梨视频团队在探寻短视频市场时就发现了这个需求缺口。基于广泛的市场调研，他们敏锐地洞察到用户有获取碎片化视频资讯的真正需求，这是个潜在的、有效的市场机会，而市场也验证了这一点。据第 42 次《中国互联网网络发展状况统计报告》：截至 2018 年 6 月，我国网络新闻用户规模为 6.63 亿，半年增长率为 2.5%，网民使用比例为 82.7%。其中，手机网络新闻用户规模达到 6.31 亿，占手机网民的 80.1%，半年增长率为 1.9%。梨视频的定位是资讯类短视频产品，这与娱乐性的短视频处于不同的细分领域，满足了用户的对优质新闻内容的需求。如梨视频制作的短视频新闻《黑心！实拍拼多多热卖

⊖ 于爽. 前沿探索：语音交互如何测试与评估[EB/OL].[2018-5-20]. https://mp.weixin.qq.com/s/pku7hn2EGD2XR2Oxafz-zw.

⊖ 李良荣. 未来，短视频新闻如何发展[EB/OL].[2018-10-19]. https://www.huxiu.com/article/267612.html?f=qq.

纸尿裤工厂》，曝光了生产劣质婴儿纸尿裤的黑作坊，被标成"一等品"的畅销纸尿裤实则是没有质量保障的三无产品。视频一上线，迅速刷屏，引起大众强烈关注，拼多多随后紧急下架散装纸尿裤，查封相关店铺。这则短视频新闻之所以引爆舆论，甚至引起行业震动，就在于其抓住了社会人的情感痛点。短视频新闻应选取与人们的日常生活直接相关的话题，新媒体产品的市场营销也要找准内容的流量入口。2018 年 10 月，梨视频与中广联合会共同组建"短视频户外媒体联盟"，建设新的拍客网络，将内容逐级下沉，打通线上线下的渠道壁垒。通过"中国 60 秒"项目，梨视频的内容可覆盖 23 个省、直辖市的公交、地铁、楼宇、机场的 29.3 万块终端屏幕，日均受众达 2 亿人次。

在梨视频之后，2017 年腾讯、阿里、今日头条、百度、360 所属平台也开始纷纷扶植、培育优质 PGC 内容的创作。中央电视台、新华社、人民日报社等专业的传统媒体机构均开发了新闻类短视频项目，以优质、专业的内容引领短视频行业的发展。作为先行者，梨视频的这波精准的用户需求洞察与市场预测无疑抢占了行业发展先机。

5.2.2　细分市场

市场细分是发现新的市场机会的重要方法。通过调研重新定义市场维度，为产品寻找差异化创新路径。

数据显示：2017 年中国网络经济营收规模达到 18433.9 亿元，同比增长 25.3%（见图 5-4），互联网产业复合增速数倍于传统产业。

图 5-4　2011—2019 年中国网络经济营收规模及增长率

注：资料来源：2018 中国传媒产业发展报告。

2017 年，互联网各产业的发展出现了新的模式和业态，互联网产业趋向精细化发展。随着互联网产业化进程的深入，精细化发展成为关键词，各个互联网应用平台根据用户使用场景的变化不断革新，向着垂直领域的精细化、专业化发展。例如，电商行业的互联网化根据用户需求的不同可以拆分出综合电商、海外电商、社交电商、拼购电商、品质电商等多个细分平台，而这些细分平台还可以继续向下裂变到更精细化的场景，这也是移动应用数量能保持持续增速的主要原因。此外，网络消费用户群体的分层趋势日益凸显，第 42 次《中国互联网网络发展状况统计报告》显示：一二线城市高收入年轻用户作为网络零售存量市场主要群体，更注重购物品质和消费体验，网易严选、盒马鲜生等品质电商、创新业态带动该用户群体消费升级；三四线城市中老年'长尾'消费群体成为网络零售市场新增量用户，社交平台通过低价拼团模式满足此类消费者价格敏感、消费升级的需求。

拼多多电商购物平台的崛起主要在于抓住了由收入差距造成的人们的购买力水平与消费意愿的市场痛点。在天猫、京东等传统电商巨头追求"消费升级"时，拼多多却将注意力放在"消费降级"上。我国居民收入的基尼系数自 2015 以来连续 3 年呈现攀升趋势，且一直高于国际通用的警戒线（0.4），这表明我国居民间的收入差距尚不在合理的区位。价格仍是普罗大众在购物时最为看重的东西，高性价比的商品是用户的直接追求。因此，那些绝对低价的商品有着极为广阔的市场需求。根据长尾理论，用户规模庞大，收入水平相对一般的用户才是商家服务的真正用户，与"高品质"商品相比，其所占据的市场份额甚至更大。拼多多的迅速崛起，正是在于敏锐地发现并抓住了这一大部分"长尾用户"的需求。

通过对市场的细分，企业集中力量于某个特定的目标市场，并重点经营一个主打产品，提供特定服务，自然可以孵化出产品的品牌价值和服务优势。互联网行业的精细化发展必然要求新媒体产品的精准投放，如何在小而美的领域找到自己的定位和方向，将品牌做精做大做强，充分的市场调研至关重要。

5.2.3 舍得与聚焦

发现市场并不等于一味做加法。市场无限大，而企业的规模有限，贪大求全反而会失去整个市场，有舍才有得。有时候要适当做做减法，聚焦实力、放大优势去抢占市场机会。

美图公司发文称，将从 2018 年 11 月 30 日起停止旗下美图美妆平台的运营。2017 年 3 月，美图推出电商产品美铺；同年 10 月，美图结合其大数据平台、自研的 AI 测肤技术，将美铺升级为美图美妆，为用户提供"AI 测肤—智能护肤品推荐—在线购买"的一站式美肤体验。美图公司 COO 程昱称，"未来我们更聚焦平台型业务，去连接和服务用户与商家"。这说明美图公司试图通过"美图美妆"平台拓展自营电商市场的尝试宣告失败。美图秀秀是美图公司最重要的产品，是以拍照为核心功能的工具类应用。工具类 App 的一个使命是为用户提高使用效率，而提高效率的一个含义就是在完成同样体量的任务，使用更少的时间。张小龙的"即用即走"就是最言简意赅的解释。而根据极光大数据在 2016 年 11 月的统计，美图秀秀的日均使用时间只有 3 分钟。[⊖]这就导致了其商业变现道路的曲折和尴尬。且电商平台竞争激烈，阿里、京东、小红书已占据了市场的大部分份额，与之相比，"美图美妆"缺乏核心竞争力。而美图公司及时根据市场需求调整策略，把实力聚焦于社交市场的延展也是明智之举。

聚焦可以凝聚品牌的核心竞争力，小而美的产品更易走进用户心理，小而精的市场目标更易达成。2009 年 8 月 4 日，人人网诞生，2010 注册用户就已达到 8000 万，而 9 年后

⊖ 晓通. 工具类 App 商业变现之路不好走，不信你看美图[EB/OL]. [2018-10-19]. https://xw.qq.com/cmsid/20181116A0B1KP00.

的 2018 年人人公司宣布以 2000 万美元将人人网社交平台业务相关资产出售予北京多牛互动传媒股份有限公司。人人网号称中国的 Facebook，曾经的中国社交网络鼻祖却早在几年前就已呈现颓势。人人网的转售与落败自然有深刻的时代烙印，但与其不满足于纯粹的社交目标，盲目扩大市场的战略不无关系。人人网与腾讯均是做社交起家，但明显的区别在于，腾讯深耕"社交"这个市场目标，在技术、产品上不断深挖，从 QQ 到微信，俘获海量用户后，再追求广度；而人人网则在社交之外，相继进入互联网金融、直播、二手车甚至区块链等领域，转售后，涉及的领域还要加上游戏、动漫、电竞、科技……⊖其实，社交是个小而精的产品领域，也是蕴含无限潜力的巨大市场，可惜人人网没有参透。

🠖 5.3　需求分析

发现市场机会后还需要了解用户的具体需求才能知道怎样策划产品、设计产品方案、运营用户、推广产品，最终把用户或流量变现。每天有无数产品问世，也有无数产品陨落，大多数产品从诞生起就是失败的，这其中一个重要的原因就是没有把握好用户需求，吸引不了用户。一款产品是否有人用，有多少人用，有多大的用途，很多时候取决于我们对用户需求的把握是否准确。需求把握精准的产品一上线即能俘获大量用户，若需求分析出现偏差，产品则无人问津，企业发展缓慢，浪费时间和资源。可见，精准、独到的需求分析在产品的调研环节至关重要。

现从什么是用户需求、如何获取用户需求、如何把握用户需求、从用户需求到产品功能四方面进行详解。

5.3.1　什么是用户需求？

对需求的理解和定义并不单纯在需求本身，而在需求之外，与人性的本质，与心理学、社会学、哲学等都有关系。需求是在特定的情境下对特定人特定问题的解决、特定需要的满足。

> 马斯洛需求层次理论并非是绝对的。它只是代表了一个由低到高，由物质到精神的人的发展与需求结构。很多事实表明，这些需求是以多种形态（并列、交叉、交替等）呈现在人的生存与生活中的。

用户需求本质来源于人的需求本质，根据马斯洛需求层次理论，可将人的需求分为生理需求、安全需求、社交需求、尊重需求和自我实现需求五个等级（见图 5-5）。

用户需求其实就是回答下面 3 个问题：你的产品为谁而做？解决了他的什么问题？你有提前去了解他的真正需求吗？

在做需求分析时，要明晰产品能满足用户的哪个或哪些需求层级，如果这种需求能满足人的根本需求，能追溯到人的需求本质，那么此类产品的潜在用户便是海量的，如果再能给予用户良好的使用体验，产品成为爆品的可能性便会大大提升。知识付费行业高速发展，喜马拉雅 FM、得到、知乎、在行一点等知识付费产品火爆的一个深层次的原因就在于触及并在一定程度上解决了人性本质需求中的尊重需求与自我实现需求。随着越来越多

⊖ 奇平. 评人人网转售[EB/OL].[2018-11-25].https://mp.weixin.qq.com/s/fhCSCbxNhxH4zgfmphbtxA.

的消费者步入中产阶层，他们的需求也从物质层面提升至精神层面，对于优质内容的获取欲望和对稀缺资源平权化的意愿越加明显，而知识付费类产品就满足了用户对知识的获取与分享、自我情感表达、意见领袖、自我价值的实现等多种诉求。

图 5-5　马斯洛需求层次理论

用户需求有直接需求和间接需求之分，抑或称之为显性需求与隐形需求。

用户痛点或痒点就体现为用户的直接需求，即"我要什么"，这一类需求也是"显性需求"。例如：我要在线淘到海外正品，我要在线自主选择观影票的座位，我要手机实时追踪外卖员的行进路线，我要能在喜欢的歌曲下面直接发表评论等，这些清晰的需求描述即为直接需求。

间接需求分两种：

一种是"潜在需求"，或叫隐形需求，用户有想法但并不明确、直接，需要引导和激发。如果要激发用户的潜在需求，则需要充分调研，深入了解用户才能开发出满足其潜在需求的产品。如很多效率型、改善型的产品都是对用户潜在需求的满足，比如拍照取字、智能搜索等扫描类的产品，将扫描仪的功能移动化、智能化，进一步满足了用户对文档的获取及管理方面深层次的需求，在此类型产品没出现之前用户只能靠人工将纸质文字输出成电子文档，而且大部分用户已经适应并接受了这种传统方式，但手机扫描类产品出现了之后大大提高了工作效率，甚至改善了人们的生活。可以说，对用户潜在或隐性需求的满足能够提升用户的生活质量。

另外一种是环境导致的需求，就是用户本来没有需求，因为受外在环境的作用和影响，用户生成需求或需求程度提升。比如近年来，社会环境中存在的不安全因素越发凸显，特别是女生在晚上打车或走夜路时对出行安全的需求变得极为迫切。在这种情况下，以"怕怕"为代表的定位防身类 App 应运而生，24 小时待命的人工客服团队、位置共享、视频求助等核心功能的设置把用户的安危放在第一位，满足了用户在特定情境下对出行安全的需求。

5.3.2　如何获取用户需求

体验是发现用户需求的根本途径。

1．直接体验

直接体验即把自己当成用户，只有这样才能了解产品、理解产品。在体验的过程中找到用户的痛点。但要尝试以重度用户、普通用户、新用户等不同身份的用户来体验产品，因为其对产品功能的认知和使用习惯是截然不同的，要避免以偏概全。

在产品的持续使用中发现需求。一个好的产品必然是经过了多版本的迭代和数次更新后，才逐步完善起来的。例如，微信的第一个版本，只有简单的文字聊天和通讯录功能，甚至没有语音对话。经过历次的产品迭代，不断汲取用户的需求反馈，到现在的微信版本，功能越来越复杂，用户体验也逐渐提升。语音输入、订阅号信息折叠、搜索聊天记录、收藏功能、语音转文字、聊天记录可以快速导入新手机、微信钱包设置手势密码等重要功能的更新都是基于用户在使用产品过程中萌生的需求。

2．获取间接体验

通过获取别人的体验结果来挖掘用户的需求。可通过如下途径获取：

（1）搜索引擎。通过在百度指数、站长全网指数查询等专业的数据分析平台搜索关键词，获取某一类型产品相关的需求分布，洞察用户的需求变化。

（2）用户反馈。通过用户使用产品后的反馈发现需求，除了周边人的直接反馈外，在App Store 中的用户评价、产品官网的用户留言或用户体验报告中均能有效捕捉用户的使用痛点。

（3）调查渠道。用户需求还可以通过用户访谈、问卷调查等渠道获得。

5.3.3　如何把握用户需求

需求分析的过程就是定义、筛选并探寻用户真正需求的过程。

需求从产生到被分析明了，会经历图 5-6 的漏斗模型。

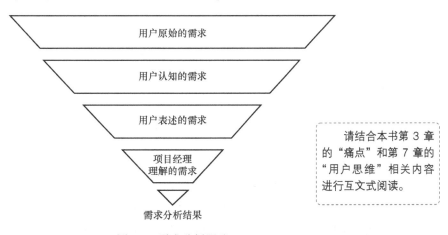

图 5-6　需求分析漏斗

从原始需求到用户认知到用户表述到项目经理理解的用户需求，再到需求分析结果的出炉，这一信息传播过程必然会受到诸多噪音的干扰。层层过滤之后，能否客观准确得出用户的真正需求让人存疑。产品设计的过程，需要考虑人的听觉、视觉、触觉等与人有关的特质，还可以外延至人的心理活动和社会处境。互联网产品，其实是社会学科的自然表达，这里的社会学科包括社会学、心理学等，因为人本身是感性的、主观的，但代码的实现过程则是逻辑的、严谨的。[一]这就需要以理性的态度深挖用户的真实想法，用产品追随人心。因此在进行需求分析时务必以理性、专业的态度对待之，具体要把握如下几点：

1. 倾听用户不等于盲从用户

在倾听用户需求时，如果有过强的代入感就会陷入用户的思维中，盲目认为用户以为的或用户表述的就是他们的真实需求，而我要做的就是满足用户的需求。

100 多年前，福特公司的创始人亨利·福特先生到处跑去问客户："您需要一个什么样的更好的交通工具？"

几乎所有人的答案都是："我要一匹更快的马"。

很多人听到这个答案，于是立马跑到马场去选马配种，以满足客户的需求。但是福特先生却没有立马往马场跑，而是接着往下问。

福特："你为什么需要一匹更快的马？"

客户："因为可以跑得更快！"

福特："你为什么需要跑得更快？"

客户："因为这样我就可以更早的到达目的地。"

福特："所以，你要一匹更快的马的真正用意是？"

客户："用更短的时间、更快地到达目的地！"

于是，福特并没有往马场跑去，而是选择了制造汽车去满足客户的需求。[二]

可见，用户的需求固然重要，但是单纯询问用户的需求并不能做出有创造性的新产品。

2. 用户想要的不等于真实需求

需要注意的是，用户想要什么和真正需要什么是不同的，用户的显性需求并不一定是他的真正需求。需要对用户需求进行深入挖掘和分析，探究用户的隐形需求和真正需求。诚如乔布斯所言："我们的任务是读懂还没落到纸面上的东西。"

当用户表达出"我想要某某产品或某种功能"的想法后，需要帮助用户分析有了这个产品之后，可以让用户去做什么，能达到什么样的或好或坏的结果，会对生活带来哪些影响，引发用户对真实需求的思考。

3. 不同阶段用户需求分析的侧重点不同

在产品的不同阶段，对用户需求分析的侧重点是不同的：前期，主要是找到垂直用户，获取其精准的产品需求，力求产品小而精；中期，着力于用户反馈，不断优化产品性

[一] 华仔. 需求定义：要先了解什么是用户需求[EB/OL].[2017-11-16].http://www.woshipm.com/pmd/849019.html.

[二] 朱海陵."要一匹更快的马"——读《乔布斯传》随感（2）[EB/OL].[2011-10-25].http://blog.sina.com.cn/s/blog_536a26a a0100xmz9.html.

能和用户体验，保证用户数量的稳步增长；后期，探究用户的深层需求，通过多方调研，逐步挖掘用户的潜在需求，进行产品版本的更迭。

用户的需求会随着用户的视角和市场环境的变化而不断变化，对用户需求的获取，要注重对用户需求变化的敏锐捕捉和动态把握。

用户需求并不是产品设计与开发的唯一依据。用户需求是用户从自身角度出发，以自己为中心的需求。用户出于自身考虑，对产品的功能和设计有自己的想法，但用户并不清楚整个市场行情和具体产品的定位、设计方案、开发成本和产品背后的研发逻辑。因此，用户的直接需求不足以作为产品设计与开发的直接依据。特别是诸如"我想要五彩斑斓的黑""我想要不填信息的注册""我想取消验证码环节"等此类的需求，更是应该被过滤掉的伪需求。对于部分用户甚至直接告诉你产品该怎样设计，以达到他所想要的结果。这时候，不论是产品经理还是市场调查专员都应该明确自身的职责，以专业视角汲取用户有价值的想法，去伪存真。

5.3.4　从用户需求到产品功能

需求分析就是从用户提出的需求出发，挖掘用户内心真正的目标，并转为产品需求的过程。而产品需求是提炼分析用户真实需求，并制定符合产品定位的解决方案。一个产品由需求引发，也止于满足需求。

知名自媒体人、阿里巴巴集团产品经理苏杰的需求分析的"Y 理论"就精妙解析了需求分析的过程，见图 5-7。

"需求分析"的过程就是经历图中的由"用户需求"到"产品需求"再到"产品功能"实现的过程。对此理论，苏杰做出如下解释：

图 5-7　需求分析"Y 理论"

"Y"的越上面越是解决方案，越下面越是背后的目的。"1——用户需求"，大多表现为用户的解决方案，往往是不好的，但好的"3——产品功能"一定是从用户需求转化而来，而不是凭空想出来的。所以说，"听不听用户"都是一个意思，更准确的说法是"听用户的，但不要照着做"。同时，也不要误解"创造需求"，你创造的只能是满足用户需求的解决方案——产品功能，而不是用户需求。

1→2，通过问"Why"，逐步归纳，2→3，通过问"How"，逐步演绎。过程中都要用到各种辅助信息，比如数据、竞品、行业等。把"2——产品需求"追溯到"4——马斯洛需求"的过程是可选的，画为虚线，只是为了这个理论的完备，如果感兴趣，每个产品需求总能挖到马斯洛需求的层面。"2——产品需求"的点如何选择，我们到底应该挖到那个层面上，作为产品需求，取决于公司和产品的定位。

在需求分析中把用户需求转为产品需求，就需要将产品功能和用户的真正需求一一对应。以旅行类 App 产品为例进行简析，见图 5-8。

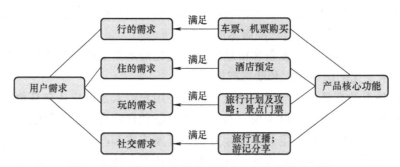

图 5-8　旅行类 App 产品核心功能与用户需求的对接

如准备去旅行的用户有出行的需求，那么在产品功能上就应设置"机票""火车票""汽车票"的购买入口；习惯对出行有所规划的用户在游玩信息的获取上有需求，产品就应提供景点介绍、旅行攻略等信息；同样，有旅行体验的用户有自我情感表达和社交需求，那么在产品功能上就可以设计"旅行直播""旅行笔记"等模块。只要是经过筛选和评估的符合产品定位的目标用户的需求，就可以在产品上设计相关功能模块与之对应。

"满足基本需求的产品"与"让用户尖叫的超预期产品"之间，区别就在于对用户动机的探究、对人性欲望的把握。需求分析，只是想离人性的本质更近一点。生活在信息大爆炸的时代，用户已不满足于只获取产品的基本功能，对单纯的营销模式也产生了免疫力，他们越来越注重产品能否带来附加的体验价值，能否在使用产品的过程中得到意想不到的享乐体验。雷军曾说：永远要做出能让用户尖叫的产品，做不出来我们就平庸了。⊖ "打造让用户尖叫的产品"已经深入到小米公司文化的骨髓里，正是基于对人性本质需求的精准把握，才能使小米生产出超越用户期待的产品。

5.4　竞品分析

除了市场分析、用户需求分析，竞品分析也是调研中验证产品方案准确与否的重要方法。市场有竞争，难以一家独大，产品如何在激烈的竞争中抢占先机、脱颖而出就必须了解竞品的情况。本节从为什么要做竞品分析、如何选择有效竞品、如何分析竞品 3 方面详解。

> 这个世界上似乎没有无竞争对手的产品，只要有市场，就会有利益的流动。

5.4.1　为什么要做竞品分析？

了解竞争对手是产品调研的重要一环，只有了解竞品、选取竞品、分析竞品才可以知道并弥补自己的不足，为后续的工作做指引，帮助规划自身产品路线，找准自身定位，避免高成本试错。

简而言之，竞品分析的目的是通过研究竞品的优、劣势及其用户定位，从而找出突破

⊖ 雷军：小米并非饥饿营销　很多人就是学不会[EB/OL].[2013-12-20].http://www.chinaz.com/visit/2013/1220/332092.shtml.

口，走差异化战略，争取到用户。在产品的战略层面，客观、细致、全面的竞品分析可以帮助企业找准产品定位，找到合适的细分市场。不做竞品分析、缺乏市场调研的策划只能是空中楼阁，仓促上马搭建，很可能陷入竞争残酷的"红海"而无法突围。在分析竞品优缺点的基础上取长补短，攻其软肋，避其锋芒，并能预测市场、规避风险。

在竞品分析前一定要明确的目的：我重点要分析什么？我到底想知道什么？带着明确目的进行竞品分析才能提高分析的价值和效率。竞品分析的主要目的为对比产品的市场前景、功能迭代、业务形态、数据表现、运营方法抑或交互体验，在进行具体分析时要有一定的侧重点。

5.4.2　如何选择有效竞品

1．获取竞品的渠道

（1）搜索引擎。在百度、必应、360 等搜索引擎平台输入产品关键词，可以了解到相关的有一定市场占有率或竞价推广的产品，但搜索结果常常鱼龙混杂，需要仔细筛选。如要做一款旅行类的应用，即可键入关键词"旅行 App"，百度就会推荐途牛、携程、去哪儿、马蜂窝等相关竞品和"十大旅游 App 排行榜"等资讯。

（2）咨询类平台。通过清博大数据、艾瑞资讯、艾媒数据报告、新榜、极光大数据等资讯类数据平台发布的相关新媒体产业报告了解行业的发展动态，发现优质竞品。

（3）应用市场。在苹果应用商店和腾讯应用宝、360 手机助手等各类安卓应用市场的下载排行数据中了解竞品。

（4）问答平台。通过在知乎、百度知道、悟空问答、腾讯问问等知名问答平台提问了解竞品的情况，获取间接信息。

（5）行业会议。通过参加相关新媒体领域的博览会、行业展会，与同行交流，了解行业的发展态势和竞争产品的一手信息。

2．选择竞品的角度

（1）定位基本相同的产品。选择核心功能、目标市场、用户群体相似度极高的产品，即直接竞品。如闲鱼和转转、美团外卖和饿了么、百度地图和高德地图基本属于此类。对直接竞品进行分析更利于产品优缺点的对比，但同质化的路线也易带来思维上的局限。

（2）产品类型和用户群大体相同，但满足用户的需求不同，不在同一个竞争赛道。如抖音短视频和梨视频同属短视频类应用，但一个主打娱乐，一个定位资讯，竞争关系不大。对这类产品的竞品分析可以多从产品推广的层面获得借鉴和参考。

（3）产品提供的部分服务和功能比较接近，但核心用户并不完全相同。这类产品的调研和竞品分析可以从产品的功能设计、业务流程、UI 设计等层面获得启发。如对猫眼电影与大麦 App 可以在移动购票流程设计方面进行竞品分析。

（4）产品定位不同，目标用户群有交叉，同一类用户的使用场景和使用时间存在竞争。如不同类型的但都适合用户睡前使用的应用，在调研分析时要抓准用户的需求、场景和深层次的使用动机，思考产品如何能为用户带来价值的提升。

5.4.3 如何分析竞品

1. 收集竞品资料

信息的搜集是竞品分析的重中之重，不同竞品资料的搜集渠道不同。

（1）行业现状：市场前景等信息的获取可从艾瑞咨询、艾媒数据报告、梅花网、199IT中文互联网数据资讯中心等平台提供的最新产业报告中获得。

（2）产品的基本介绍：版本迭代、用户规模、运营信息等基础信息可通过产品官网及其官方微博、微信公众号等新媒体平台、百科介绍、媒体访谈等互联网公开渠道搜集获取。

（3）产品的数据表现：包括下载量及排行、活跃用户数等数据可在微信数据报告、易观、酷传检索查询。

（4）产品的功能及用户体验就需要对竞品进行一定周期内的亲身体验。通过亲自体验了解产品的核心功能及业务流程，反馈对竞品使用的直观感受和交互体验，在体验的过程中可与自己的产品做对比，为未来的产品开发提供指引。此外，搜集其他用户的体验式评论也是不可忽视的渠道之一。通过掌握竞品的用户定位和用户体验，可以分析出用户的需求、痛点和该产品的可提升空间。用户体验的提炼并不局限于用户在使用产品过程中的交互体验，而是由用户使用产品时的单一场景、感受扩展为观照用户完整的生活场景和生活状态，充分掌握、理解用户的动机与诉求。

2. 竞品资料分析

将搜集到的资料进行进一步的筛选并有效归类。一般来说，竞品分析需要从行业趋势、用户定位、产品卖点、运营推广等几大方面展开，可细化为如下部分：

（1）行业现状与市场趋势。在整个行业的发展态势中把握竞品的走向。

（2）竞争企业的发展策略与竞品的市场行为。包括企业的成长历程、企业文化、产品理念等，通过企业的市场规划了解其产品战略、发展历程、发展愿景。

（3）竞品目标用户的特征与潜在用户。对目标用户进行画像，并分析其潜在用户群。

（4）竞品的数据表现。对比竞品的市场实际销售收入、市场占有率、用户规模、下载量等核心数据，分析竞品在当前市场中的地位。根据数据所展示的差距，有针对性地制定提升方案。

（5）竞品的功能特性和业务模式。产品提供的核心功能、特色功能是什么？哪些功能是用户最青睐的？满足了用户哪些需求？用户在什么场景下会使用这些功能？用户操作是否方便？通过对比，进一步分析竞品的服务流程和业务模式及其背后所需要的资源供给。

（6）竞品的 UI 设计。包括产品的交互体验和视觉效果等，要遵循从内到外的顺序进行分析，先分析竞品的内容架构，再分析交互设计，注意抓住竞品交互方面的细节亮点，加以借鉴，以优化自己的设计。

（7）竞品的卖点及劣势。通过亲身体验进行竞品对比，了解竞品的优缺点。

（8）竞品的市场行为和营销策略。通过分析竞品在不同新媒体平台的表现和数据，总结其推广渠道和运营方法。产品在不同阶段的运营方法是不同的，要对竞品的演化路径及运营策略进行动态收集。要着重分析竞品的市场行为，在竞品分析时要以发展的姿态分析产品在市场养成期、成熟期等不同时期的运营策略。

3. 输出竞品分析报告

一份完整的竞品分析报告大体包括：分析的目的、市场情况、行业分析、竞品选择、需求分析、竞品分析、归纳与结论、建议与对策等方面。分析者要有高屋建瓴的视野，综合考虑企业的商业模式、目标用户、目标市场、营销渠道等要素来评判产品及其功能设定。报告的行文要客观，结论的得出要有数据支撑，建议的提出要考虑到产品的差异化特征。

➡ 5.5　用户与市场数据分析

随着大数据时代的到来，数据已经成为改变一款产品甚至一家企业命运的利器。透过数据分析，我们能准确判断出用户的需求、痛点和消费喜好，并进行精准营销。

数据分析是指有针对性地加工、整理数据，采用统计、挖掘技术分析和解释数据的科学与艺术，这是一个信息价值的提炼过程。[⊖]其直接目的就是把隐藏在看似杂乱无章的数据背后的信息筛选出来，并探究其背后的内在规律。数据分析的终极目的在于驱动决策，系统、专业的调研分析能够帮助企业对用户的真正需求、对行业的发展态势进行预判和决策。

5.5.1　用户数据分析

做产品要有数据思维，并能依据数据分析用户行为，为企业决策提供参考，以数据驱动运营。

1. 用户基础行为数据的采集

网络数据爬虫技术是较常用的获取用户行为数据的方法。运用爬虫技术和新媒体产品的 API 接口进行数据抓取，通过抽样分析，可获得用户的基本属性信息和产品使用行为数据。如某网络视频产品的总体及单一视频的播放量、下载量、转发量；某 App 或公众号的文章总量、阅读量排名、点赞量等具体的数据都可以通过爬虫获取。当前主流的爬虫手段是用 Python 编程，但有一定难度。有代表性的不需要复杂编程的爬取数据工具有 Microsoft Excel、Google Sheet、you-get、神箭手云爬虫、八爪鱼采集器、后羿采集器、火车头采集器等。

2. 活跃度与留存率分析

如缺乏对产品定位的深入理解，单纯以获取数据为目的，在用户需求调研和产品推广中易产生"伪数据"。诸如为赠品扫码而来的用户数据仅代表 KPI 的虚假繁荣，带来的只是僵尸用户，并不能反映目标用户的真正需求。如学校或教师硬性组织学生下载的签到类应用，并不是目标用户的自发行为，在非自愿的产品使用中，用户的反馈易存在较多的负面信息，在进行数据分析时要区别于真实的用户需求反馈。

⊖ 国家新闻出版广电总局出版专业资格考试办公室.数字出版基础[M]. 北京：电子工业出版社.2015：205.

（1）活跃度。DAU（日活跃用户数）普遍被看作新媒体产品增长的标配指标。分析DAU要重点看数据的5个维度：绝对值、同比、环比、占比、趋势。

1）绝对值即日活跃用户数（简称日活数）。要明确日活数的增长并不一定是产品指标的增长，要综合考量外部机遇、市场环境等因素；反之，日活数不高，产品被用户偶尔使用，也不代表产品价值不大，没有可开拓空间。出行类、工具类等产品自带低频使用属性，但用户的每次使用都会产生很大的效用和价值，这时就不能唯DAU论。LinkedIn是低频度使用的范例——只有招聘人员和求职者才会每天都光顾这里——但在这上面产生了很多独特的数据，在这个病毒式增长数据库基础上你可以建立一堆的垂直型SaaS（软件即服务）公司。旅游产品，像AirBnb以及Booking等，消费者每年只会使用几次而已。普通消费者每年大概只旅游2次。但这个领域依然诞生了多家数十亿市值的公司。

2）同比主要为今年的数据同比去年的数据的增长与降低分析。环比一般是以周和月为单位进行数值的对比，可反映出新功能、新策略对市场指数的影响，以及不同使用时段后产品的用户留存率。同比和环比均是从时间维度考察产品的市场表现的。

3）占比主要是通过对比其他同类竞品的数据在广度上考察产品的市场份额。

4）趋势则是在一段时间内综合审视各项指标的变化，以反映用户的活跃度和产品的市场渗透率。

（2）留存率。在新媒体领域，获取新用户的成本要远远高于留住老用户。要延长用户的生命周期和价值，就必须要重视留存分析。留存率是从定量的角度评判用户黏性的指标，也是评判产品价值最重要的标准。留存用户和留存率反映了产品不同时期的用户访问频次，揭示了产品留住用户的能力。留存指标包括次日留存、7日留存、月留存、年留存，不同时期的留存率数据能反映出产品的使用效果和用户体验情况。在游戏类产品中，留存分析至关重要，只有准确捕捉玩家流失的时间和原因，才能通过产品的更新迭代挽留玩家。留存率计算及分析的软件工具主要有Google Analytics、Simply Measured、Iconosquare、Cobub Razor。

3. 搜索指数分析

运用百度指数或360指数等以海量网络用户数据为基础的大数据分享平台能快速获取热度趋势、把握用户的真实需求。如小米公司想了解用户对其推出的小爱AI音箱的期望值和反馈信息，可在百度指数中键入"小爱同学"关键词，即可获取搜索指数、需求图谱、用户画像等相关信息（见图5-9）。在需求图谱中，可以看到有很多网友询问"小爱同学与天猫精灵哪个好？"即可获知二者为竞品关系。

4. KANO 模型分析

KANO模型是东京理工大学教授狩野纪昭（Noriaki Kano）发明的对用户需求分类和优先排序的实用工具，以分析用户需求对用户满意的影响为基础，体现了产品性能和用户满意之间的非线性关系。

在KANO模型中，产品和服务的质量特性分为五类：

（1）基本（必备）型需求——Must-be Quality/ Basic Quality。

（2）期望（意愿）型需求——One-dimensional Quality/ Performance Quality。

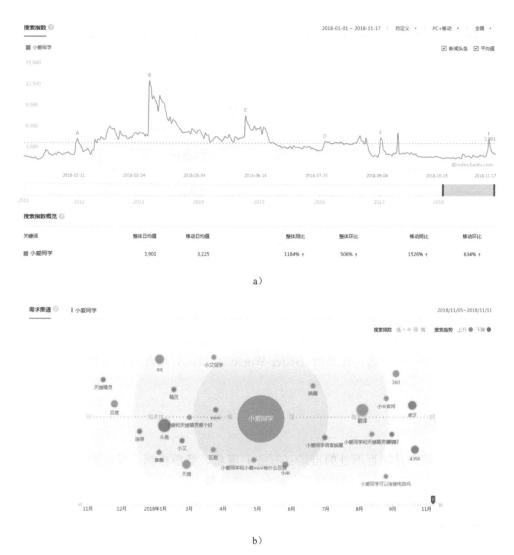

图 5-9　"小爱同学"百度搜索指数与需求图谱

a）搜索指数　b）需求图谱

注：数据来源：百度指数。

（3）兴奋（魅力）型需求——Attractive Quality/ Excitement Quality。

（4）无差异型需求——Indifferent Quality/Neutral Quality。

（5）反向（逆向）型需求——Reverse Quality。

不同的需求属性与用户的满意度关系密切，见图 5-10。

根据 KANO 模型，当产品具备基本（必备）属性，不会提高用户的满意度，但如果基本属性都达不到，用户的满意度会下降；当产品具备期望（意愿）属性，用户的满意度会有一定程度提升，若没有达到用户的期望值，用户会失望，满意度下降；当产品满足了用户未曾想到的兴奋（魅力）需求，即所谓的"让用户尖叫的产品"满足了用户的潜在需求，用户的满意度会直线上升，若没有满足，用户因没有希望也不会失望，满意度不会下降；当产品具有反向属性，逆用户需求而行之，必然会造成用户流失，满意度下降。

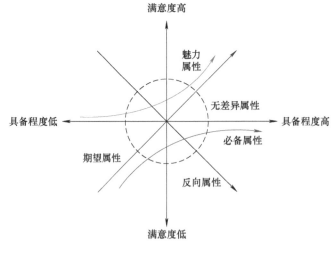

图 5-10　KANO 模型

　　KANO 模型分析通常采用问卷调查的形式进行，针对五类需求等级设置问题及答案，进行数据清洗后统计百分比，计算出 Better-Worse 系数，并据此进行用户需求分类和优先排序。

5.5.2　行业分析

　　通过调研了解产品项目所处的市场（行业）现状、竞争格局、发展趋势，能有效建立全局概念，为产品开发和企业的市场拓展提供预判依据。

　　具体的行业分析方法包括：

1. SWOT 分析法

　　SWOT 分析法（也称 TOWS 分析法、道斯矩阵）即态势分析法，20 世纪 80 年代初由美国旧金山大学的管理学教授韦里克提出，经常被用于企业战略制定、竞争对手分析等场合。SWOT 分析实际上是将企业内外部条件各方面内容进行综合和概括，进而分析组织的优劣势、面临的机会和威胁的一种方法（见图 5-11）。

　　现具体分析：

　　优势与劣势分析（SW）。优势与劣势分析的是企业的内部因素，企业要明确自己的竞争优势与劣势所在，包括在品牌形象、产品战略、研发技术、营销渠道、产品价格、市场份额、广告投入、产品成本、财政来源等层面的企业内部的竞争优势和潜

图 5-11　SWOT 分析法

在的资源弱点。

机会与威胁分析（OT）。机会与威胁分析实质上是对企业的外部环境进行分析。机会即环境机会，如产品所在领域的利好政策、新的市场机会、新技术的出现等。环境威胁是指不利于企业发展的外在挑战，包括新的强势竞争对手、替代产品增多引起销售下降、贸易政策的变化、市场紧缩、人口与环境的变化等。

SWOT 分析可以帮助企业合理分配资源，并以此为参考制定拓展型、防御型、扭转型等多种发展战略。此外，通过运用 SWOT 分析行业现状也可指导产品开发及产品运营。

以医疗健康领域的移动新媒体发展现状为例进行简要的 SWOT 分析：

（1）Strengths（优势）。移动医疗健康平台能为用户提供更加便捷的在线服务。用户通过移动终端可以随时随地获取医疗信息及相关的就诊服务，且由于医患双方交互模式的虚拟性，用户信息能得到较好保护。例如：丁香医生坚持为不同类型的用户服务，推出"丁香妈妈""健康头条""偶尔治愈""丁香心理""丁香食堂"等十多个微信矩阵号；好大夫在线号称"能找到 19 万公立医院医生"，解决的是专家挂号和问诊问题；春雨医生由公立医院的医生解答用户的问题，提供医疗在线健康咨询服务；爱康啄木鸟从基层医疗体系出发，为用户提供"家庭医生+专科医生"的 O2O 分级医疗服务方案。

（2）Weaknesses（劣势）。移动新媒体医疗产品的服务功能有一定局限，医生注册实名认证体系还不健全，以致部分医生资质和个别医疗服务机构新媒体账号的资质存疑，如有部分用户反馈"好大夫在线"的预约挂号功能并不被部分实体医院所承认；医保支付的功能还没有普遍覆盖；医疗服务质量良莠不齐，优质医疗条件、权威专家医生的在线服务资源稀缺。

（3）Opportunities（机遇）。目前，我国医疗资源的分配尚不均衡，移动在线医疗服务能在一定程度上缓解百姓看病难的问题。移动互联网的发展带来了医疗自媒体的繁荣，"互联网+医疗"已成为医疗卫生行业的发展趋势。移动医疗技术的进步为 App、微信等新媒体医疗服务模式的发展提供了新的时代机遇，其用户规模逐年上升。

（4）Threats（威胁）。职能部门的管理还不够健全，移动医疗服务模式的发展尚缺乏政府各相关部门的合力监管，致使部分移动医疗健康企业的新媒体平台广告量过大，以扩大宣传、追逐利益为目标。个别医疗自媒体平台还擅自利用用户个人信息进行广告推送，存在侵权行径。

针对如上分析，在医疗领域打造移动新媒体产品需要塑造可信赖的健康服务平台的品牌形象，寻求多方合作，催生行业发展合力。

2. 波特五力模型

波特五力模型是迈克尔·波特（Michael Porter）于 20 世纪 80 年代初提出的，对企业战略制定有深远影响。用于竞争战略的分析，可以有效地分析客户的竞争环境。五力分别是：供方的议价能力、买方的议价能力、潜在竞争者进入的能力、替代品的替代能力、行业内竞争者现在的竞争能力。五种力量的不同组合变化最终影响行业利润潜力变化（见图 5-12）。波特五力模型是对微观环境的分析应用，企业制定的发展战略应正确评估这五种力量，以此分析市场的竞争态势。但波特五力模型要求企业对有效信息的全面掌控，且更强调企业之间的竞争关系，有一定实现难度和局限性。波特五力模型最重要的作用就在于让企业明确产品的竞品有哪些，以便提前做好对策。

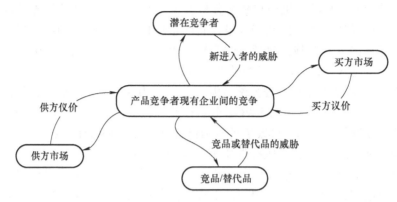

图 5-12 波特五力模型

（1）供方的议价能力。企业与供方之间其实是一种隐形的竞争关系。材料来源、供货渠道及双方的实力决定了供方的角色，供方的讨价能力越弱，企业就越能获取对自己有利的价格。

（2）买方的议价能力。购买群体定位、购买意愿、购买量、产品价格、产品的可替代性等因素影响了买方的讨价能力，产品若要降低购买者的讨价能力，就需要提升产品品质，提高用户黏性。

（3）潜在竞争者进入的能力。潜在竞争者进入的威胁主要取决于进入障碍，而进入障碍又分为市场性和非市场性。市场进入障碍是指产业竞争条件下的一个壁垒，非市场进入障碍则是指政府管制造成的壁垒，如政策及法律条文等。[⊖]对潜在的新进入者，品牌产品要强化自己的优势，为用户提供增值服务。

（4）替代品的替代能力。功能相同或相近的替代品是否能形成威胁，取决于其产品性能、价格、成本及用户的偏好等因素。面对替代品的竞争者，要有"产品可替代，体验难复制"的思维理念，对产品不断做加法，以更好的体验留住用户。什么是好的体验？好的体验是流畅，不需要太多注意力，不用纠结选择并能提供即时反馈。在消磨时间的目的下，具有以下特征更有可能成为好的体验：给予消费者控制感、归属感、惊喜感、仪式感、高社交价值以及好的结尾。微软的操作系统因其强大的核心技术和不断提升的用户体验，难以被其他操作系统取代，使其占有稳定的市场和较大的市场份额。百度云盘有其产品优势，空间大，支持各类文件同步，但其几 KB 的下载速度一直为用户所诟病，因此，能给予用户流畅上传下载速度的网盘产品必然会对百度云盘形成威胁，目前，微软的 OneDrive、DropBox 是潜在的替代品。

（5）行业内竞争者现在的竞争能力。面对同行业的直接竞争者越来越多，产品逐渐趋同的局面，企业要走差异化战略，去探究新的市场领域。如蜜芽网定位于"进口母婴品牌限时特卖商城"，专注于母婴这一垂直领域，走差异化定位路线，有别于淘宝、京东等综合性的电商平台。

⊖ 康韦. 做企业就是做市场[M]. 北京：金城出版社，2018：69.

3．PEST 分析

PEST 是从政治（Politics）、经济（Economic）、社会（Society）、技术（Technology）4 个层面进行的宏观环境分析，可以帮助企业厘清所面临的机遇和风险，把握宏观环境的现状及行业的发展趋势，也可用于产品深度分析（见图 5-13）。

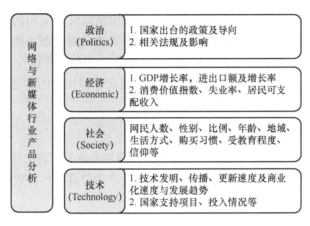

图 5-13　PEST 分析

5.6　用户增长与市场拓展

调研数据能反映出产品的市场份额及未来的发展方向。扩大市场份额是企业发展的目标，而市场拓展的速度是市场份额提升的关键因素。那么企业该如何开拓市场并实现用户增长呢？下面从微观的用户增长策略和宏观的市场拓展原则进行阐述。

5.6.1　用户增长策略

新媒体产品的竞争本质上是争夺用户。在保证产品品质、满足用户核心需求的前提下，可通过如下方法带动用户增长。

1．用户邀请

实践证明，邀请手段是有效的用户增长策略。邀请可以层层分级，通过用户获取用户，以用户影响用户，以关系链的传播实现用户金字塔模式的增长。分享红包是一种有奖邀请，在用户完成支付的时候就会弹出红包分享页面，"关注+分享 好运无可阻挡！""分享好友 立得现金红包"等文案极具吸引力。支付宝、拼多多、小红书、美团等交易类的产品都设置了此功能。

规范的用户邀请机制也会带来忠诚用户的增长。导购型 App 花生日记通过注册邀请码的机制招募代理，扩大用户圈，以利益驱动用户增长。

2．微信系用户裂变增长

微信生态圈的公众号、小程序、微信群均与用户有直接的关联，可以实现用户的裂变涨粉，尤其是小程序的出现，激活了微信生态流量。微信小程序有很多权限、接口，可用作用户导流的有效工具。以拼多多为代表的拼团类应用、以网易 H5 为代表的 H5 测试类产品、以最强弹一弹为代表的复活类小游戏都通过小程序等微信系渠道收获了用户裂变增长。

3．用户补贴

支付宝与微信的红包大战、美团与饿了么的通用满减红包采用的都是以补贴留住用户的方法。今日头条补贴内容创作者的方法使其稳固了在自媒体市场的龙头位置。趣头条规定"各大应用市场下载趣头条 App，新用户注册即送 1～10 元红包"，此外还持续向用户发放补贴，其"看资讯 赚零花"的营销策略与用户建立了强相关的利益链。这种模式让上线不到 2 年的趣头条的日活用户量超 1000 万。

4．产品更新

产品不断推出新功能是把双刃剑，不符合市场预期的更新可能会造成用户流失，而产品优化会带来用户的增长。让人惊艳的功能更新自然会产生口耳相传的效应，带动用户增长。

5.6.2　市场拓展原则

这部分以下面的案例进行分析阐述。

案例 1：2016 年 6 月，腾讯以 86 亿美元收购芬兰手游开发商 Supercell 公司，这一重大的商业举措的背后彰显了具有庞大用户基础的腾讯布局移动游戏帝国的野心，也体现了腾讯对 Supercell 开发游戏的日活数据及其市场拓展的综合考量。截至 2017 年 10 月，Supercell 只开发了《部落冲突》《海岛奇兵》《卡通农场》和《皇室战争》4 部游戏。Supercell 公司 CEO Ilkka Paananen 透露，目前 Supercell 旗下游戏的 DAU 仍超过 1 亿，也就是说，地球上每 60 个人中就有一个是其游戏玩家，活跃用户平均每天登录游戏的次数在 8 次左右，这样高的活跃度在业内是非常少见的。而 Supercell 上一次提到 DAU 破亿，是 2016 年《皇室战争》发布之后正如日中天的时候，一年多没有新作仍能保持这样的记录，充分说明了其游戏玩家的留存率之高。截至 2016 年底，腾讯旗下手游的 DAU 也是 1 亿，而 Supercell 仅靠四款游戏就达到了如此之高的用户量级，足见其市场开拓的潜力。⊖

案例 2：在 2018 年爱奇艺世界·大会"次元、生态、创新——动漫产业高峰论坛"上，爱奇艺高级副总裁耿聃皓表示，爱奇艺已全面构建起包含轻小说、漫画、动画、二次元直播、二次元社区在内的泛二次元娱乐矩阵，计划通过"轻春联盟""晨星计划"及"苍穹计划"，加强与产业链各环节的合作联动。同时，爱奇艺面向泛二次元用户推出"FUN 会员"，提升泛二次元产业的商业价值。

作为一家视频播放平台，爱奇艺的强势突围得益于其精准独到的市场定位和不断拓展的市场版图。其泛娱乐化商业帝国中除了传统的视频业务外，还囊括了动漫、游戏、音

⊖ 手机游戏企业动态. Supercell 四款游戏 DAU 赶上了腾讯所有游戏总和：腾讯 86 亿美元并购赚了[EB/OL].[2017-11-6]. http://www.gamelook.com.cn/2017/11/308994.

乐、商城、文学、直播等内容。

案例 3：喜马拉雅 FM 副总裁李海波认为 4.7 亿的用户、日均使用时长 128 分钟还远远不够，喜马拉雅要从场景上扩展用户的使用时长。

2017 年 6 月，喜马拉雅 FM 推出了一款智能音箱小雅，这是一款语音交互的音箱产品，它可以和喜马拉雅的内容库打通，绑定账号后可以自主播放喜马拉雅的音频内容。目前，这台售价 999 元（送两年喜马拉雅 FM 会员）的硬件产品在 5 个月里卖出了近 20 万台，李海波透露，小雅 80% 的播放内容为亲子类内容，在这个硬件上，喜马拉雅 FM 的平均单日用户停留时长从 128 分钟增加到了 3.5 小时。但小雅并不是喜马拉雅 FM 硬件计划的全部，未来，硬件将成为和内容具有同等价值的业务。

产品使用场景的拓展必然会提高用户的黏性，也等于用户规模和市场份额的增长，李海波和喜马拉雅 FM 参透了这一点。

案例 4：今日头条和抖音是张一鸣的两张王牌，不仅如此，依托强大的内容资讯平台和一系列短视频龙头产品，今日头条在国内的商业版图已扩张至社交、图片、人工智能、电商、房产等诸多领域。今日头条教科书般的增长，离不开决策者对市场的精准把握和强大的产品生产能力及运营、推广能力。2017 年今日头条全资收购北美知名短视频社区 Flipagram 和音乐短视频平台 Musical.ly。2018 年抖音的海外版 TikTok 多次登上美国 App Store 或 Google Play 排行榜首位，一度超过 Facebook 和 YouTube 成为月下载量最高的 App。这说明今日头条的短视频产品已经将触角延伸至互联网高度发达的北美地区，国际化是今日头条市场拓展的方向，海外用户占比达到 50% 是张一鸣的目标。

案例 5：2018 年 4 月 1 日，网易云音乐与亚朵联手打造的"网易云音乐·亚朵轻居""睡音乐"主题酒店在成都开业，这次网易云音乐为用户带来的体验是一种沉浸式的独特的音乐氛围体验。这说明网易云音乐将产品内部特色鲜明的乐评文化，移植到了公众环境中；而自带距离感的互联网文化，也在这种具象化的表现形式下带给人们全新的体验。⊖自 2013 年 4 月上线以来，经过 5 年的飞跃式发展，历经冷启动、规模化增长阶段，网易云音乐早已过了宣传"我是谁"的品牌曝光期，面对类似音乐产品的同质化发展，网易云音乐的发展已着力于探索产品新的驱动点，以满足不断成长的用户群的需要。网易云音乐让泛娱乐生态布局逐步正式地具象化参与市场的运作。网易云音乐让"互联网思维""互联网内容"的重点落在"思维""内容"上，在消除工具带来的特殊性后，尽可能地寻找线上和线下的共通"价值"：乐评墙的情绪输出、黑胶陈列柜的信息传递、网易云音乐周边陈列的价值交换，也就成了那些"偏概念""偏情绪"产品的最好模板。可以说，网易云音乐从单一的音乐产品到以更多巧妙的策略，让音乐逐渐融入人们的衣食住行，其市场版图的扩展很好地诠释了由关注用户单一的产品使用场景扩展为观照并解锁用户完整的生活场景的产品晋升路线。

⊖ 互联网指北.网易云音乐想让你用上自己的"兴趣"[EB/OL].[2018-4-4].https://baijiahao.baidu.com/s?id=1596820879 112352580&wfr=spider&for=pc.

从上述案例中可以窥探到哪些市场拓展的奥秘呢？市场拓展没有标准答案，但成功的市场拓展必然有共同的原则可提炼：

（1）市场拓展方向的规划和实施必然以广泛的调研为前提。企业在进行市场拓展前需基于调研数据分析自身的资源和竞争力、行业的发展现状、用户的需求偏好、竞品的市场情况，并以此为依据制定具体可行的实施战略。没有经过充分调研的、盲目的市场拓展必然会导致产品布局不合理、市场发展不均衡、竞品冲突太激烈等不良后果。市场拓展要建立完整的数据库，包括新市场的动态、用户的使用习惯、已有产品的分布状况、竞争对手的盈亏情况、营销渠道等，并据此分析本产品是否符合新市场及在新市场的销售潜力，以在与用户谈判时占据主动。

（2）稳健的市场拓展要建立在核心市场已占据绝对优势和稳固地位的基础上。对于今日头条商业版图的扩张、多元化领域的尝试及其海外市场的布局，如果没有今日头条和抖音两大流量集群地做后盾必不会有如此成效。

（3）市场拓展要有抢占黄金市场的魄力和洞察力。得到、知乎、荔枝 FM、喜马拉雅 FM、蜻蜓 FM、企鹅 FM 同为内容付费类音频产品，但唯有喜马拉雅 FM 瞄准了智能硬件市场，通过播放体验上的优化和场景化的衍生去提高用户的使用黏性。能带来用户体验大幅优化的领域必然是有拓展价值的黄金市场。

（4）市场拓展要创造聚合效应。爱奇艺广泛布局泛娱乐化商业版图、腾讯将移动游戏IP 尽收囊中、今日头条打造五大短视频产品矩阵（西瓜视频、抖音短视频、火山小视频、Flipagram、Musical.ly）、网易云音乐的沉浸式泛娱乐生态布局均是通过市场版图的拓展巩固实力、聚合商业资源，从而产生规模效益的。

【思考与练习】

1. 策划一款以大学生为目标用户的校园 App，并对其进行市场调研，撰写调研报告。

2. 在新媒体应用中任选某一领域，选择 3~5 款竞品进行对比分析，并思考此市场领域是否还有可开拓的潜力。

3. 请以某一个互联网企业为例，以时间轴的形式展现其产品矩阵的更迭变化及市场拓展路线，并尝试分析其背后的商业逻辑和未来发展趋势。

第6章

观念与故事：新媒体产品策划的内功

一个组织的建立，是靠决策者对价值观念的执着，也就是决策者在决定企业的性质、特殊目标、经营方式和角色时所做的选择。通常这些价值观并没有形成文字，也可能不是有意形成的。不论如何，组织中的领导者，必须善于推动、保护这些价值，若是只注意守成，那是会失败的。总之，组织的生存，其实就是价值观的维系，以及大家对价值观的认同。

——菲利浦·塞尔日利克（Philip Selznick）

你的时间有限，所以不要为别人而活。不要被教条所限，不要活在别人的观念里。不要让别人的意见左右自己内心的声音。最重要的是，勇敢地去追随自己的心灵和直觉，只有自己的心灵和直觉才知道你自己的真实想法，其他一切都是次要。

——史蒂夫·乔布斯（Steve Jobs）

将来，只生产实用产品不足以吸引客户。我们必须创造故事或传说，以体现产品超越实用的价值观。如今，故事可以缔造我们的感受，驱使我们购买某个产品，这就是大势所趋。

——罗尔夫·詹森（Rolf Jensen）

越具有心理替代性的故事性事实（各种成功者、英雄母题、撒旦母题、大团圆母题等），越具有新闻价值。

——陈力丹

关键词

故事　观念　品牌　共赢

本章要讲的内容有 3 个，凝练为关键词即观念、故事和品牌。

这 3 个关键词都是新媒体产品策划不可缺少的无形力量或资产。观念与故事体现了新媒体产品策划者的内在功力，品牌则是新媒体产品背后的内在精神的外化、概念化、资源化。没有优质的超前的产品策划观念，便不会产生优秀的新媒体产品；不会讲故事的产品经理，也无法在文化和价值层面得到用户的认可与青睐；不能够形成品牌效应的产品，便没有持久的市场竞争力与稳定的用户影响力。观念、故事和品牌的生成，都不是轻而易举或一蹴而就的。

简单来说，观念是一种普遍的价值。观念体现在某个个别产品身上，就意味着这个产品具有了一种普遍的价值，从而这个产品便有了被普遍的受众认可的可能。例如，微信这款产品的观念是"一种生活方式"。微信代表了一种全新的被普遍认可的网络沟通方式。故事代表着一款产品的文化内涵。一个好的故事，能够让产品具有一种历史感、一种文化感，甚或一种人格力量，例如，淘宝网的创业故事。品牌则是产品全部价值与内涵的概念化。产品一旦品牌化，就意味着具有了固定的价值与内涵，意味着产品具有了值得信赖的资本，意味着品牌能够成为一种无形的传播力与吸引力。认清三者之间的关系，有利于我们深入把握每一个关键词的内在含义和生成思路。

➡ 6.1 观念：观念不只是一行标语

观念不只是一行标语，更不是几句口号。在新媒体产品策划过程中，我们强调理念，理念是指在产品研发过程中的思路及想法。而在产品理念产生之前，我们又必须拥有正确的观念。

观念即思想，观念即理念。有什么样的观念，就会打造出什么样的产品。新媒体产品策划一定要有如下观念：大局观念、内容观念、用户观念、创新观念、工匠观念、效益观念、共赢观念。

> 本节内容可以与本书第 8 章中的"理念"相关内容进行比对阅读。二者可以看作一个问题的两种思考方式和角度。我们必须要理解"观念"为何物。所谓"观念"是一种意识形态或思想的表述，是具有系统性的观点和思想。"观"可以看作认识事物的方法；"念"可以看作一种思想的集合。本节所言的 7 种观念，并非是观念本身，而是讲观念的切入角度和观念的生成土壤，这是必须要说明的。

6.1.1 大局观念

新媒体产品策划人首先要有大局观念。何谓大局观念？对我们这个时代而言，就是产品要服务大众，传播知识和正能量，扬清激浊，为营造风清气正的社会风气服务。新媒体产品属于文化产品，策划文化产品要做到"以科学的理论武装人，以正确的舆论引导人，以高尚的精神塑造人，以优秀的作品鼓舞人"。2016 年 2 月 19 日，党的新闻舆论工作座谈会上谈到"新闻舆论工作各个方面、各个环节都要坚持正确舆论导向。各级党报党刊、电台电视台要讲导向，都市类报刊、新媒体也要讲导向"。

2018 年 4 月，国家广播电视总局在督察"今日头条"网站整改工作中，发现该公司组织推送的"内涵段子"客户端软件和相关公众号存在导向不正、格调低俗等突出问题，引发网民强烈反感。为维护网络视听节目的传播秩序，清朗互联网空间的视听环境，依据相关法规的规定，总局责令"今日头条"永久关停"内涵段子"客户端软件及公众号，并要求该公司举一反三，全面清理类似视听节目产品。

在新媒体日新月异、风头正劲的当下，关停"内涵段子"对新媒体行业释放出的一个重要信号是，进行新媒体产品策划，传播内容时必须要有大局观，要和国家的政策导向相一致，产品的技术再强大，如果偏离了主流方向，不尊重公序良俗，就会被大众所厌恶，甚至淘汰。因此，新媒体产品策划者要时刻想着：不能靠低俗、谣言、色情、暴力等内容吸引流量和粉丝数量，不能娱乐至上、一切"向钱看"，更不能打法律的擦边球，否则就只会自毁前途。

2018 年 11 月 10 日中央电视台《焦点访谈》节目以"自媒体 要自律不要自戕"为题，归纳了自媒体的六大乱象：低俗色情、标题党、谣言、黑公关、花钱购买阅读量、伪原创。节目中对自媒体的乱象进行了严厉的批判：自媒体时代，似乎人人都有麦克风，人人都能当记者。在这股自媒体的洪流中，我们面对的不只是各种信息、各种观点、各种分析，还有谣言、攻击、谩骂，以及各种鱼龙混杂的信息。一些自媒体从业者为了吸引流量，夺人眼球，追求"10 万+"，用上了各种手段：有的编造内容，有的使用惊悚标题，有的抄袭别人的原创文章，有的甚至发布低俗、色情的内容，无所不用其极。

继 2018 年 11 月 12 日国家网信办约谈腾讯微信、新浪微博之后，14 日下午国家网信办又集体约谈百度、腾讯、新浪、今日头条、搜狐、网易、UC 头条、一点资讯、凤凰、知乎等 10 家客户端自媒体平台，就各平台存在的自媒体乱象，责成平台企业切实履行主体责任，按照全网一个标准，全面自查自纠。国家网信办在约谈中，要求各平台立即对平台自媒体账号进行一次"大扫除"，坚决清理涉低俗色情、标题党、炮制谣言、黑公关、洗稿圈粉，以及刊发违法违规广告、插入二维码或链接恶意诱导引流、恶意炒作营销等问题账号；同时，要坚持标本兼治、长效治理，采取有力有效措施清存量、控增量，全面清理僵尸号、僵尸粉，修订账号注册规则，改进推荐算法模型，完善内容管理系统，健全各项制度，坚决遏制自媒体乱象。⊖

6.1.2　内容观念

新媒体产品要吸引人，就要有好的内容。何为好的内容，众说纷纭，没有固定的标准。有的内容能够让人产生共鸣，有的内容可以传递某一领域的最新消息，有的内容可以提供有价值的研究成果，有的内容可以方便用户及时搜索到他们感兴趣的东西，有的内容甚至是仅仅提供让用户开怀一笑的娱乐途径……

内容观念要强调产品和用户之间的黏性。如"罗辑思维"公众号就特别注重这一点，有黏性。罗振宇希望用户看到他自己的产品内容，能让用户变得更好。有网友评价"罗辑思维"的罗振宇，说他"像个神探，更善于挖掘整合历史的细节碎片，从一般人不注意的蛛丝马迹中找出想要的东西，更可贵的是在此基础上的独特角度的深度思考，一路趣味盎然甚至不乏悬念地讲下来，最后落脚的却是大家天天讨论的身边问题"。的确如此，请看下

⊖ 中国网信网. 国家网信办约谈客户端自媒体平台 主体责任不容缺失[EB/OL].[2018-11-16].http://www.xinhuanet.com/politics/2018-11/16/c_1123725639.htm.

面"罗辑思维"微信公众号的一篇短文。

话说战国时期有一桩悬案。荆轲刺秦王的时候，需要带一个助手。他找来找去，找到了燕国的秦舞阳。

为啥找秦舞阳呢？据说他 13 岁当街杀人，满街的人都不敢看他一眼。你想，这得有多大的杀气。

> 在传媒领域，一直有一个观念——"内容为王"。内容是否为王，事实摆在受众和媒体人面前，已不需要争辩。

可是，等到荆轲带着秦舞阳见到秦王的时候，秦舞阳"色变振恐"，吓得尿裤子了。奇怪，原来挺有勇气的一个人，怎么事到临头却畏怯退缩了呢？

司马迁很有意思，他在《史记》中的另外一个地方留了条线索。

原来秦舞阳是燕国大将秦开的孙子，这就好解释了。他 13 岁当街杀人，是因为他家有权势，不是因为他有勇气。

当他见到秦王这个全天下最有权势的人时，才知道别人的权势是真的，自己的勇气是假的，于是就吓坏了。

你看，一个人因为什么欺负人，就一定会因什么而被欺负。

从上面的短文可以看出，确实如网友所说的那样，罗振宇善于挖掘知识，善于思考和整合知识，更善于以知识引发读者的思考，启迪读者，这样的产品内容当然是有黏性且吸引人的。

6.1.3 用户观念

所有的产品都是服务于用户的，新媒体产品也不例外。策划新媒体产品时，不牢固树立用户观念，是无法在严酷的市场竞争中立足的。因此，优秀的策划人都会以用户需求为导向，不断地完善自己的产品。

"今日头条"是一款基于数据挖掘的推荐引擎产品，"头条产品"之所以火爆，很大程度上是因为其产品设计抓住了大批用户的心。"头条号"支持新媒体领域几乎所有内容体裁，用户创作的文章、图集、短视频都可以在上面找到一席之地。另外，开通"头条号"，该产品将智能推荐与粉丝推荐相结合，实现多个产品的全平台信息共享、粉丝互动，极大地调动了用户的参与热情。

豆瓣对用户充分尊重，他们不唯利益，不唯流量，追求简单、质朴的运作模式，单位内部没有专门进行网站评论的编辑，也不请特约评论员，拒绝各种人为因素干扰社区内热点排名、评分的做法，不采用多数社交网站盈利惯用的追热点、导流量、竞价排名等方法，而是以用户为中心，让用户充分发表自己的见解，给相关产品以合理评论，从而做出较为正确的决定和产生相对理性的认知。正因为处处以用户为中心，让用户做产品的主人，豆瓣逐渐受到了广大用户的信赖。

《人民日报》在党的十九大期间曾推出《史上最牛团队这样创业！》短视频。视频使用文字快闪、闪卡动画、弹幕等元素，搭配"超燃"的音乐，在短短 1 分 44 秒的时间内回顾了中国共产党的创业史，言简意赅地讲述了这支"中国最牛创业团队"是如何从 13 人的"小船"发展到 8000 多万人的大党，并创意性地总结这支团队的"创业秘笈"：善于创新，不忘初心等。视频最后回答了"中国共产党是什么样的政党""中国共产党为什么能"的问题。用户看到这个推送标题的时候，首先是好奇究竟什么样的团队称得上是史上最牛的创业团队，引起兴趣之后，再接收到视频中信息量的密集输送：画面干净利索，文字简练，给人一种强烈的朝气蓬勃的节奏感，这跟过去时政报道的庄重肃穆形成鲜明对比。当用户觉得有趣就会分享到他的社交网络中，经过几轮裂变式传播，现象级新媒体产品出炉。从这个产品的接受过程我们可以看出，作品的成功其实就是成熟运用"用户思维"的过程。"用户思维"具体在短视频制作上就是遵循用户的需求和观看场景。视频的制作团队在立项的时候要考虑"我"的订阅用户想看到什么，怎么把媒体自身要传达的内容包裹进去。同时，要注意到移动终端或手机观看的时间是不固定的、碎片化的，5 秒之内一定要抓住用户的兴趣，否则你就会失去这个用户[⊖]。

6.1.4 创新观念

创新是一个不新的词语。但在新媒体时代，人们一直在提倡创新。新媒体的创新方式多种多样，但总要选择适合自己产品的创新方式：或在技术、形式上创新，或在内容上创新。

以抖音为例，它们的特色滤镜和多段混剪以及快慢调节功能，都大大地提高了用户的视频录制质量，这是创新；将视频和音乐结合，使二者相得益彰，强化用户的视觉、听觉印象，这也是创新；在运营上，偶尔邀请文化娱乐界的大咖入驻、参与活动，这同样是创新。

2018 年 3 月，H5 融媒体产品《听！56 个声音汇成一句话》甫一面世，即受到广大用户的好评。该产品由新华社记者陈子夏主创，新华社微信推送。产品中收录了来自 56 个民族代表的照片和原声素材，在录制过程中，让每位代表用自己的语言说出响亮的口号——"民族大团结，奋进新时代"，因此打造出了一款"最炫民族声"。这款产品，用户通过手机可以随时播放，也可以有选择地点播和观看，产品内容策划可谓有新意，既体现了各民族同胞一家亲的主题，又展示了各民族的语言和文化，堪称视觉、听觉、画面俱佳。

近年来，小学生甚至幼儿园的小朋友近视眼发病率越来越高，已经引起社会各界的高度重视。习近平总书记还曾在 2018 年 8 月作出重要指示指出，我国学生近视呈现高发、低龄化趋势，严重影响孩子们的身心健康，这是一个关系国家和民族未来的大问题，必须高度重视，不能任其发展。基于此，专业的音频分享平台喜马拉雅 FM 打造了"喜猫儿故事"App，提倡声音和故事在孩子成长过程中的重要性，在一定程度上减轻了孩子们用眼过度的现象，因此受到了众多消费者的喜爱。

另外，时下不少新媒体结成联盟来运营，这也是一种积极的创新方式。浙江广播电视集团新媒体新蓝网，整合浙江卫视在内的众多优势资源，力求打造"浙江第一视频门户"，他们提出"整合即原创"的理念，陆续推出了《河长带你去治水》全媒体直播、《看德国》系列 H5 产品和短视频，在媒介融合、整合创新过程中大胆尝试，取得了很好的社会反

⊖ 尤青. 如何制作高水准的新媒体产品——以央媒新媒体产品为例[J]. 中国广播，2018（4）：24.

响。还有很多地方的区域新媒体结成联盟，优势互补，信息互通，取得了良好的经济效益和社会效益。

6.1.5 工匠观念

2016 年 3 月 5 日的政府工作报告中，鼓励企业开展个性化定制、柔性化生产，培育精益求精的工匠精神，增品种、提品质、创品牌。"工匠精神"赫然出现在政府工作报告里面，让各行业无数有志打造精品的人精神为之一振。此后，对各行业产品精心打造、对工艺精益求精的工匠精神蔚然成风。新媒体产业也不例外，要想策划出好的新媒体产品，也需要精心打磨。

时代总是给予富有工匠精神的新媒体企业以机会。2018 年，经中央批准，中国新闻奖增设媒体融合奖项。《中国新闻奖媒体融合奖项评选办法（试行）》"评奖宗旨"中写道：在中国新闻奖中设立媒体融合奖项是顺应传统媒体和新兴媒体融合发展趋势，巩固宣传思想文化阵地、壮大主流思想舆论的重要举措，有利于贯彻落实中央关于推动媒体融合发展的决策部署，发挥新媒体传播优势，提高新闻舆论传播力、引导力、影响力、公信力。在 2018 年 5 月 9 日中国记协网《中国新闻奖首设媒体融合奖项 评选工作即日启动》一文中，我们可以看到中国新闻奖媒体融合奖项设立 6 个评选项目，分别为短视频新闻、移动直播、新媒体创意互动、新媒体品牌栏目、新媒体报道界面和融合创新，共 50 个奖数。[⊖]

2018 年 2 月 13 日中国记协网《中国新闻奖、长江韬奋奖评选办法（2018 年度）》"中国新闻奖评选标准"中还特意强调了："高度重视传播手段建设和创新，鼓励媒体融合报道和应用新媒体传播的作品。"这对新媒体行业真是一个好消息，显然对新媒体产品的精品力作的问世能起到积极的推动作用。但值得注意的是，在上述"中国新闻奖评选标准"中，也明确强调了以下 5 种情况：

"存在导向不当、有不良社会影响、新闻要素不全，有事实性错误或事实交代不清、文不对题、表述有歧义（被采访对象口述和引用原文的除外）等情况的作品，不得获奖。"

"存在词序错乱、成分缺失、指代不明、语句杂糅、归类有误、意思表达不清等情况的作品，不得获一、二等奖。"

"存在错别字、标点符号错误、多字、落字等情况的作品（含视频作品和新闻论文）以及存在主持人、记者表述错误的音视频作品，不得获一等奖。"

"存在使用成语不规范、词语使用或搭配不当、缩略词语不当、生造词语、指代不统一、数字单位缺失、前后表述不一致等情况，不得获一等奖。"

"除对重大突发事件的报道外，广播作品现场音响和电视作品画面质量存在明显缺陷，不得获一等奖。"

"中国新闻奖评选标准"中的这些规定，显然要求相关新闻作品（包括新媒体作品）的

⊖ 中国记协网. 中国新闻奖首设媒体融合奖项 评选工作即日启动[EB/OL].[2018-5-9].http://www.xinhuanet.com/zgjx/2018-05/09/c_137165471.htm.

制作者要以工匠精神对产品进行细心打磨，这样才有可能打造出高质量的、为广大用户所喜闻乐见的精品。

2016 年年初，由叶君、萧寒执导的纪录片《我在故宫修文物》在中央电视台热播，豆瓣评分高达 9.4，之后迅速在以二次元文化著称的 B 站（bilibili 网站）上走红，点击量超过 200 万，累计逾 6 万条弹幕评论，一时成为人们热议的弘扬传统文化的现象级作品。难能可贵的是，这部作品深得很多青年人的喜爱。这部纪录片为什么会这么火，很大程度上缘于制作团队七年磨一剑的工匠精神。"10 万字的田野调查报告，4 个月集中拍摄，100 小时素材，7 个月重新剪辑推出电影版"⊖，这如此深入细致的雕琢，显然是《我在故宫修文物》能够"叫好又叫座"，把传统文化讲得温婉、细腻、充满文化气息，取得良好口碑的一个重要原因。

6.1.6　效益观念

新媒体产品实现效益可以有多种渠道，以下择其要予以例析。

（1）投放广告。投放广告是新媒体产品较为普遍且门槛较低的盈利模式。很多新媒体产品在最初策划时，就会考虑吸引到足够的人气后，进行广告推销。投放广告的方式有很多，当然大多以用户和流量为依托，例如：腾讯公司在微信上经常性地发布的广告；一些个人或单位开办的微信号，可以直接销售自己的产品，还可以销售主打产品之外的衍生产品，以中华书局伯鸿书店的微信公众号为例，主办方既销售图书，也偶尔销售一些文化产品，比如销售印有"中华书局"字样的笔筒。

（2）知识服务。内容付费、知识付费是近年来兴起的热词，方兴未艾，且成为未来新媒体发展的一个主流盈利模式。喜马拉雅、得到、懒人听书……知识付费平台风起云涌，他们的策划者纷纷以各种方式打造着自己平台上的精品课程。比如"秋叶 PPT"的运营者秋叶（武汉工程大学副教授张志）推出了很多 PPT 培训课程，在网上获取收益。因为有超高的人气关注，张志先生受到了出版社的邀请，出版了在市场上热卖的图书《说服力：让你的 PPT 会说话》。此后，他的书越来越受到读者的欢迎，图书和公众号互相宣传，粉丝越来越多。近年来，他又出版了多本 PPT 制作方面的畅销书，诸如《说服力：工作型 PPT 该这样做》《说服力：缔造完美的演示 PPT》《和秋叶一起学 PPT》。张先生的这些图书和他的公众号、微博形成了良性互动，为张先生带来了良好的社会反响和经济收益。

（3）IP 运营。近年来，IP（Intellectual Property）市场如火如荼。其实，在国内外文化市场上，IP 早已有之。比如，大家都熟悉的美国的迪士尼公司，其米老鼠形象深入人心。正是借助了米老鼠等形象，这家公司成功地进行了多个领域的 IP 运营。从动画、漫画、玩具、图书、影视、电子游戏、网络传媒领域，一直延伸到大型的跨国主题公园的运营，堪称 IP 运营的典范。在国内，IP 市场的景象也是蔚为壮观。2015 年在电视台和网络上热播的《花千骨》堪称 IP 运营标杆。该剧改编自作家 fresh 果果的同名小说，讲述少女花千骨与白子画之间的爱恋故事。电视剧《花千骨》在湖南卫视播出后，受到众多年轻粉丝的热

⊖ 牛梦笛，徐谭.《我在故宫修文物》为何成"网红"[N]. 光明日报，2017-01-09（5）.

捧，后来该剧还衍生出了歌曲、戏剧、电影、手游、页游等产品，形成了业内外人士纷纷关注的较为成熟的 IP 产业链，使 IP 资源成功转化，版权产值一路飙升。

6.1.7　共赢观念

策划新媒体产品和经营任何企业一样，都需要有互利互惠、合作共赢的观念。切不可想着挫败所有的竞争对手，一家独大。正如资深媒体人罗振宇先生所说的那样："大家都是汪洋里孤独的打鱼人，太平洋太大，这几条小船太小，我们怎么能是冤家呢。我们尽可能的凑近一点打鱼，关键时刻还能守望相助。"

著名的音频分享平台喜马拉雅就是践行产品策划合作共赢的典范，喜马拉雅 inside 系统与阿里、小米、华为、百度、三星、Sony 等两千多家合作伙伴进行深度合作，将有声内容渗透到生活中各个智能终端和场景中。

➡ 6.2　故事：人人都爱听好故事

历史和社会发展都是由一个个真实的故事构成的。肯达尔·海文在其著作《故事明证：科学背后故事的惊人力量》中写道：进化生物学家提供的证据表明，10 万年的进化把人类大脑培养成用故事结构思考的器官，我们被设定为更偏爱故事。美国普拉特学院布鲁斯汉纳曾说，设计师都是说故事的人，设计师叙述的故事是由设计品带出的行为，设计从某种角度而言是故事的产出物。由此可见，好故事在日常生活和产品设计中，都具有举足轻重的作用。

在新媒体领域，每时每刻都上演着各种各样的故事。这是一个人人都是记者和编辑、人人都是传播者，人人都有麦克风的时代，因此，新媒体产品的策划人都是极富设计观念的设计师，都需要在策划过程中讲好各自的产品故事。

6.2.1　产品策划需要讲好故事

随着讲故事成为一种普遍的产品理念，产品策划人要想策划出受欢迎的新媒体产品，也必然要会讲故事。新媒体产品讲故事可以从如下几个方面入手：讲热点、讲事实、讲情感、讲道理。讲热点能吸引人，讲事实能说服人，讲情感能打动人，讲道理能影响人。

1. 讲热点能吸引人

热点通常是指某一时期能引人关注的社会信息。新媒体产品策划讲好故事，需要及时捕捉社会热点，这样才可能吸引到人气和流量。

例如，以人物传记故事为主要内容的知名公众号"刘备我祖"，以文言文的形式撰写人物故事，其关键点在于所撰写的人物对象都是社会各领域的热点人物，再加上运营者推文及时，褒贬有度，不虚美，不掩恶，出语中的写作风格，吸引了大量的阅读者。如该公众号中的《史记·李咏传》一文，就是在"李咏去世"成为热点话题时所写。其甫一发布，就受到了广大读者的关注，牵动了很多读者的情思。

2．讲事实能说服人

事实是事件、信息的真实情况，是新媒体内容的重要组成部分。新媒体产品策划讲好故事，需要讲事实，需要透视真相，如此才能让人信服，才能让产品产生公信力。

为纪念深圳改革开放 40 周年，2020 年有媒体推出了 3 分 37 秒的视频作品《深圳 40 年特辑》。该视频就是通过一系列真实数据来讲述深圳变化故事的。视频通过这 40 年来，深圳常住人口数据的变化，GDP 数据的增长，深圳港口货物吞吐量的增长，硬件设施的增设，以及增加的具体的企业名称等事实数据，真实客观地展现了深圳改革开放 40 年来所取得的巨大成就。在一组组真实客观的数据面前，视频的欣赏者既为改革开放以来深圳翻天覆地的变化故事叹服，也为视频策划人以事实服人的精心设计叹服。

3．讲情感能打动人

感人心者，莫先乎情。所有的产品策划，都要将策划人的情感融注在产品之中。新媒体产品策划讲好故事，需要以情感人，打好情感牌。

2014 年央视春晚，播放了由麦肯光明广告有限公司拍摄制作的公益广告《筷子篇》。该广告以我们中国人常用的饮食工具"筷子"为线索，传递和弘扬了"启迪""传承""明礼""关爱""思念""睦邻""守望""感恩"等中华民族的传统美德，浓缩了全球华人对上述美德和情感最深沉的爱意。视频中所拍摄的我国不同地区的人物接地气的情感生活画面，体现出了浓浓的中国情结。在上述广告的几个故事中，人物的年龄、职业不同，人物所处的地域和环境不同，但故事中的人物情感是相通的——一双双筷子巧妙地将人物情感串连在一起。例如：广告中母亲教孩子使用筷子时，说的那句"我们是中国人，中国人都会用筷子的"；独自在家过年的四川老乡，被邻居热情邀请过去吃年夜饭时，邻居们那句"到我家去吃饭，多个人多双筷子"都深深地打动着观众的心……一双双筷子在其中传递出的浓厚的中国味、中国情，直抵观众的内心深处。这些故事情感饱满，以情动人，深沉地吸引和感动着每一位受众。

4．讲道理能影响人

道理常常体现事物的规律，是事情或观点是非得失的依据。新媒体产品策划讲好故事，需要以理服人，需要用道理引发人的共鸣，进而积极地影响受众。

2018 年 1 月 23 日，一则关于"军校学员火车上给人让座"的新闻，引发了一些人对"军人该不该优先"的话题的讨论。面对网民热烈的反响，2018 年 1 月 29 日，人民网发布了一则名为《谁是站到最后的人》的短视频，视频以"什么是勇敢？敢一个人走夜路？在公共场所看到小偷，敢上前制止"等一系列问题向 49 名被测试者进行提问，结合每个人对勇敢的不同理解，进而得出"勇敢不只关乎胆量，还有关奉献与牺牲，更有关勇气背后的动机"这一让人普遍接受并产生广泛影响的道理。此外，特别值得一提的是，这则视频在策划时，设计了故事悬念，在一开始人物出场时，没有交代人物的身份，而是在一系列问题提出之后，44 人退出测试之后，展示了军人种种勇敢的付出之后，才亮出"站到最后"的 5 名勇敢者的军人身份，这就让视频的受众更深刻地理解和认同了军人这一特殊职业，也理解了为什么在一些场合应该让军人享有优先权。视频以道理服人，发出"让军人依法优先，就像战场上他们优先一样"的呼吁，深深地影响和感动着每一位观看视频的人。

6.2.2 产品营销如何讲好故事

罗振宇曾经说过，不管是日常社交还是职场，做营销还是做管理，只要你想影响其他人，那讲故事的能力就是你不可或缺的核心能力。可见，故事在营销中可以起到巨大的作用，但是讲好故事是需要一定技巧的。

今天我们身处一个信息大爆炸的时代，要想做好自己的产品营销，更应该将好故事和营销结合起来。但同时，我们也要明确，故事营销不等同于普通的"故事"，故事营销要将产品与故事有效地联系在一起，讲故事的目的是要告诉消费者你能改变这个世界某些事物，或者激起消费者改变一些事物的勇气或信心，从而转化成他们的行动力。

讲好营销故事可以把握如下 3 个要点。

1．简约

（1）信息的表达尽量精炼。身处新媒体时代，人们每天接收的信息十分庞大，所听到的故事也是不计其数，人们没有时间也没有精力去分析你的故事。因此，对过于复杂、难于理解的故事，人们是没有耐心、也没有兴趣去了解的。要想快速地被你的目标消费者所了解和接受，你的故事必须简约、精炼。

（2）信息内涵深刻，具有传播价值。营销是有着明确动机的行为，故事营销的目标是为了产品的宣传和推广，有了更多的人了解产品，才会有更多的购买行为。因此，让故事营销更好地传播显得非常重要。相比较复杂而无内涵的故事，简短又深刻的故事则更有传播的价值，人们也更愿意去分享。

例如，苹果公司 1997 年曾推出视频广告作品《非同凡想》。"Think different"，在表述上非常简单，就两个单词，但是这两个单词背后所要传达的广告内核却十分深刻：别人眼中的疯子，是我们眼里的天才，因为只有疯狂到认为自己能够改变世界的人，才能真正的改变世界。《非同凡想》的广告词是乔布斯在 1997 年回归苹果之后所写，并且这个广告的重磅推出，在当时也实现了苹果公司的自我救赎。于此可见，这则广告所传达的核心思想的巨大影响力。

2．切实

营销故事为了体现产品的可信性，可以请业界资深人士或者某个领域的意见领袖为产品代言，或者将产品翔实的数据、高品质的细节等展示给目标受众。

例如，尚格·云顿为沃尔沃卡车代言的视频广告，在视频中，53 岁的老牌"硬汉"尚格·云顿站在两辆并列行驶的沃尔沃卡车之间，为大家表演一字马。整个视频从头到尾，没有剪接，没有 PS，一气呵成，真实的画面让人目瞪口呆、叹为观止。这则广告将沃尔沃卡车操控系统的平稳和精准十分完美地呈现给了目标受众。

3．关联

每一个产品在走向市场之前，其生产者和运营者都会有明确的营销对象。要想使你的故事营销引起目标消费者的关注，就必须让故事与目标消费者关联。因为人总是会对与自己相关联的事情表现出更大热情。所以，每一个营销故事必须从产品的特性出发，围绕着它的目标受众推出合适的故事，这样才会更加强烈地引起目标消费者的关注和共鸣。

例如，2019 年年初非常火爆的微电影《啥是佩奇》，是以一位在家盼望着儿子儿媳带着孙子回家过年的普通农村老大爷为主角。在该片中，老大爷为孙子准备礼物——佩奇，但他却不知道佩奇是啥。为了不让孙子失望，老大爷千方百计地打听和寻找佩奇，最后听说佩奇是一个粉红色的小猪，这才有点眉目。最后，老大爷的儿子开车回来，把老大爷接到城里过年。老大爷拿出给孙子准备的"钢铁佩奇"。这让全家人十分惊讶，老大爷也最终得到了亲情的满足。在广告的最后，他们全家人一起其乐融融地看《小猪佩奇过大年》。

这则微电影的目标受众是广大的孩子群体和他们的家长。在春节前后，这个中国比较特殊的时段，《啥是佩奇》微电影的营销目标就是让千千万万的家长们带上孩子走进电影院，一起去看《小猪佩奇过大年》。微电影围绕老大爷为孙子准备礼物——佩奇而展开，故事中老大爷经历的那些事情也正是目标受众乐于关注和传播的。最终这个微电影引起广大家长和孩子们的喜爱，并起到了良好的传播效果，取得了营销的成功。

6.3　品牌：品牌是如何形成的

品牌是什么，根据《辞海》的释义可大致做如下概括：品牌是企业对其提供的货物或服务所定的名称、术语、记号、象征、设计或其组合，一般由品牌名称和品牌标志两部分组成。

美国著名的品牌战略研究学者戴维·阿克认为，品牌资产是企业最有价值的资产之一。品牌资产可以帮助消费者理解、处理并存储大量的产品信息和品牌信息，可以影响消费者再次购买产品时的信心，可以增加消费者对产品使用的满意度。从企业方面讲，品牌资产可以提高营销计划的效果，可以提高品牌忠诚度，可以增加产品的边际收益，可以通过品牌扩展实现企业发展，可以对分销渠道产生影响，可以形成竞争优势从而遏制竞争对手。[一]我国的品牌专家余明阳在《品牌学》中认为：品牌是在营销和传播过程中形成的，用以将产品与消费者等关系利益联系起来，并带来新价值的一种媒介。在这个定义当中，重点强调了两点：一是强调了品牌是一种媒介；二是强调了品牌是一种互动传播的过程。[二]

如今的商业时代，品牌是企业的重要资产，创造属于自己的品牌也是众多企业发展的目标。品牌的存在，既为消费者提供了质量、价值的保证，也有利于产品营销、企业推广，因此说，品牌是企业的无形资产，在增强企业知名度和美誉度的同时，还能增加用户消费的忠诚度。总之，品牌对企业的发展、对产品的推广具有十分重要的作用。

6.3.1　标准检验品牌存在

一个好的产品，一般都可以卖得不错，但是如果是一个品牌产品，那一定可以卖得更好。在当今时代，几乎所有的企业都认可品牌是企业最重要的资产之一。但是，企业如何

⊖ 阿克. 管理品牌资产[M]. 北京：机械工业出版社，2012：1.
⊜ 舒咏平. 品牌传播教程[M]. 北京：北京师范大学出版社，2013：3.

才能将产品打造成品牌呢，如何检验品牌的存在呢？

（1）真正的品牌必须是具有溢价能力的产品。何谓溢价能力？当一家企业的某种产品，与其他企业同类别的产品在质量基本相同的情况下，却更容易吸引消费者，能够卖出更高的价格，这就是品牌溢价能力的体现，说明这家企业的产品称得上是品牌。

（2）粉丝数也是体现产品是否升级为品牌的重要标准。当然了，这里所说的粉丝数绝不是利用"水军"或者"僵尸粉"来充数的伪粉丝数，而是真正意义上的忠实粉丝数。真正的粉丝就是会常常与你进行互动的人，他们不一定是为了从你这里拿到好处，而是真正从心里认可你的产品，甚至对你偶尔所犯的错误都能包容。

总之，判断一个产品是不是真正的品牌的最直接、最明确的标准就是"溢价能力"和"忠实的粉丝数"。[⊖]

6.3.2 方法打造品牌灵魂

品牌从本质上来讲，是消费者对应的一种情感需求，因此，对于多数企业而言，企业所打造品牌的过程就是满足消费者需求的过程。只有让消费者对品牌产生依赖和忠诚之情，才会让产品在激烈的市场竞争中脱颖而出，才会让消费者不用货比三家就义无反顾地选择你的产品。

那消费者喜欢什么样的品牌呢？当然是一个富有生命力和魅力的品牌，而打造品牌的魅力点就是我们打造产品品牌的必由路径。具体而言，打造品牌要注意以下几点：

1．明确品牌主张

在品牌建设的过程中，品牌主张是稳定的，并能为品牌策略的发展提供方向性的指导作用的。品牌主张要反映品牌的诉求，要利于品牌产品的销售，要直接为消费者服务并产生价值。

品牌主张也就是品牌标语。众所周知"微信，是一种生活方式"，这就是微信的品牌主张。而"微信"这个名字最初是由腾讯的马化腾起的，"微信"就是一种"小""微"的即时通信软件，而它的产品功能与 QQ 的最大不同就在于简约、简单、简化。而"微信，是一种生活方式"这一品牌主张，则明确了微信将自己定位在为了给人们的生活提供各种便利服务：聊天、交友、分享、互动、微信支付、公众服务平台等。而今天，微信确实改变了我们的生活方式，我们很多人生活已经离不开微信，它为我们的生活增添了许多情趣，刷微信已然成为很多人每天生活的重要项目。而微信以其强大的品牌，也成了全球新媒体领域的著名品牌之一。

再如，罗振宇的"得到"，其品牌主张就是"一起建设一所终身大学"。为了这一品牌主张，"得到"团队不仅自己精心打磨优质内容，丰富其内容的表现形式，并且把《罗辑思维》的相关业务整合到"得到"App 上，与此同时，还邀请了行业大咖入驻"得到"平台，通过与各种名家的合作提升精品内容，并成功打造了订阅专栏、大师课、精品课、每天听本书以及电子书等独家产品。纵观其发展历程，我们可以发现"得到"App 始终围绕

⊖ 叶明桂. 如何把产品打造成有生命的品牌[M]. 北京：中信出版集团，2018：52-53.

着其品牌主张通过独家优质的头部内容塑造其核心竞争力。[一]

2．保持品牌个性

每一个品牌产品都是有个性的，而这种个性也是这一产品区别于其他产品的不同之处。

所谓品牌的个性，就是品牌所具有一系列人性特征，是将品牌人格化后所特有的品牌形象。它是通过持续的品牌传播在消费者心目中创建起的品牌心理特征，是品牌形象依附的精神内核。正如广告大师奥格威所说："最终决定品牌的市场地位的是品牌本身的性格，而不是产品间微不足道的差异"。[一]品牌的个性具有内在的稳定性、传播的一致性和市场的差异性的特点。

下面以微信和微博它们各自的个性是什么为例进行分析：

微信最大的特点就是即时通信，它有双向确认好友关系的机制，以及对话框、聊天界面等功能，保证了这个产品是熟人圈子的即时通信工具。同时，微信还有支付功能、游戏小程序、生活服务和公众号等，但这些功能都是在其核心功能的基础之上的新增服务。

微博最大的特点是生人社交、媒体和渠道。在微博平台上，用户主要是浏览新闻及社会上发生的热点事件。同时，微博的关注大多是单向的关注自己感兴趣的媒体、段子手或者大 V，且微博上发布的内容限定在 140 字以内，以便用户可以在短时间内快速浏览最新的新闻或热点，如果用户需要了解某新闻的内容，可以点击相关内容的链接进行深阅读。从中我们可以看出，微博在产业链中处于前端的渠道，是为第三方提供网站导航的。

当然，未来微信和微博也将随着时代的发展而发展，但是它们的发展也都是基于其品牌定位而进行的。就像有人会问，新浪微博在现有用户规模的基础上，做一些小游戏也是完全可以的，为什么不做呢？第一，每个企业的资源都有限，正确的策略一定是把有限的资源优先配置给能够更好地服务符合品牌核心定位的事情上；第二，如果你的产品做了哪怕一个与品牌核心定位偏离的功能，都会给用户对产品的认知造成一定的困难。要让用户有需求就想到你的产品，这才是用户的黏性。就好像用户想知道朋友的近况就想起人人网，想找有趣的书看就想起豆瓣，有困惑就想起知乎。只有形成了这样的条件反射，你的产品才能不断吸引和留住有需求的用户。

3．投射品牌善意

品牌背后的善意体现的是产品经营者的理念和良知。例如，马云当初在 2003 年创立淘宝网的时候其目的就是为广大中小企业提供一个服务平台，让它们能享有公平的市场竞争环境。当今时代，很多品牌的善意大多是通过企业的公益活动来展现。

同时，品牌背后的善意还体现在企业要建立魅力型组织，直面企业内部的情况，更能洞悉品牌背后真实的人性。因此，对于魅力型组织来讲，必须满足三大要点：要有良好的分配机制，违规的处罚力度和凝聚人心的文化。只有组织做到了善待自己的员工，员工才会努力地贡献自己的才智，才能保证品牌的竞争力；只有各种违规的举动得到了应有的处罚，才能杜绝不良产品的发生；只有良好的企业文化，才能凝聚人心，企业才会有魅力，

[一] 杜伟民. "得到" App 内容运营策略研究[D]. 石家庄：河北大学，2018：10-11.

[一] 林升梁. 整合品牌传播战略与方法[M]. 北京：中央编译出版社，2017：286.

品牌才会有吸引力。

但是，这里我们要强调的是品牌绝对不能做的事情，这对于品牌建设来讲也很重要。对于品牌的忠实粉丝来讲，他们都希望自己心中那个有魅力的品牌是一个有道德底线的品牌。一旦这个道德底线缺失，用户对于品牌的信任感也会散失。与此同时，互联网时代，新媒体的平台，传播即刻就可以遍及全国，舆论的杀伤力越来越凶猛。在这样的时代背景下，负面新闻对于企业长期建立起来的品牌形象将是致命的打击。所以，对于企业品牌建设来讲，我们一定要深刻地认识到，品牌背后的善意，不一定是你做了什么，也可以是你不能做什么。

4．提供品牌故事

品牌故事一般都是描述品牌为什么会存在的初衷，或者是创始人当时创业的故事，一般来讲，也都是基于当时创业时的社会需要，某些人结合人类文明发展的思维应运而生的创造性的想法。这些想法大多讲述该品牌能给人类的生活带来哪些美好，以及满足了人类的哪些需要，还有哪些需要尚未满足等。然后会对基于这种终极利益的品牌给予一个拟人化的表达：他拥有什么样的价值观，什么样的立场或者提倡怎样的主张等。⊖

只有当品牌的为人处世之道以及永续的使命被清楚地表达出来，再加上有才情的文案的撰写，才形成真正的品牌故事。品牌故事有很多种，如起源故事、使命故事、愿景故事等。

例如，Facebook 是扎克伯格 2004 年在上大学的时候创立的，他为什么做 Facebook？也许我们常人会认为是为了创业挣钱。不，扎克伯格的回答是：他并不是想要创立一个公司，而是想要解决一个问题——把人们联系在一起。因为他发现互联网上有很多网站，通过这些网站人们能够找到所有东西，但唯独找不到人，而人却是我们生活中最重要的东西。因为只有把人们联系在一起，通过人们之间更好地沟通，才会产生更多的智慧，才能推动社会的发展，让整个社会变得更强大。正是这种使命感让扎克伯格用心做 Facebook，正是这种强烈的使命感让扎克伯格的 Facebook 越走越远：Facebook 从连接学生开始到连接不同职业的人，从美国走向世界，从 PC 端走到移动端，未来，扎克伯格希望 Facebook 可以连接世界上的每一个人，让互联网提高人们的生活质量，让互联网影响全世界。⊜

品牌故事可以更好地吸引用户消费产品，更多的用户会因为认同产品背后的品牌观念从而心悦诚服地消费品牌产品，成为品牌的粉丝。

6.3.3　Logo 体现品牌匠心

Logo 是一个企业或机构的标识，对企业的品牌起着重要的宣传推广作用。好的 Logo 会给人一种赏心悦目的感觉，让人眼前一亮。因此，一个成功的企业或机构大多都会精心设计一个漂亮的 Logo，让用户对本企业的品牌文化留下深刻的印象。

互联网时代，新媒体的发展使企业的信息传播也发生了变化，作为企业品牌信息传播的标志，其设计也要适应新媒体环境。如今互联网时代，信息流通速度快、信息错综复

⊖ 叶明桂. 如何把产品打造成有生命的品牌[M]. 北京：中信出版集团，2018：61-62.

⊜ 扎克伯格. 我创立 Facebook 的三个故事[J]. 创业故事，2016（5）：38.

杂，为了能有效地吸引用户注意力，新媒体企业品牌标志的设计应做到更加简化、用户体验更舒适，交互性更强，为此，可以从下面几个方面设计。

（1）品牌名字。品牌的名字是品牌的核心元素，将品牌的名字直接放入标志中，让受众对标志所表达的意思清晰、明了，易于理解和接受，同时也便于识别和记忆。当然，在以品牌名字作为标志设计时，也不一定要用全名，为了简单明了，一般名字字数少的可以用全称，如美团、有道，也有的品牌名字直接用首字，如豆瓣用"豆"、知乎用"知"。

> 其实准确地说，Logo 仅仅是一个符号，是品牌化的一个符号与象征，其本身并没有实际的意义与思想。真正能凝练品牌核心的观念的应该是 Slogan，即口号、标语、中心语。Slogan 是有意义、思想和价值取向的。这是我们需要注意的问题。

（2）品牌图形。标志图形是企业品牌形象的主体。如今新媒体环境下受众读图的兴趣远远超过阅读文字，在同等环境下受众更愿意从图形图像中获取信息，在这种环境中，企业以品牌的标志图形或者企业吉祥物来代替标志图形，如 QQ 就是吉祥物的极简设计，这种设计不仅准确地向受众传达了企业品牌形象，而且这种简化的设计非常有利于媒介传播过程中信息传播效率的提升，这种人性化的设计集中体现了新媒体时代品牌设计的趋势。

（3）品牌色彩。色彩是视觉形式重要的载体，相比较其他因素，人们对色彩更加敏感。在新媒体环境下，色彩的意义更加丰富，色彩显示的载体变成了高精度的智能移动设备，这为新媒体环境下信息传播提供了便利。企业品牌标志色彩是企业的象征或精神理念的代表，在企业品牌标志设计中也常常得以运用。如微博，采用人的眼睛为核心元素，黑色的眼球呈现两点大小不同的高光，更有几分神似，椭圆形的内框包涵黑色的眼球，更具统一性，两个红色的爱心组合在一起图案，从视觉上更吸引人，两条橘黄色的半弧线，代表着向外传递信息的含义。⊖

总之，新媒体产品的品牌标志的设计既要体现企业的品牌核心元素，也要易于用户辨识，并于海量的信息中，在最短的时间里向用户传播品牌信息。因此，其品牌标志设计要向着极简化、人性化和交互性等更符合人类视觉审美的方向发展。

6.3.4　传播方式提升品牌价值

所谓品牌传播，是指企业为了提高其品牌在目标消费者心中的认同感与好感度，通过广告行为、公关活动、新闻传播、产品服务等方式进行的传播互动行为。⊖如今，互联网时代，新媒体传播具有多平台多媒体传播的特点，如网站、博客、播客等。不仅如此，随着自媒体的快速发展，微博、微信等可以带动信息的二次传播，并不断地扩大受众的范围。此外，新媒体传播更加注重受众的体验。新媒体品牌传播会采用一切受众可以接收的方式拉近与受众的关系，完美的用户体验可以提升用户对品牌的忠实度，从而形成品牌的"忠实粉丝"，而这些粉丝不仅能帮助维护品牌形象，甚至会在品牌出现负面的信息时也会对此进行有力的回击。而在维持"忠实粉丝"时，不仅要注重其产品的体验，更要在感情和时间上花费成本。

⊖ 熊辉. 新媒体环境下品牌标志更新设计的形式与方法[J]. 湖北文理学院学报，2016（10）：74-79.
⊖ 周平，刘一谕. "咪蒙"品牌传播策略分析[J]. 视听，2018（12）：155.

（1）要进行品牌的情感传播。品牌情感是品牌传播中的重要因素。互联网本身的互动、分享和交流等成为新媒体产品进行情感传播的有效的平台。传播者可以通过分析和定位用户的情感，采用各种不同的情感交流策略，满足用户的情感诉求，完成情感的有效传播。

（2）要进行社群传播。社群是一个社交的关系链，是一群有着共同需求和爱好的用户集中在一起形成的社群。社群既是新媒体发展的产物，同时也可以为新媒体产品服务，在社群中，大家可以共同交流，资源共享。通过社会，新媒体产品的传播者可以获得更多的优质内容，可以更深入地了解目标群体的需求，而且，社群中的"铁丝们"还会为社群的发展不断地增加新鲜血液，促进社群的发展。

（3）还要进行人格传播。品牌人格化，即给品牌赋予独一无二的人格特点。当然，这种人格特点是多种类型的，如微博大 V 韩寒就是知识分子型，凤姐作为网络红人则是自我标签型，新媒体产品品牌的人格化则可以根据自身产品特质赋予品格特定的人格，从而吸引"情投意合"的人。[一]

总之，不管采用什么策略，其最终目标都是为了提升品牌的价值。如豆瓣网，众所周知，这个网站以图书评论、电影评论和音乐评论起家，由用户分享提供相关方面的信息。正如豆瓣广告《我们的精神角落》中倡导的那样，"渴望交流，懂得与人相处，但不强求共鸣"。这家网站没有编辑写手，没有特约文章，内容，分类，筛选，排序都是由普通用户的行为产生和决定。以分享、互助和开放为理念，宽容和理性地对待不同的看法。随着品牌影响力的扩大，豆瓣网还提供线下同城活动、小组话题交流、豆品（实物销售）、知识服务等多种服务功能，品牌社群效应不断扩大，形成了良好的品牌生态圈。

【思考与练习】

1．请结合你熟悉的某一新媒体产品，分析它在产品策划或产品营销阶段是如何讲故事的。

2．设计一个属于并能够打动你的未来新媒体产品的品牌故事。

一 张盛阳. 自媒体品牌传播策略研究[D]. 北京：北京印刷学院，2016：20-24.

第7章

获取与成就：新媒体产品策划的用户思维

无论你相信与否，很多人并不关心你的产品有多棒，而是关心在使用产品时自己有多棒。

——丹尼尔·平克（Daniel H.Pink）

从长期角度看，一个公司必须使它的用户生命周期总价值与用户获取成本的比例不低于3：1，而且单独去看流失率是没有什么意义的，要将流失率和用户获取成本放在一起衡量。

——约翰·沃瑞劳（John Warri Uow）

知识，只有当它靠积极的思维得来，而不是凭记忆得来的时候，才是真正的知识。

——爱因斯坦（Albert Einstein）

媒介学领域的粉丝和粉丝文化的研究已经率先将"观众"的概念转换为"用户"。"粉丝"是率先从大量的与其他媒介有着共生关系的网站资源中获利的群体。一方面，可以看作是媒介的延伸占用我们越来越多的时间和空间。另一方面，它也带来了我们主宰自己的可能。

——马丁·李斯特（Martin Lister）

关键词

注意力市场　用户体验　用户痛点　用户画像　特约用户　用户获取成本　众筹思维
用户需求分析　用户市场　用户生成内容

用户不是要买 1/4 寸[一]的钻头，而是要买 1/4 寸的洞。

这是营销学中的一句名言，读到和听到的时候，我们往往为之一振。然而，在实际的营销工作当中，我们却往往将之抛在脑后。其根本原因在于，我们没有养成用户思维，而仅仅是当时懂得了这个道理。道理和思维都是基于知识基础的东西，但是明白道理，却并不等于具备思维。

在这一章，我们要学习的是：什么是用户思维、如何养成用户思维、用户思维有什么用、如何运用用户思维等内容。同时，作为新媒体产品策划人，我们还要时刻保持高度警惕，以防养成的用户思维控制我们的全部思维，这便涉及用户思维的适用度与使用度问题。

➡ 7.1　超级用户思维

互联网"用户"，有人将之定义为：用户，又称使用者，是指使用计算机或网络服务的人，通常拥有一个用户账号，并以用户名识别。这里的"用户"显然已经不再是传统意义上的客户、顾客和受众了，而是具有体验、反馈、互动、传播、评价等系列功能的互联网意义上的新媒体受众。

互联网时代提倡"用户至上"，因此用户体验贯穿产品的整个发展过程。从产品的研发开始，到推广以及市场运营，都离不开用户体验的踪影。[二]在网络新媒体时代，用户成为新媒体产品实际意义上的上帝，如一些 VIP 的信息资讯服务供应；用户体验成为新媒体产品研发的根本出发点，如一些网络游戏的体验和测试；用户反馈和评价成为新媒体产品修正、改革和努力的方向。

传统思维是以产品为中心，打造优秀的产品是企业生产经营活动的终极目标。而网络新媒体时代的用户思维，讲究在价值链的各个环节中都"以用户为中心"。用户思维既是中心，也是出发点和落脚点。亚马逊曾经推出过一款智能手机，名字为 Fire Phone，其能够让用户无须手指而触控到 3D 空间。但是用户并不买账，大部分用户觉得这个东西虽然高端，但是却影响了作为智能手机的日常使用，比如该产品存在耗电过快、操作烦琐等问题。

从"流量思维"到"超级用户思维"，是向外扩张的新用户获取到向内而生的已有用户关系的深度经营，将运营指标转向 NPS（Net Promoter Score，净推荐值）和 ARPU（Average Revenue Per User，每用户平均收入），是用户思维的深化，是社交货币的进化、社群思维的迭代，更是全新商业规则下的新物种方法模型和估值体系。

例如，亚马逊凭借强大的数据供给、"喂养""饲养"能力，逐渐进化为一个开放的人工智能引擎。在人工智能的快速发展中，亚马逊在庞大的商业版图中，始终根植于它的用户思维，正如贝佐斯所说：用户是亚马逊的基石，是亚马逊最重要的武器。亚马逊早在

[一] 1 寸＝（1/30）m。

[二] 张永杰. 互联网产品经理的 34 堂必修课[M]. 北京：人民邮电出版社，2017：167.

2005 年就推出 Prime 会员服务（79 美元年费），通过免除美国经费物流配送费用吸引用户。2017 年亚马逊 Prime 会员订单量超过了 50 亿件。2018 年 4 月，亚马逊公布了其全球 Amazon Prime 会员用户数——超过 1 亿人，这是亚马逊首次公布 Prime 会员的订阅用户数。而 Prime 会员服务当前的收费标准是，每年 99 美元或每月 12.99 美元。这意味着亚马逊每年在会员费上的收入就达到 99 亿美元。这笔收入占 2017 年亚马逊 1778.7 亿美元年度总营收的 5.5%。

亚马逊从"用户思维"（会员免费，提供部分免费服务）向"超级用户思维"（会员付费，提供更优质服务）的转换案例，值得我们深入思考。当然，也有很多人担忧，亚马逊的金牌会员服务会降低其用户数量，建议通过降低会员费而快速扩大其会员数量，但是这种想法并没有"get"到亚马逊计划的关键点。试想：如果你作为用户，当你每年花几百元成为会员后，你的期望自然是这钱花得值，这种"值回票价"的用户心理让你突然之间开始查看亚马逊上所有产品的价格，从卷纸到帆布鞋，你希望将花在订购费上的钱全部都省回来。亚马逊上无穷无尽的商品选择和极具诱惑性的低价，仿佛会让你觉得，你想买的东西在亚马逊上的价格比其他地方要便宜。算上免邮的因素，你在亚马逊上买东西的概率就会更高。⊖

目前来看，这种超级用户的经营方式已经在电商行业遍地开花，如京东的"PLUS 会员"（每月 5 张免邮券）、唯品会的"超级 VIP 会员"（折扣和无限免邮）等。而在新媒体产品中，也不乏这样优秀的案例，如自媒体"罗辑思维"在 2013 年 8 月推出"史上最无理"的付费会员制，5000 个普通会员年费 200 元，500 个铁杆会员年费 1200 元，顷刻间入账 160 万元。这种分层会员制，让不同的会员，享受不同的服务，就是充分体现了超级用户思维的智慧。

实际上，这种超级用户思维下的订购商业模式早在 16 世纪欧洲一些出版商那里便已经存在。这些出版商希望他们的用户订购新版地图，通过收取订金来吸收用户，完成出版。后来的报刊订阅便是这种方式的很好继承，比如威廉·赫斯特（美国赫斯特国际集团创始人，报业大亨）和鲁伯特·默多克（美国著名的新闻媒体经营家），都是从出版业的订购模式+会员模式上获取了巨额利润。经营范围遍布全球数十个国家的贝塔斯曼集团曾经凭借"书友会"制度获取了一大批忠实用户。虽然，贝塔斯曼在中国的经营最终以失败而告终，但是，这种超级用户的思维模式是值得肯定的。

而在新媒体产品领域中，推行较早的新媒体产品恐怕要数腾讯 QQ 产品了。QQ 会员是腾讯旗下的增值产品之一，在 2000 年年底正式推出，旨在为广大的 QQ 用户提供专属的高阶服务。2008 年，腾讯公司推出 QQ 年费会员。2013 年，QQ 超级会员正式上线，QQ 会员特权打通 PC 和手机壁垒，使 QQ 会员迈向一体化。2015 年 4 月 1 日，QQ 超级会员 SVIP8 上线。目前 QQ 会员拥有 80 项左右特权，覆盖 QQ、游戏、生活、购物等多方面，开通会员人数超过 5000 万。从全网新媒体产品视角来看，体现超级用户思维的会员制已经成为新媒体产品营销和知识（服务）付费方式的常规手段与常规思维。腾讯 QQ 超级会员分等级特权见表 7-1。

⊖ 沃瑞劳. 用户思维[M]. 北京：中国友谊出版公司，2015：4-5.

表 7-1　腾讯 QQ 超级会员分等级特权

特权与功能	非会员	SVIP1	SVIP2	SVIP3	SVIP4	SVIP5	SVIP6	SVIP7	SVIP8
好友上限	1500 个	2400 个	2400 个	2400 个	2400 个	2400 个	2600 个	2800 个	3000 个
QQ 等级加速	不加倍	1.7 倍	1.9 倍	2.0 倍	2.1 倍	2.2 倍	2.4 倍	2.7 倍	3.0 倍
2000 人的群	无	1	1	1	1	1	2	2	3
1000 人的群	无	1	1	1	1	1	2	3	4
表情漫游	无	100 个	200 个	400 个	600 个	800 个	1000 个	1200 个	1400 个
云消息服务	7 天	2 年	2 年	2 年	2 年	2 年	2 年	2 年	2 年
离线传文件	2G	2T	2T	2T	2T	2T	2T	2.5T	4T
网络相册	无	25G	50G	75G	100G	125G	250G	300G	500G
靓号抵用券	无	2Q 币	5Q 币	10Q 币	15Q 币	20Q 币	25Q 币	30Q 币	35Q 币
文件中转站	2G	7G	8G	10G	2T	2T	2T	2.5T	2.5T

注：1. 以上均为对应等级的年费超级会员分等级特权。

　　2. 资料来源：腾讯 QQ 会员官网。

7.2　用户体验与用户价值

思维和体验是两个概念，一个偏重理性，讲究过程和深度；另一个偏重感性，讲究使用和感觉。对于新媒体产品来说，用户体验至关重要，因为，我们相信绝大多数用户不会第一时间思考你这款新媒体产品的本质，或者体谅你的创意与策划，而是考虑用户自身的使用满足情况与过程体验感觉。

7.2.1　用户体验

国际标准化组织（International Organization for Standardization，ISO）将用户体验定义为"人们对针对使用或期望使用的产品、系统或者服务的认知印象和回应"（ISO 9241-210）。这个定义是什么意思呢？其实，"翻译"过来就是，用户在使用一个产品或系统之前、使用期间和使用之后的全部感受，包括情感、信仰、喜好、认知印象、生理和心理反应、行为和成就等各个方面。那么，我们用一句话定义用户体验：用户在使用产品前中后所产生的主客观感受。

美国硅谷产品集团创始人 Marty Cagan 认为"成功的产品都遵循一定的规律"。而这些规律即构成了产品设计的基本原则：[○]

（1）产品经理的任务是探索产品的价值、可用性、可行性。

（2）探索（定义）产品需要产品经理、交互设计师、软件架构师通力合作。

（3）开发人员不擅长用户体验设计，因为开发人员脑子里想的是实现模型，而用户看重的是产品的概念模型。

（4）用户体验设计就是交互设计、视觉设计（对硬件设备来说，则是工业设计）。

○ CAGAN M. 启示录 打造用户喜爱的产品[M]. 武汉：华中科技大学出版社，2017.

（5）功能（产品需求）和用户体验设计密不可分。

（6）产品创意必须尽早地、反复地接受目标用户的使用，以便获取有效的用户体验。

（7）为了验证产品的价值和可用性，必须尽早地、反复地请目标用户测试产品的创意。

（8）采用高保真的产品原型是全体团队成员了解用户需求和用户体验最有效的图景。

（9）产品经理的目标是在最短的时间内把握复杂的市场/用户需求，确定产品的基本要求——价值、可用性、可行性。

（10）一旦认定产品符合以上基本要求，它就是一个完整的概念，去掉任何因素，都不可能达到预期的结果。

从以上这些设计思路中我们可以看出，优秀的产品和我们此前所讲的用户体验、跨界思维、最终效果（结果）是密切相关的。在这 10 条基本原则中，事实上有 7 条和用户体验密切相关。用消费者或用户的思维去感知世界，那么我们的视野里将都是一种东西：用户的产品。

一个畅销的新媒体产品可以不是最好的，但一定要是体验很好的。例如新媒体产品抖音。抖音是一款音乐创意短视频社交软件，由今日头条进行孵化，用户可以通过选择背景音乐、编排动作和加工特效来创作短视频。抖音安卓应用商店的客户端下载量已经超过13.9 亿次。⊖ 虽然我们很多人在某个瞬间会觉得抖音这款产品做得比较粗糙，但我们绝大多数人还是被抖音的用户体验征服了（或者说被征服过）。我们可以尝试说出抖音产品的两个体现强调用户体验的设计。

第一，抖音专注用户生成内容（User Generated Content，UGC）模式，视频限时 15秒，以帮助普通用户表达更个性化的内容。根据 Quest Mobile 的数据，2017 年 9 月抖音用户中有超过 73.8%的用户在 24 岁以下。抖音借助今日头条的推荐技术，根据用户的观看习惯进行视频推荐，更加契合用户的兴趣点，实现了用户沉淀。

第二，抖音不断推出新的功能玩法，开启"无核"模式促进用户的留存和增长。其内容主要由普通用户进行制作上传，不以打造明星、网红视频为核心，而是鼓励大众制作视频。抖音产品充分利用用户的碎片化时间（不论是内容生成，还是观看视频），为用户打造了知识、兴趣、娱乐、内容生产加成就感的新媒体体验空间。

然而，我们也必须要注意到用户体验并不是一概而论的。腾讯公司高级产品经理刘涵宇认为：用户，意味着对于不同的目标用户来说，即便他们的需求看起来一致或者差不多，但是在具体使用产品的过程中，"用户体验好"的定义也可能是不同的。用户体验要求我们在设计产品的时候，需要着重考虑用户在具体使用过程中的环境、场景、便捷性等问题。但作为设计者，必须要去挖掘用户主观感受背后的真实情况和需求，而不要被主观的表象的东西所迷惑。⊜

7.2.2 用户价值

那么，前面所讲的用户背后的"真实情况"是什么呢？

⊖ 笔者统计数据截至 2018 年 10 月 12 日。

⊜ 刘涵宇. 解构产品经理：互联网产品策划入门宝典[M]. 北京：电子工业出版社，2018：22-29.

答曰：用户价值。

用户价值的意思是产品能够给用户带来什么，或者说产品能够满足用户什么需求。用户价值的重要性显然要高于用户体验，用户价值是用户体验的前提和目的。如果说用户价值是主题和出发的目的地，那么用户体验就是内容和到达目的地的过程。新媒体产品策划者可能要在产品设计中竭力实现用户价值（或者说给自己和用户这样的预期），但如果在很多细节上都不能让用户有"及格线"上的体验，那么用户是很难凭借你当初许诺给用户的信念支撑前行的。

这样的例子不在少数。例如，Symbian（塞班）操作系统，其各个平台之间第三方软件不兼容，且软件开发商多专注于某一个平台，这大大减少了各个平台上可用的第三方软件，给用户带来了极大不便。版本之间兼容性差也是 Symbian 操作系统需要改进的一个地方，每当新版本的 Symbian 操作系统发布并有产品面世时，系统的兼容性便成了其发展的一个大敌。相当多的一部分软件需要软件开发商跟进，开发新的版本才能得以解决。此外，Symbian 操作系统对细节不够注意，由于 Symbian 只提供给厂商一个内核及UI（User Interface，用户界面），很多细节功能需要厂商去添加，但是很多厂商将着眼点放在了产品的多功能及综合性能等方面，往往忽略了一些基本的功能。一些机型甚至连闹钟这类功能都需要第三方软件才能实现，这无疑给不熟悉 Symbian 的用户的带来了极为糟糕的体验。

有研究者将一个产品的完善程度分为 3 层：有用、可用和易用。并做了如下分析： [注]

（1）有用的定义是产品能够满足用户的某种需求，即能够提供用户价值。

（2）可用的定义是产品的目标用户，以其现有的条件（例如经济状况、身体状况、知识水平、认知能力等）可以顺利使用这个产品。这一层混合了用户价值和用户体验。

（3）易用的定义是对目标用户来说，产品容易操作、容易上手，不需要付出过多的成本来掌握和学习，这是用户体验的范畴。

用户会同时对有用、可用和易用产生需求，但是在绝大多数情况下，可用和易用必须建立在有用的基础上。即用户体验必须建立在用户价值的基础上。

在一个非充分竞争的领域中，倾向于更加关注用户价值。

在一个充分竞争的领域中，倾向于在确保用户价值的前提下，更多地关注用户体验。

这几段分析文字很好地说明了用户价值和用户体验的关系及用户价值和用户体验在产品设计与竞争中的地位。而对于绝大多数新媒体产品而言，用户价值体现在产品的功用与功能上，用户体验体现在设计思路与 UI 上。

如果说，互联网的上半场注重的是流量的攫取的话，那么下半场，将是从产品到实现用户价值与优化用户体验的角逐。总而言之，新媒体产品的设计要求新媒体策划人运用多种思维方式，融会各种设计灵感，体验多元价值观念，锁定目标，实现用户价值，优化用户体验，最终打造用户喜爱的优秀产品。

○ 刘涵宇. 解构产品经理：互联网产品策划入门宝典[M]. 北京：电子工业出版社，2018：58.

7.2.3　二者的实现

要实现用户价值与用户体验，需要遵循如下原则：

（1）用户价值与用户体验的思考顺序。排在第一位的当然是用户价值，这是策划之初必须思考的问题，即你的产品能够实现用户什么价值，是考研英语听力复习，还是送餐到家，或是智能规划去火车站的路线？其次才考虑用户体验的问题。

（2）用户体验与产品设计的开发顺序。我们曾见到很多新媒体产品设计团队将用户体验设计与软件开发放在一起来做，这样的做法显然是低效且混乱的。正确的顺序应该是先定义用户体验，然后再做产品实体的设计与开发。但是，在开发人员开发了很多后台基础软件后，策划人便可以安排用户体验设计与软件开发设计并行开展了。在此期间，我们可以充分和软件开发人员进行协调沟通，让软件开发人员帮助评估设计的可行性、成本、预期进度等问题，从而促使策划人做出有价值、可行且用户体验很棒的产品。

（3）考虑用户场景与尊重用户习惯。我们知道，一个优秀的新媒体产品是能够设身处地地考虑用户的使用场景和用户使用习惯的。例如，一款电子书阅读 App，一定会照顾到用户在不同光线下的阅读体验，同时也会照顾到用户左右手使用习惯所带来的一系列诸如翻页体验等问题。如果策划一款适合欧洲人使用的 App，那么我们将要在分享的链接中出现 Facebook、Twitter、YouTube 等分享按钮。

（4）费茨法则（Fitts's Law）与席克定律（Hick's Law）。费茨法则最基本的观点是：任何时候，当一个人用鼠标来移动鼠标指针时，屏幕上目标的某些特征会使得单击变得轻松或者困难。比较而言，目标越远，到达越费力；目标越小，就越难选中。例如，在我们播放视频 App 时，iOS 系统和大部分 Android 系统对设备所连接 Wifi 名称的查看，iOS 系统需要借助悬浮球跳转到设置中查看，然后再切换到视频播放界面；而大部分 Android 系统则可以在视频播放界面直接下拉屏幕顶端菜单直接查看。后者在交互设计中减少了用户的操作成本。席克定律的基本含义是"决策的耗时将随着选项的数量及复杂度的提升而增加"。事实上，越是优秀的新媒体产品其用户界面越是简洁。微信和微信底部的四个菜单按钮便是很好的证明。

当然，实现用户价值和用户体验需要遵循的原则还有很多，类似的原则与细节也数不胜数，但我们都可以从用户思维的角度加以概括和提炼。这种用户思维是随处可见的，例如，我们在 Apple Store 或 Microsoft Store 里经常会见到定价为 9.9 美元或 19.9 美元的产品，那为什么不是 10、20 或 11、21 呢，显然是定价者考虑到了定价策略中的用户心理体验问题。

➡ 7.3　用户画像

作为一种勾画和描述目标用户、把握用户诉求与设计方向的有效方法和工具，用户画像在各领域得到了广泛的应用。在新媒体产品领域，用户画像更是一种绝佳的把握新媒体产品用户详细信息的手段。当然，有时候我们也会惊奇地发现，新媒体产品策划人的用户预期有时候和产品的用户画像结果并不相符。这可能是因为该新媒体产品在用户的使用和传播过程中，用户群体和用户消费行为发生了一定的变化。用户画像可以很好地了解和把握新媒体产品这种在实际使用中发生的用户群体与消费行为变化问题。

最早提出用户画像的概念是交互设计之父 Alan Cooper，他在研究中将用户画像定义为"基于用户真实数据的虚拟代表。"[一]根据 PERSONA 用户画像理论可将用户画像要素分为 7 个部分：

（1）基本性(Primary)：该用户角色是否基于对真实用户的情景访谈。

（2）同理性(Empathy)：用户角色中包含姓名、照片和产品相关的描述，该用户角色是否引同理心。

（3）真实性(Realistic)：对那些每天与顾客打交道的人来说，用户角色是否看起来像真实人物。

（4）独特性(Singular)：每个用户是否是独特的，彼此很少有相似性。

（5）目标性(Objectives)：该用户角色是否包含与产品相关的高层次目标，是否包含关键词来描述该目标。

（6）数量性(Number)：用户角色的数量是否足够少，以便设计团队能记住每个用户角色的姓名，以及其中的一个主要用户角色。

（7）应用性(Applicable)：设计团队是否能使用用户角色作为一种实用工具进行设计决策。

用户画像的方法有很多，大致可以分为：基于用户行为的画像方法、基于用户兴趣偏好的画像方法、

> 用户画像的生成是基于用户调研数据基础上的。所有使用某一新媒体产品的用户都会留下一连串的用户使用数据，这些数据就构成了一个相对准确意义上的用户画像。

基于主题的画像方法、基于人格特性与用户情绪的画像方法等。但现阶段的用户画像研究基本都是建立在大数据和云计算技术基础上的全数据与抽样数据结合的用户画像方式。例如，企鹅智库和 Quest Mobile 大数据在比较淘宝、京东等用户数据基础上对拼多多产品做的用户画像与分析报告[二]概括：

（1）与淘宝用户画像相比，拼多多用户中 24 岁以下年轻人比例更低，36 岁以上用户比例更高。

（2）从用户职业上看，淘宝用户核心人群是公司职员和在校学生，而拼多多两大主要人群为公司职员和自由职业者。

（3）拼多多拥有明显更高比例的女性用户。在年龄、地域和性别分布上，拼多多用户画像和唯品会高度重合。

（4）追求"折扣"这一点上，拼多多用户比淘宝/京东用户略高，约 60%的用户追求用更低的价格买到更高原价的商品。

（5）所有用过拼多多的用户中，67%有过购物经历，33%是只用过拼多多但是没有形成购买行为。

（6）拼多多中 13.7%的用户来自线下购物为主的人群，这些用户中，包括从未进行过

○一 刘海鸥，孙晶晶，苏妍嫄，张亚明. 国内外用户画像研究综述[J/OL].情报理论与实践:1-7[2018-10-13].http://kns.cnki.net/kcms/detail/11.1762.G3.20180816.1744.005.html.

○二 企鹅智库，QuestMobile 大数据. 拼多多用户研究报告[EB/OL]. [2018-7-31].http://data.qq.com/article?id=3644.

网购的人群。

这种用户画像是集群式的，虽然宏观，但比较粗糙。中国联通公司曾经将用户画像分为 3 个维度，可以供新媒体产品策划人参考，详见图 7-1。

但事实上，在新媒体产品领域，我们要做的用户画像的分类标准还是很多的，我们可以根据不同的标准进行不同的用户细分：概括画像（如前面列举的拼多多产品用户画像）、详细画像、性别画像、年龄画像、地域画像、职业画像、流量趋势画像、页面画像、行为分析画像、访客画像、会员画像、用户来源画像、App 画像、广告营销画像、商品画像、订单画像等。

例如，页面画像可做如下细分：

（1）受访画像（各品类页面访问量统计）。

（2）进入画像（访客从哪些页面进入网站）。

（3）离开画像（访客从哪些页面离开网站）。

（4）页面热点图（优化网页设计）。

（5）访问标记（访客在页面上点击哪些内容或者 ID 元素）。

（6）主机域名（网站子域名访问量）。

（7）访问目录（网站子目录访问量）。

（8）外链网站（访客点击哪些站外链接离开网站）。

······

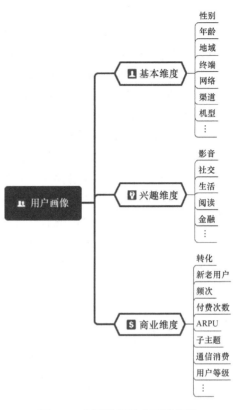

图 7-1 中国联通用户画像简图

再如，用户来源画像可做如下细分：

（1）来源分类（直接输入、搜索引擎、本域来路、外域来路）。

（2）来源网站（网站统计）。

（3）来源页面（网站链接）。

（4）直接访问（浏览器直接进去）。

（5）搜索引擎（具体的搜索引擎画像）。

（6）搜索关键词（热点关键词画像）。

（7）广告营销（通过广告进入）。

（8）移动 App（移动数据入口）。

······

在新媒体产品不能拿到大量的真实用户画像信息时，我们通常会采用标签建模的方式进行用户画像。这种标签建模的方法即是通过用户使用行为、注册信息等内容建立相应的标签，并对这些标签进行划分和加权，最后形成具有参考价值的用户画像数据。例如，我们可以用如下公式来整合这些标签：

$$标签权重=衰减因子×行为权重×网址子权重$$

例如，用户 A 一个月前通过推广扫码下载了一款睡眠类 App，因为最近睡眠不好，昨天使用了该睡眠 App 进行了睡眠质量监测，并在今天上午进行了一系列的 App 内浏览，在下载并转发了自己的睡眠质量报告后，在商城内看了 2 款颈枕等。

那么这个用户的标签可以定义为：睡眠、颈枕。

我们假定，时间标签是昨天：假设衰减因子为 0.9。

行为类型是监测和商城浏览，其权重为 1。

地点标签，可以根据扫码锁定相应访客来源信息，假设权重为 0.8。

那么用户 A 的睡眠偏好标签是：睡眠/颈枕，权重是 0.9×0.8×1=0.72。

当然，例子中的标签建模仅仅是极为粗略的模拟，所考量的因素仅为有限的几个，不足以为新媒体产品运营者提供很好的帮助。所以，在精细标签建模之后，我们还要做二次建模或细化模型。事实上，随着新媒体产品用户个人隐私权利意识的提高，我们很难且无法完全通过一款产品从用户那里获取与产品或同类产品使用情况的所有信息。所以，我们在进行用户画像的时候必须明确用户所提供信息的关联度或重要性。例如，我们经常通过Cookie、ID、E-mail、微信授权、QQ 授权、微博授权、手机号码、身份证号等方式获取用户的相关产品消费和使用信息。而每一种用户标识方式都有自身的局限性，当然，从属性上讲，获取身份证号是最为官方、可靠、有效的用户画像信息，但其获取难度也是最高的。几种常见的用户标识方式见表 7-2。

表 7-2　几种常见的用户标识方式

用户标识方式	效　果	备注（局限性）
Cookie	互联网使用最为广泛的方式，能够标识匿名、未注册用户	通常有一定的有效期，不易跨浏览器、设备
ID	各家网站的用户标识，最常见的互联网会员管理方式	用户注册意愿越来越低，需注册，要投入大量推广运营成本
E-mail	互联网早期较为常用的用户标识方式。目前依然有一定的占有率	一人有多个 E-mail 很常见，因此标识会损失一定的准确性
微博、微信、QQ	当下业内共识的第三方登录 ID，提供 OAuth（Open Authorization）授权机制	标识准确性，持久性上是个较好的折中方案
手机号	移动端最精准的用户标识，但存在时效性等问题	较难获取到，视产品激励用户填写意愿
身份证	最官方、可靠、有效的用户标识	较难获取到，视产品激励用户填写意愿

7.4 注意力市场

詹姆斯·韦伯斯特（James G.Webster）[⊖]在《注意力市场》[⊖]一书中曾说，媒介产品的生产者想要得到人们的注意力。他们开发注意力市场，利用注意力娱乐大众，建构社会资本，获取金钱财富，抑或改变人类的历史进程。韦伯斯特认为人类的注意力是有限的，注意力市场无法摆脱"有限"的束缚和限制。越来越多的媒体争夺注意力市场。这种此消彼

⊖ 美国西北大学传播学院教授，博士生导师；尼尔森公司，特纳广播公司，耶鲁大学 Rudd 中心顾问。
⊖ 韦伯斯特. 注意力市场[M]. 北京：中国人民大学出版社，2017.

长的注意力市场实际上是在玩"零和游戏"。我们举个例子，关于新媒体通信工具，用户不可能将所有的注意力都平均放在每一款新媒体通信产品（微信、QQ、飞信、米聊、YY、钉钉、飞鸽传书、Line、ICQLive……）上，因为人们的注意力是有限的，他们只能选择一个或两个核心通信产品。所以，我们说，目前微信取得了通信产品的绝大部分注意力市场。

20 世纪 70 年代，诺贝尔奖得主赫伯特·西蒙（H. Simon）说："信息的富足造成注意力的匮乏，因此我们需要在丰富的信息源中有效配置注意力。"[⊖]信息的多寡影响了受众注意力，产品的多少也影响了用户的注意力。然而，我们也注意到，信息的富足与传播的效率、用户的时间、产品的质量存在某种关联。在大数据与云计算技术面前，海量或全量的信息恰恰能够帮助我们做出更为精确的判断，梳理更为可靠的规律。在信息不断被技术整合、筛选、清洗的时代，用户的注意力实际上也发生了变化——变得更加冷静、客观、智能，用户懂得很好地运用自己的注意力，懂得如何防止自己的注意力受到干扰和分散。例如，有一定生活经验的人基本上不会在买何种品牌的牙膏上发愁，不会用半个小时的时间在超市牙膏柜台处查看、比对，不会将自己的注意力毫无倾向性地分配给每一种品牌的牙膏。取而代之的是，用户会在手机网络商城里通过购物筛选菜单，勾选年龄、口味、功能（是否脱敏，是否全效，是否药用等），一键实现信息与产品的精准定位。此时，用户的注意力并非在牙膏本身上，而转移到了对于产品能否帮助用户进行有效筛选目标的问题上。以此可见，注意力的转移和升级已成为现代信息社会用户处理注意力有限问题的有效与必要手段。

每个人对媒介的使用都体现了他（她）的偏好、社会关系和生活环境。用户获取和使用资源，为的是达到自己的目的，不管这个目的是什么。从这个意义上讲，用户的行为是理性的。然而，数字媒体将带有目的性的、理性的能动者带入一个困境。他们进行理性行动的能力在两个方面受到了"限制"：第一，数字环境无边无际，人们无法尽知一切选项；第二，媒介产品是一种"千姿百态"的"经验商品"。人们只有用过之后才能知道新产品是什么，能否满足自己的需求……无论多么复杂的推荐机制，都不可能是完全中立的。再狡猾的用户，也容易受到它的影响。实际上，我们所依赖的媒体环境，并不是任由选择的菜单。大多数媒体都对受众有所求。它们经常想要操控用户，它们的手段有时候让人难以察觉。[⊖]

从注意力市场的角度分析和解答媒介、商业、文化、受众、用户之间的关系，是复杂且多变的。根据企鹅智库《用户分化+价值回归：2018 中国媒体消费趋势报告》：新闻资讯类 App 整体的用户使用黏性呈现上升，用户的月度总使用时长、人均单次使用时长均增长了约 20%。新闻资讯类产品对用户的吸引力和价值进一步提升。用户手机里安装的新闻资讯类 App 的个数也呈上升趋势。虽然有超过一半的用户手机中仅安装 1 个新闻资讯 App，但比例从 61.6%下降到 52.2%。从报告的核心文字中发现，我们通过"用户手机里的新闻资

⊖ H-Simon,"Computers, Communications and the PublicInterest" in computers, communications and the Public Interest[M]. Grenberger Johns Hor kins Press,1971: 41.
⊖ 韦伯斯特. 注意力市场[M]. 北京：中国人民大学出版社，2017：14-15.

讯类 App 个数在增加"可以推断出可能与之相关的用户注意力影响因素：手机存储空间的不断扩大、用户对某 App 的忠诚度下降、用户对新闻资讯获取来源扩大等。而通过新闻资讯类 App"用户使用黏性"上升可以推断用户的注意力向新闻资讯转移。而根据我们对新闻资讯类 App 的观察和调研发现，新闻资讯类 App 为了吸引用户的注意力，也增加了用短视频来呈现和报道新闻资讯的比例。新闻资讯类 App 在一定程度上是借助了国内短视频热的"东风"与"便车"抢占了注意力市场。

关于注意力市场问题，我们应该有更加深刻的思考：

（1）我们必须要认清能够吸引受众注意力的媒介或产品，并不一定就是能够将这些受众转化为用户的媒介或产品。而优秀的媒介或产品总是能够通过某种传播方式（哪怕是极为缓慢和低效的）得以穿透"乌合之众"，获得一部分（逐渐传播扩大）受众（用户）的注意和关注。换而言之，在这个万物皆媒的时代，媒介或产品越优秀其获取的受众或用户的注意力纯度就越高。虽然"标题党"们能够暂时性获得受众的访问，但是，这部分受众却永远无法转变为他们的用户，且这部分受众是看完即走的。受众在媒介素养与浏览经验上不断提高和丰富，最终的结果就会如大浪淘沙，将优秀的媒介与产品留下来。

（2）也许我们不必执着于注意力的问题，但是很多时候这会是一个"身不由己"的问题。比如，面对在课堂上低头看手机的同学，老师在前面的讲解是索然无味的，但此时老师突然用力击掌，发出巨大声响，那么低头看手机的同学必然会将原来投放在手机上的注意力转移至老师处。然后老师继续索然无味的讲解，这些同学的注意力便回到了手机身上。这说明了一个很简单的问题，注意力的转移是相对意义上的，而注意力的持久是内容意义上的。类似这样的情况还有很多。

➡ 7.5 用户市场分析

这里的"用户市场"和我们前面所讲的"注意力市场"是有些许差异的。"注意力市场"是指受众和用户的普遍注意力，而"用户市场"是指用户的需求和购买力。一般而言，我们谈及市场，就是指商品和产品层面上的市场。而将"注意力"和"用户"作为同商品和产品同样地位的市场主体，则是从新媒体产品策划人、运营者的角度，对"注意力"和"用户"进行反向观察、审视、思考的结果。换而言之，我们要做的一方面是将新媒体产品推销给用户，或者用产品引起用户的注意；另一方面是将用户作为"产品本身"来对待，而我们进行新媒体产品策划的目的便是将我们的产品打造为可以帮助用户认清自身需求与帮助实现用户自身价值的工具。具体而言，我们要分析"包装"和"购买"用户的需求，在适当的情况下，我们也要创造用户对于产品的需求。那么，对用户市场的分析便显得尤其重要了。

7.5.1 用户市场调研

过去 20 年间，市场调研的手段取得了长足的发展，对于大规模用户的调查难度降低了很多。关于用户的需求信息不断通过新的技术得以最大化呈现。合理地利用市场调研工具和方法可以回答关于用户需求与用户市场的很多问题。比如 Marty Cagan 在《启示录：打造用户喜爱的产品》一书中所言的以下几个关键问题：⊖

（1）谁是目标用户？

（2）用户会怎样使用产品？

（3）用户能想明白怎样使用产品吗？障碍在哪里？

（4）用户为什么选用你的产品？

（5）用户喜欢产品的哪些特点？

（6）用户希望如何改进产品，增加哪些功能？

> 这一小节的内容与本书第 5 章的内容有关联，可以进行对照阅读。要知道，对产品的调研，实际上是对用户的调研。产品即"用户"。

表 7-3 可以很好地帮助我们了解进行市场调研和分析的工具与方法、作用与效果等问题。

表 7-3　用户市场调研方法与分析

市场调研工具与方法	相关注意事项、作用与效果
定性与定量研究相结合	定性研究是直接与用户面对面交流，深入而真实地获取用户想法和需求（有时还能触发创意）；定量研究是通过搜集一定数量的资料或信息，对数据进行量化处理、检验和分析，从而获得有益于产品设计、销售的结论的研究过程。前者如访谈、可用性测试等；后者如问卷调查、眼动分析等
产品使用情况分析（如数据挖掘）	网络后台数据分析、用户使用行为记录等都可以用于用户对产品使用情况的分析，但这些数据只能用于统计与改善产品的服务，而不能用于其他方面，更不能侵犯用户隐私等
拜访用户（当面、E-mail 或电话回访）	越是偏向于传统的对于用户的"拜访"便越能够深入了解用户的真实体验（例如海尔公司仍采用针对用户的电话回访方式收集产品和服务满意度信息），但这种调查方式成本较高
SWOT 分析法（Strengths、Weaknesses、Opportunities、Threats）	优势、劣势、机会、威胁：这是当分析者没有更有效的分析法前最为常用的分析方法。我们可以将它分为如下 9 个维度：企业品牌、优势资源、起步时间、内部环境、政策情况、用户需求、行业壁垒、竞品分析、盈利模式[①]
可用性测试（重点或特定用户试用）	应该尽早对特定用户开放产品的可用性测试，进而观察用户反映，收集反馈信息，记录用户使用行为等。例如，Microsoft 推出 Windows10 产品时开展的可用性测试，英雄联盟 PC 游戏产品新版客户端的可用性测试，都对产品推广、服务和占有用户市场起到了很重要的作用
竞品分析（对手产品分析）与竞争用户分析（对手产品的忠实用户分析）	对于同类产品的用户会有很大的相似属性，应该重点找到并学习同类产品能够黏住用户的地方，同时也要发现竞品的劣势，进而为打开竞品用户市场做足准备
用户调查（一般采用网络问卷方式）	注意设计调查问卷的科学性，注意开放性与封闭性问题的设计；调查结果虽然能够为解决问题提供一个途径，但绝非解决方案本身
A/B 测试	A/B 测试本质上是分离式组间实验。首先建立一个测试页面，这个页面可能在标题、字体、背景颜色、措辞等方面与原有页面有所不同。然后将这两个页面以随机的方式同时推送给所有浏览用户。最后分别统计两个页面的用户转化率，即可清晰地了解两种设计/创意的优劣。以前进行 A/B 测试的技术成本和资源成本较高，但现在一系列可视化工具的出现，如 Optimizely、Leanplum、Taplytics 等，使 A/B 测试逐渐成为利用用户优化产品的常用方法
归因分析	如果做了大量的活动，监测活动的转化率和花费是有很多技巧的：移动 App 的数据跟踪工具是最好的工具；GA 和国内类似友盟、诸葛 io、Talkingdata 等工具都可以很方便地得知哪个渠道的表现更好

① 刘涵宇. 解构产品经理：互联网产品策划入门宝典[M]. 北京：电子工业出版社，2018：89-92.

⊖ CAGAN M. 启示录：打造用户喜爱的产品[M]. 武汉：华中科技大学出版社，2017：105.

7.5.2 用户获取成本

用户获取成本（Customer Acquisition Cost，CAC）实际上是影响用户体验的一个重要因素，也是关系产品与用户是否能够建立使用与服务关系的重要影响因素。新媒体产品在降低用户获取成本上可以遵循一些原则，这些原则有些是战略战术层面上的，有些则是具体的产品设计层面上的，还有些是运营销售过程中的。大致有如下几个方面：

（1）产品的策划、部署、设计都要遵循一致的设计理念、风格，给用户始终如一的印象，这会影响到产品在用户心理层面上的"获取成本"。用户对于产品的接受（从概念到实体），并不是一蹴而就的，通常来讲是循序渐进，层层深入的。

（2）产品在策划时要尽可能地提示和帮助用户阅读、点击、填写（智能）、防错、防呆、记忆等。例如，产品在注册流程中能够及时而自动检测邮箱的有效性、验证码填写是否正确，而不是在用户填完所有表单之后再告诉用户哪里错了。

（3）产品策划要符合奥卡姆剃刀（Occam's Razor）原理，尽可能地做到简洁而高效，如无必要，勿增实体。以简洁著称的一加手机操作系统 H2OS 便是一个很好的例证（只有在绝大多数用户强烈要求必须要增加某个功能的时候，一加科技设计者才会考虑是否必要增加那个功能）。

（4）产品要保证用户可控，即赋予用户足够大的控制权。这一点在用户媒介素养不断提高的时代尤其重要。但我们也注意到，这可能会出现两个极端。例如，苹果手机 iOS 系统以良好的封闭性著称，很多用户就是基于此才觉得该产品安全可靠；而一加手机氢、氧系统以良好的开放性著称，很多用户也是基于此（自主重装系统）而觉得自己掌握了产品的控制权。

当然，决定和影响用户获取成本的因素还有很多。而用户获取成本的计算方法也依据不同的影响因素而迥然不同。我们可以通过表 7-4 中的概念和方法完成对用户获取成本的初步与粗略考量。

表 7-4　用户获取成本相关概念与公式

概　念	参考计算方法	相 关 说 明
LTV（Life Time Value）生命周期总价值	1. LTV=ARPU×LT 2. LTV=付费用户月均消费—毛利/流失率	LTV 是指在用户生命周期内用户第一次登录至最后一次登录给产品带来的总收入。它可以看成是一个 ARPU 值（Average Revenue Per User，每用户平均收入）的长期累计。传统的 LTV 计算相对复杂，RJ Metrics 公司为此开发了一款计算工具可以帮助我们进行计算
CR（Conversions Rates）注册转化率	CR=注册用户数/渠道访问数	注册转化率一般是指用户访问了某种渠道（如推广链接、App 下载市场）到最终注册成为用户的比例
付费用户比例	付费用户比例=付费用户数/注册用户数	当付费客户的生命周期总价值有一定保证后，需要提升付费用户比例。在产品推广初期，很多公司会以免费吸引客户；而后通过增值服务，将部分免费用户转化为付费用户，实现收入的增长。因此，不是每个注册用户都在付费。那么，计算和提升付费用户的比例与转化率，就显得十分必要
注册成本/付费用户注册成本	1. CPA=CPC/CR 2. 付费用户注册成本=CPA/付费比	注册成本是指成功引入一个注册用户需要的成本，如果单纯以注册为结果来投放广告，注册成本可以简单看成 CPA（Cost Per Action，效果付费）。CPA 由 CR 和 CPC（Cost Per Click，点击付费）决定

7.6 用户生成内容

用户生成内容（User-generated Content，UGC）是指用户自己原创内容在媒介上发布的活动。

用户生成内容一般有 3 个特征：①以网络传播、体验、分享、互动等为前提；②内容具有一定的独特性、原创性或创新性；③非专业人士、准专业人士或非权威组织创作或生成。

用户生成内容的方式，我们可以分为 3 类：沉浸式用户生成内容方式、分享式用户生成内容方式和评价式用户生成内容方式。

最好的也是最早的最大规模的用户生成内容的媒介是维基百科。维基百科最早是由吉米·威尔士与拉里·桑格合作于 2001 年 1 月 13 日在互联网上推出的服务网站，并于 1 月 15 日正式展开网络百科全书计划。维基百科的目标是向全人类提供自由的百科全书，并希望各地民众能够使用自己选择的语言来参与编辑条目。其他书面印刷的百科全书多是由专家主导编辑，之后再由出版商印刷并加以销售。而维基百科在性质上属于可自由访问和编辑的全球知识体，即任一用户或编者都可以依照维基技术规范进行百科全书的编写、相关词条的创建等。这也意味着除传统百科全书所收录的信息外，维基百科也能够收录非学术的实时更新的但仍具有一定媒体关注度的动态事件。维基媒体矩阵见图 7-2。

图 7-2 维基媒体矩阵

2006 年《时代》杂志所评选的时代年度风云人物"你"中，便提到了全球上百万人于线上以协作方式共同创造内容、共同进行编辑的维基百科。同年提及的其他重要媒体网站还有 YouTube、MySpace 和 Facebook。这三者是通过用户注册的方式，建立自己的空间，经过拍摄、分享和上传的方式生成丰富多彩的原创内容。这些均属于分享式用户生成内容方式。用户通过分享自己的照片、视频、文章与网友或朋友互动，在实现媒介表达或话语权取得的同时，还实现了自身的社会价值。如今除了少数政府、企事业单位等非营利性的以发布政令、通知为主的媒体外，其他媒体基本都实现了用户生成内容功能与相关产业链。分享式用户生成内容在新媒体用户生成内容中占很大比例，分享式用户生成内容要求用户生成的内容具有较高的原创性，其内容不乏具有比较深广的影响力者，有时一篇自媒体文章可以引发一个舆论事件，一个短视频可以受到数百万人的关注。

媒体与受众的互动加速了用户生成内容活动的达成。在如今的新媒体时代，用户生成内容出现在新媒体时代的各个领域，传统意义上的"观众"已经成为"用户"，而且这个"用户"是不断参与、生产和创造内容的作者（有时也会是编辑者、知识产权人等）。

例如，在观看影片时，我们所看到的弹幕；在购买知识产品时，我们所看到的用户评论；在豆瓣网站上我们所看到的用户评分等。这些由用户生成的内容则属于评论式用户生成内容。评论式用户生成内容的含金量比较低，但是他们的总量很大，而且其总体的倾向性可以很容易达到质变，从而能够衡量和评定媒介产品（也包含其他商品）的优劣。

Dovey 和 Kennedy 认为：对于在用户生产内容的时代里的媒介和媒介受众的新型关系而言，游戏工业和游戏玩家之间的关系是典型的。网络发布的媒介优化了用户参与稳固市场定位的机制。[⊖]这为我们提供了新的定义用户生成内容的视角，即媒介竞技视角下的沉浸式用户生成内容方式。例如，在与其他玩家共同体验《绝地求生》（PUBG）这个媒介竞技游戏时，游戏操作者会和其他玩家的战术行动进行交流、碰撞，有些是反复的，有些是一次性的，有些是经验性的，有些是计划性的，总之彼此是在众多玩家共同营造的"危险"环境（媒介）中不断创造新的游戏内容（新的游戏画面、场景与体验，这和以往的单机版固定任务型游戏有本质区别）。这种只有媒介竞技者能够参与和体验的内容生成（如非录屏或直播，则不可再现或体验）方式是一种沉浸式的用户生成内容方式。

沉浸式用户生成内容具有极高的媒介参与度，要求媒介用户全身心地投入到媒介之中，并与媒介中的其他用户一同体验并生成内容，同时，其所生成的内容往往是随着媒介使用结束而结束的，是用完即毁的。如果在媒介使用（如《英雄联盟》网络游戏）中用户开启录屏或直播模式，那么这种用完即毁的沉浸式用户生成内容则会得到保存（稍后用户可以在自媒体进行分享，便构成分享式用户生成内容活动）或同步观赏（这是一种即时分享，即"沉浸+分享"的方式，如果网友同时发来弹幕进行评价，那么网友的行为则构成了评价式用户生成内容活动）。

总而言之，用户生成内容的方式虽然多样，但是其最终的目的都是用户在创造和实现价值。分享是为他人创造使用与审美等价值，评价是为他人提供参考与选择等价值，沉浸则是为自己（或者说更多是为自己）提供媒介生活所需的习得与娱乐等价值。

⊖ Dovey,J & Kennedy,H W. From Margin to Center. Biographies of Technicity and the Construcion of Hegemonic Games Culture, in Players' Realm: Studies on the Culture of Videogames and Gaming. [M]P Williams and J Heide Smith, McFarlane Press, 2007: 131-153.

7.7 用户批判

对用户进行批判是新媒体产品策划人一定要做的事情。但仅限于私下做，自己团队内部做，自己头脑中做。而对于学者而言，对用户进行批判，也是一定要做的事情，且必须是公开的，具有时代穿透力的，才可以让用户感觉到痛。学者的批判对用户而言通常没有什么意义，而对于新媒体产品策划人而言却意义重大。

> "批判"并不是目的。"批判"只是一种思维方式，是换一个批评的角度来更加深刻地了解用户，从而更深刻地理解产品。

众所周知，新媒体时代，媒体的经营模式不再是传统的广告经营，要通过挖掘用户行为的大数据，获取用户需求信息，从而形成个性化、精准化的产品营销。由此，传统模式下媒体单向输出的"内容"，正在被经营与用户之间的"关系"所取代。拷问产品中是否公平对待所有用户这个问题，其实就是思考"去中心化""中心化"等维度的产品哲学和用户关系问题。豆瓣、知乎、快手、抖音等新媒体产品的用户关系处理得很好，因为它们在极大程度上考虑到了普惠用户、边缘用户、特殊用户、互动用户等不同的用户维度与用户关系。

但是，这并不是说这些新媒体产品对待用户是零容忍的，是唯用户是从的，是讨好和谄媚用户的。我们所讲的用户思维虽然能够在很大程度上让新媒体产品获益，但是我们也应该意识到用户思维也存在某些局限性。

我们知道，用户基础观已经远远超出传统营销学和资源基础观的范畴，为我们提供了一个从用户角度审视企业成长战略的新视角。但与此同时，我们的企业也总是面临着不断变化、成长、越来越挑剔、经常无限放大产品 Bug 且往往"朝三暮四"的用户群体。个体用户在群体中往往变得很不理智。这正如《乌合之众》作者古斯塔夫·勒庞所言：人一到群体中，智商就严重降低，为了获得认同，个体愿意抛弃是非，用智商去换取那份让人备感安全的归属感。与之相似，用户也可以牺牲自己的时间来换取商品的优惠，会用自己的朋友圈（不顾这些广告内容对自己亲朋的影响）换取几块钱的优惠，会若无其事、毫不在乎地扫码关注三四个公众号（只为换取一包市值几毛钱的面巾纸），会莫名其妙地乖乖地依照商家提供导引界面给出自己的喜好（成为商家推销的数据），会完全不去阅读用户使用协议和相关法律条款而注册产品，会忍受新媒体产品的强制广告（而不去思考广告法对此有何规定，甚至对一些用户来讲等待 90 秒的耐心是可以培训出来的），会因为升级后的一个小小 Bug 而轻易地卸载使用很久的 App，会把自己的大部分密码写在手机的记事本中，会听信关于某款产品的谣言或广告（如相信食盐可以防辐射一样）而轻易地停用或下载它……这些用户现象，我们虽然可以用传播学、心理学、社会学等理论去分析，也可以用用户思维去分析，但是恐怕其结论也很难是唯一的，也不可能从用户那里得到一个全部适用的解决方案。总之，我们必须认清，我们不可能让所有用户满意。我们应当对产品的核心用户负责，而不应当试图迎合全部用户，我们应该对一部分"不合格"的用户进行批判，进而果断地舍弃或拒绝一部分用户，以使我们的产品更加纯粹。

图 7-3 为拼多多、淘宝、京东各类热销商品前 5 名均价。

我们以拼多多产品为例进行分析：

拼多多 2015 年 10 月上线，截至 2018 年 6 月 30 日，连续 12 个月成交总额达到 2621 亿元，年度活跃买家 3.44 亿人，平均每个人在拼多多一年花费 762 元……许多人第一次用拼多多都是在微信群里，家人朋友发来"帮忙砍一刀"的砍价链接，在 24 小时内邀请足够多的人点击链接"砍价"，发起"砍价"的用户就可以用免费拿到这个商品，比如售价数百元的行李箱、投影仪、无人机，也有售价十几元的餐具、化妆品、玩偶等。在帮忙砍价的同时，这些点击链接进入的人，也就完成了拼多多的注册过程，成为拼多多的用户。这是拼多多的社交网络促销方式。创办 3 年来，拼多多换了不少社交分享玩法，共同的特点都是门槛低、传播广。拼多多 CEO 黄峥说：在 2017 年上半年以前，拼多多在获客上的成本都是极低的，是"别人的零头"。拼多多的成长路线完全抓住了用户（67.9%为女性用户）"免费""集群""好奇""占便宜"的心理。拼多多对用户和商家的"准入"制度是比较宽泛的，甚至抱着"海纳百川"的"杂货铺"心态。多元用户激增，用户

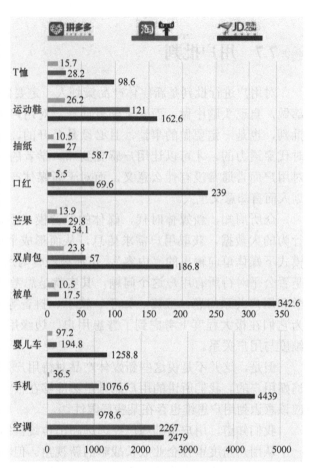

图 7-3 拼多多、淘宝、京东各类热销商品前 5 名均价

注：单位为元。

对产品的评价也变得"扑朔迷离"。根据网友对拼多多的评价，可分为正面和负面两种，其中正面评价有：

"社交+电商+游戏的创新思路和病毒式营销的拉新手段，在双寡头市场中闯出一片天地。"

"中国低线城市人口需求有巨大的开拓空间，作为'世界工厂'的供给端又有无限潜力，很多中国人愿意为了几块钱几毛钱的红包或折扣在群里分享诱导信息，愿意在明知道不可能是正品的情况下花 30 元买阿迪达斯的 T 恤，也愿意为了几块钱的优惠忍受延迟发货。"

"从京东和淘宝的对比也可发现拼多多的潜力，京东的体验秒杀淘宝，但淘宝天猫现在体量秒了京东，增速也超过京东。"

负面评价有：

"拼多多的生意其实是（用商品倾销）低价买流量（卖给商铺）高价卖出。"

"拼多多的流量没有忠诚度，不具备价值。"

"当年淘宝花了几年的工夫不做假货，拼多多没有这样的能力解决质量问题。"

"拼多多不强调搜索，收入来源却主要是广告。"

"拼多多没有自己的物流体系、品控体系。"

《乌合之众》中有一个观点：群众会做两件事，锦上添花或落井下石。在拼多多用户把自己当"广告牌"赚取廉价和免费商品之后，很多拼多多用户面临假货事件的考验，有些用户选择果断离开，有些用户选择留守观望，有些用户选择侥幸坚守，有些用户满不在乎。事实上，用户的选择既是对拼多多的成全，也是对拼多多的伤害。拼多多用户基数虽然大，但用户的忠实度是对拼多多最大的考验。如果用户仅仅因停留在低价和期待免费上仍然留守拼多多（而非某种信任或概念），那么用户也迟早会因为低价而选择其他平台，如果拼多多不能坚定"拼"出自己的方向（产品定位和用户定位），那么它势必将面临更大的危机。

举个例子，《经济学人》网站曾推出一个征订广告，包含 3 个方案：

（1）电子版：每年 59 美元。

（2）印刷版：每年 125 美元。

（3）电子版+印刷版套餐：125 美元。

研究出版或媒介广告的专业人士是不会去选第二个方案的；没错，任何有些思考力的消费者也是不会选择第二种方案的。那么，第二种方案存在的意义是什么呢？

《怪诞经济学》的作者丹·艾瑞里教授为了回答这个疑问，在两组学生（每组 100 人）中做了一个实验：第一组面临如上的 3 种方案选择，第二组则去掉了似乎毫无意义的第二种方案。

实验结果是：第一组 16 人订电子版，84 人订套餐；而第二组 68 人订了电子版，只有 32 人订了套餐。两个方案的差别在与那个看似毫无意义的第二个方案，第二个方案给消费者一种商家愚钝的错觉，给消费者提供一个对比视角，让消费者产生一种享受优惠的选择心理。果不其然，此套广告方案，让《经济学人》的销售提升了 40%。

用户会由于个人的知识、信息、经验和能力的限制，而做出很多错误的判断，或对企业提出误导性的问题……当企业把用户作为营销的对象，利用用户思维中的弱点与盲点，将产品营销出去，获取更多利润。从这个角度看，消费者的理性局限越大，企业就越容易赚钱。但如果企业需要听取用户的意见，察其体验，解其痛点，甚至视其为产销者，那么思维局限性越高的用户给企业提出的反馈就越不靠谱。[⊖]没错，如果产品完全以用户为主导，那么产品便会面临毁灭。因为用户只在乎自己，而不在乎产品本身。这正如罗伯特·劳特朋教授的 4P 理论——产品（Product）、渠道（Place）、价格（Price）、促销（Promotion）所言：客户不会关心产品是什么，他们只在乎自己的需求是否得到满足；客户不关心你铺设了哪些渠道，只在乎自己买东西是否便利；客户也不关心你怎么定价，只在乎能否节约成本和享受优惠；客户更不关心你怎么宣传促销，他们只在意沟通的效率和

⊖ 李卅立，路江涌. 突破用户思维的局限[EB/OL].[2016-8-3].http://www.hbrchina.org/2016-08-03/4397.html.

信息的有效性。传统产品如此，新媒体产品在一定程度上也是这样的。然而，不同的是，真正优秀的新媒体产品应该是懂得利用用户思维而创造用户需求，实现产品内在价值，并帮助用户实现自身价值的优秀产品。

【思考与练习】

1. 阅读古斯塔夫·勒庞的著作《乌合之众》，写一篇 2000 字左右的评论，分析受众与用户的演变问题。

2. 思考维基百科的知识提供运作模式与当下的知识供给类新媒体产品是否有某种冲突或关联？这种冲突或关联和互联网的本质有什么关系？

3. 针对微信和 QQ 产品对广告的不同理解，请谈一下你作为用户是如何认识这两款产品中的广告的？如果你是两款产品的产品经理，你将如何处理用户眼中的广告及广告所带来的相关问题？

第8章

机制与协调：新媒体产品开发的组织保障

经营企业，是许多环节的共同运作，差一个念头，就决定整个失败。

——松下幸之助

在秩序形成时，复杂系统剥去了各自独有的特性，展现出很多系统都具有的普遍行为。

——艾伯特-拉斯洛·巴拉巴西（Albere-László Barabási）

信念之所以宝贵，只是因为它是现实的，而决不是因为它是我们的。

——别林斯基（Vissqrion Grigoryevich Belinsky）

管理是把事情做对，而领导是做对的事情。

——彼得·德鲁克（Peter F.Drucker）

有时候沟通知识为了讨论是否需要调整价格，或者某些特殊交易是否需要产品管理部门的许可或授权，有时候则是为了讨论产品品质。

——琳达·哥乔斯（Linda Gorchels）

关键词

团队　协同　秩序　管理　效率　理念　合作　沟通　诠释

阿里巴巴集团执行副总裁兼参谋长曾鸣在《赋能：创意时代的组织原则》一文中说："未来的组织需要超越传统的公司运作方式。这个挑战阿里巴巴集团在 2008 年提出'新商业文明'的时候就意识到了。当信息文明全面取代工业文明的时候，公司，这个工业时代最重要的组织创新，也必须被超越。"曾鸣点出了未来企业的成功之道在于聚集一群聪明的创意精英（Smart Creative），营造合适的氛围和支持环境，充分发挥他们的创造力，快速感知客户的需求，愉快地创造相应的产品和服务。⊖由这些创意精英组成的团队能够在玩桌球的时候将谷歌公司的 AdWords 广告体系算法搭建完成，且完成任务的 5 个人中没有一个是广告部的员工，这背后的助推力量是一系列配套的组织机制设计和协同工作法则。曾鸣认为，促进协同的机制设计是未来组织创新的最重要的领域与组织原则。故而，在新媒体与新科技时代，团队被赋予了新的定义：创意精英协同运作组织。

> 这一章的内容更应该放置在社会人类学的视域里进行分析与考量。团队意味着人与人的关系、人与人的网络，团队的目的是生成个人所永远没有且达不到的价值。

➡ 8.1 团队：协同运作的意义与价值

先讲一个故事：

一个小男孩尝试在铁轨上走，每次都走了没多远就因失去平衡而踩到石子或枕木上。有一天，来了一个小伙伴，也走上铁轨，两个人便开始了一场走铁轨比赛。那天下午，他们走走掉掉，有输有赢，没有一个人是最终的赢家。后来，夜幕降临，他们有些看不清脚下的铁轨了。两个人决定一起站在铁轨上比试最后一次，一局定胜负。开始的时候，他们都很小心，仔细看着脚下的铁轨，并张开双臂，维持平衡，生怕自己掉下来。直到有一刻，两个男孩的手碰到了一起，彼此仿佛是为了抵御漆黑的夜幕而握在一起，他们才意识到，这样才是使身体保持平衡的最佳方案，这样他们两个人都如愿走过了铁轨。

还有一个故事：

就是我们常说的"一个和尚挑水喝，两个和尚抬水喝，三个和尚没水喝"。

这两个故事都是在讲人多和人少情况下做事情的差异。前者形成团队，可以携手共进，实现共赢；后者没有形成团队，相互推诿，各自为政，没有效率。

8.1.1 作为共同体的团队

百度百科对"团队"（Team）做了如下定义：团队是由基层和管理层人员组成的一个共同体，它合理利用每一个成员的知识和技能协同工作，解决问题，达到共同的目标。这是我们常见的对团队的定义。但是，我们认为这个定义过于僵硬与复杂了，可以简单地说：团队是一群为实现目标而共同努力的人。补充来讲：一个小组不一定构成一个团队，团队通常拥有具有互补技能的成员，并通过协调努力产生协同作用，使每个成员能够最大限度地发挥其优势，并最大限度地减少其弱点。但是，这样的定义过于平淡了，并没有体现或发挥团队应有的"拳头效应"，所以，我们还是要在"共同体"的基础上将其强调为

⊖ 施密特，等. 重新定义公司：谷歌是如何运营的[M]. 北京：中信出版集团，2015：XII.

"创意精英协同运作组织"比较"过瘾"与妥当。

Naresh Jain 认为：团队成员需要学习如何互相帮助，帮助其他团队成员发现自己的真正潜力，并创造一个让每个人都超越自己局限的环境。团队可以从一个庞大的团队或一大群人中分解出来，即使这些较小的二级团队是临时的。我们知道，当强烈的共同使命或承诺感产生协同作用时，团队便不仅仅是一群人，不仅仅是五根手指的简单加法，而是一个拳头，甚至一门艺术。团队因此产生的性能大于其各个成员的绩效总和。

例如，网络游戏玩家团队可以通过阵容的组合形成（并重新形成）一个可攻可守，可以在适当的时机进行团队战斗的组织，他们练习的手艺或技能，彼此的任务分工是不同的，但是其共同目标是赢得比赛。如游戏《英雄联盟》（League of Legends），五人团队通常由"辅助"（Support，一般特点是往往拥有多种控制技能，以及可作用于友军的增益技能，任务是保证 ADC 的生存及顺利发育，协助 ADC 击杀，此外辅助往往还负责为团队"买眼"，性质为整个团队的重要后盾）、"物理输出核心"（Attack Damage Carry，提供持续物理输出，前期、中期甚至后期均极度脆弱，缺少或完全没有控制、逃生技能，但普通攻击伤害较大，生存能力低下，极度依赖 T 及辅助的保护，但在存活的时间内可持续造成高额杀伤效果，是整个团队最重要也是最稳定的输出来源）、"中单"（Mid，功能为 Ability Power Carry，即技能型伤害输出，占据地图中央兵线的玩家，此位置占据了游戏中最好的资源，因此需要玩家有着较高的综合素质，能有 Carry 能力和较强的支援意识，是队伍中的中流砥柱）、"打野"（Jungle，指不在线上而是选择野区发育的行为和角色，担任此位置的玩家需要较好的大局观，能够及时支援各条战线的队友并带起游戏节奏）、"上单"（Top，占据边路兵线的单人玩家，此位置的玩家需要有较强的对线能力，包括压制力以及抗压能力，还需要有一定的危险意识，上单是整个队伍的基石或坦克）。而这个"团队"之所以能够"所向披靡"，一方面是过硬的个人基本功和团队协同作战能力，另一方面也是决定团队高度的内容，即团队成员的极具想象力的创意与协同运作、实现能力。

8.1.2　团队构成要素及价值

从世界范围来看，学术界对于团队和团队合作的研究在持续增长，并且在过去 40 年中显示出急剧增长的态势，这种态势在我国表现得尤为明显。但是，团队和团队合作的社会传播在 20 世纪表现得很不稳定。这个概念在 20 世纪后期被引入商业，随后是建设团队概念的普及。进入 21 世纪以来，团队和团队合作的社会传播表现出一种逐渐趋于稳定的态势。团队的优势有很多，如实现了人际关系的协调发展，促进工作高效开展，促进资源整合等；团队的劣势也有很多，如团队内部容易出现利益失衡，团队内部存在竞争压力和监督压力等。所以，团队结构问题成了一个亟待解决的重要课题。团队结构是指团队成员的组成成分，是团队协调、协作、协同工作的基础，团队的组织结构在队形保持中起着重要的作用。团队，是由一群不同背景，不同技能及不同知识的人员所组成，通常人数不多。他们分别选自组织中的不同部门，那是他们各人的"家"。组成团队后，他们共同为某一特殊的任务而工作。

团队的构成要素通常被总结为"5P"，分别为目标（Purpose）、人（People）、定位（Place）、权限（Power）、计划（Plan）：

（1）目标。团队应该有一个既定的目标，为团队成员导航。有了目标，团队就知道要向何处去，没有目标，这个团队就没有存在的价值。

（2）人。人是构成团队最核心的力量。2个或2个以上的人就可以构成团队。目标是通过人员具体实现的，所以人员的选择是团队中非常重要的一个部分。在一个团队中可能需要有人出主意，有人定计划，有人实施，有人协调不同的人一起去工作。不同的人通过分工来共同完成团队的目标，在人员选择方面要考虑人员的能力如何、技能是否互补、人员的经验如何等问题。

（3）定位。团队的整体定位：团队在企业中处于什么位置，有谁选择和决定团队的成员，团队最终应对谁负责，团队采取什么方式激励下属；团队的个体定位：作为团队的成员在团队中扮演什么角色。

（4）权限。团队当中领导者的权力大小跟团队的发展阶段相关，一般来说，团队越成熟领导者所拥有的权力相应越小，在团队发展的初期阶段领导权是相对比较集中的。

（5）计划。实现目标需要制定一系列具体的行动方案，在这里可以把计划理解成具体工作程序，目的是保证团队顺利达成目标。

以此可见，团队和古斯塔夫·勒庞（Gustave Le Bon）所说的盲目的、松散的、趋利的"群体"（The Crowd）有本质区别。但是，群体中的一部分人可以向团队过渡，即可以组建团队。一般根据团队存在的目的和拥有自主权的大小将团队分为五种类型：问题解决型团队、自我管理型团队、多功能型团队、共同目标型团队、正面默契型团队。[一]当然，我们不提倡将团队做如此细分，因为一个团队势必会在不同程度上具备以上五种类型团队中的相应功能。而作为新媒体产品策划或开发团队而言，则更是兼而有之。针对新媒体产品的属性和特点，我们认为新媒体产品的策划、开发、设计必须要组建团队。因为，没有一个人能够既掌握用户数据，又了解技术研发；既能做营销文案，又可以设计产品 UI；既可以挖掘用户痛点，又能够做财务预算；既可以有全局视角，又能够足够重视产品细节……

8.1.3 团队的关联与转型

做新媒体产品（尤其是起步阶段）其实是在大的媒介环境、制度和组织结构下进行团队策划、开发等工作。所以，我们既要有国际视野，也要深知当下媒介组织环境下的经济和社会要素。新媒体产品其本质是创意产品，而"创意产业对文化、社会和政治环境极为敏感……中国的社会政治要素对媒体组织的影响巨大。中国的传统媒体采取的是双重领导的方式——地方党委与广电部门共同领导。"[二]而新媒体则不然，更多地依靠传媒公司、科技公司进行产品管理与开发。所以，后者具有更多的自主空间，也具有更为广阔的选题策划空间与更为灵活的市场经营方式等。但是，文化、社会、经济、科技、政治等因素却是新媒体产品策划团队必须要考虑的。因为这些影响因素是新媒体产品得以生存、发展和繁荣的土壤。所以，对团队而言，团队必须从战略、文化、技术、受众、消费、政治、法律等层面进行全面衡量与思考。

例如，企业要你带领团队策划开发一款以高校大学生为主要消费群体的娱乐搞笑App。那么，你就要思考以下（不止这些）问题：

〇 许湘岳. 团队合作教程[M]. 北京：人民出版社，2011：33.

〇 塔瑟尔，赫菲尔德. 电子媒体管理[M]. 北京：中国广播电视出版社，2014：58.

（1）这个产品是否有必要存在，它存在的价值在哪里？

（2）这款 App 的竞品有哪些，自己的资源优势在哪里？

（3）新一代大学生群体的文化氛围与喜好倾向是什么？

（4）现有的技术能否实现 App 功能上的超越与突破？

（5）大学生群体和同龄的非大学生群体的娱乐是否有明显差异？

（6）如何严格把好用户生成内容的质量关？

（7）是否要考虑一下大学教师的想法或使用情况？

……

视野能够让我们知道进退和优劣，问题能够让我们更加清醒和理智，思考能够让我们变得成熟和健康，团队则能够让我们认清自己和世界的距离。团队是一个内部严谨、外部关联密切的组织。团队也并非是一成不变的，它需要随着外部环境和内部人员与任务等因素的变化而转型。在这方面谷歌为我们提供了很好的方法与步骤（谷歌工作法则）[⊖]：

（1）赋予工作意义（工作占用我们至少 1/3 的时间，我们必须让它有意义）。

（2）相信员工（真诚、透明，给员工话语权）。

（3）只聘用比你更优秀的人（不要用糟糕的人，即便短期内工作会暂停，也要努力寻找那个让团队变得更加强大的人）。

（4）不要将职业发展与管理绩效混为一谈（在实现目标的路上要确保发展谈话的平稳进行）。

（5）关注团队的两端——最优员工和最差员工（要研究最优员工的成功原因，发扬之；要鼓励和怜悯最糟糕的员工，或许岗位不合适，但如果就是因为懒惰或毫无能力，那么就要坚决辞退之）。

（6）既要节俭又要慷慨（把钱用在"刀刃"上）。

（7）不公平薪酬（要尽量提高最优秀员工的薪酬）。

（8）助推（我们时刻受到环境的"助推"，也时刻"助推"着周围的人，利用这一点，你能够使自己和你的团队更快乐、更高效）。

（9）管理日益提升的期望（犯错的时候需要反思，团队成员的质疑会带给你更多的益处）。

（10）享受！然后回到第（1）条，再来一遍（让团队成员感受到乐趣和收获，并激发下一步的创造力）。

8.2　秩序：产品管理与效率提升

对新媒体产品策划团队而言，除了作为员工身份要遵守公司的规章制度以外，其余的都属于"团队意识"领域。团队意识和思想既没有严格意义上的规章制度，

> 秩序和创意从来都不矛盾。就像法律和自由的关系一样。但这个结论的前提是有效合理、公平的秩序和法律。

也没有标准化的一成不变的思维方式。但在看似毫无秩序的团队中，我们会发现处处都是秩序。对新媒体产品策划团队而言，通常可以采用如下方法提高管理水平和提升工作效率。

⊖ 博克. 重新定义团队：谷歌如何工作[M]. 北京：中信出版集团，2015：324-333.

8.2.1 标准化的流程管理

新媒体产品策划的思维可以是开放式的，但策划和开发工作的流程应该是标准化的。一方面，这有利于形成一个有秩序（不至于让工作变成一团乱麻）的局面，便于负责人理清工作思路；另一方面，这也是一种提高效率的方法，团队成员都恪守相同的操作规范，按照预期的甘特图（或其他类型的规划图）进行规范性协作与分工，其效率必然会提高。但这绝不代表团队成员没有发挥创造力的空间。事实上，管理者或负责人是在为团队成员营造一个舒适、有序、健康的创造空间。例如，团队的目标是要炒出能够吸引顾客，并让顾客为之疯狂的菜品，那么作为厨房团队，我们需要明确谁负责采购食材（以及采购食材的质量标准），谁负责食材的清洗及切割，谁负责炒菜，谁是主厨……这些都是必须要按照流程进行的，至于如何炒菜（创制新品），如何更新切割工艺，那便是创造力的范畴了。

具体而言，我们可以创建一张简单的计划表并持续地对它进行维护。"计划表只需包含任务列表和每个任务的工程评估量，这个量是指工程师或设计师完成该任务所需要的时间。你只需将这些任务按照他们认可的特性优先级排序，并分配给团队成员，然后一张计划表就成型了。不要做其他画蛇添足的事情。"[⊖]流程在本质上讲是时间管理的问题。而时间管理则是秩序的表达式。

8.2.2 授权管理与"责任感"

在互联网时代，"很多企业选择了去中心化的管理思维，将原来的'人海战术'变成小团队的'单兵作战'。这样做的好处就是提高了决策效率，能根据市场变化及时采取合理的应对手段。但是去中心化需要两个前提，那就是优秀人才的聚集以及对团队的信任和授权。"[⊜]没有信任会导致团队成员缺乏工作满足感，毫无乐趣可言，缺乏归属感，不能诚心且毫无保留地贡献自己的才智与发挥自己的优势。而不懂或不肯授权则会导致作为团队负责人的自己过度劳累，毫无效率，思维陷入混乱的泥沼，无法让成员充分发挥自己的能力，从而不利于新媒体产品的研发。新媒体产品策划团队一定要是一支高效的队伍，成员之间要充分信任，能力和责任感的最大化都能在每一个成员的身上体现。但这并不是传统分工协作意义上的"分权=分责"。实际上，责任还是属于管理者的那份责任，并没有发生任何变化和转移，但是"责任感"却发生了"转移"和"分摊"。这里的"责任感"源于信任（人格与社会意义上的尊重）和授权（赏识或知音因素中的价值）。

8.2.3 严格的质量监控

授权是需要监督管理的，目的只有一个，就是让权力得到正确、有效的应用，最终达到预定的质量标准。我们知道，质量是产品的生命线。任何偷工减料的"豆腐渣"工程或

⊖ MEY C V. 谷歌和亚马逊如何做产品[M]. 刘亦舟，译. 北京：人民邮电出版社，2014：59.

⊜ 张永杰. 互联网产品经理的 34 堂修炼课[M]. 北京：中国工信出版集团|人民邮电出版社，2017：42.

"注水"材质都会给用户、企业和社会带来巨大的损失。所以，一个优秀的新媒体产品团队是绝对不能允许出现抄袭、侵权，以及缺乏质量监管的问题。因此我们要让授权在最初始的状态下达成意见与标准上的统一共识。授权范围内的目标、内容与具体任务都要和新媒体产品的总体目标、内容相吻合。虽然谷歌公司会在工作时间给予授权的工程师 20% 的自由支配时间，让他们做自己喜欢和感兴趣的研究，但是谷歌公司仍会毫不留情地执行既定的质量监控体系，坚持原有的质量标准。

8.2.4　错误、重复与衔接问题

"重复"与"衔接"问题其实是一个问题，即效率管理问题。在流程管理中，如果统筹分配出现问题，那么势必会导致部分工作的"重复"或"断档"。或者，很多成员都在不同程度地重复犯某一个错误。而在这种尴尬的情况开始之前，我们就应该建立一个规则来提醒所有成员，避免这样的重复或错误出现。如我们可以在项目开始时告诉所有成员，如果遇到可能会是大家都犯的错误或都会进入的误区时，要在公共通信区域（微信群、钉钉、飞鸽传书、LINE、协同编纂系统……）及时通知或提醒大家。作为团队负责人或成员，要在头脑中（对于严重的问题就不能仅仅停留在头脑中了）对这些错误的或重复的问题进行时时评估（即便是感觉意义上的也可以）。

如果出现衔接问题，那么这个问题谁负责解决呢？很简单，答案是团队负责人。因为衔接问题不是某个任务的问题，而是两项或全部任务的问题，如何保证工作的持续、平衡、高效，增强工作的驱动力，进行全局统筹与管理，必然是团队负责人的重要工作。

此外，我们也必须认清，由于新媒体产品策划与开发的特殊属性，我们可以考虑将一部分工作"重复化"，这尤其表现在软件开发上（但必须是自主知识产权或授权范围许可下的），如产品的 UI 设计元素、按钮，也是可以依照设计主题和风格进行适当"重复"使用的，还可以基于团队以前的设计界面进行微调，实现基于"重复"意义上的高效运作。

针对一些错误（Bug），我们需要进行跟踪，甚至建立 Bug 燃尽图，以反映你的 Bug 数量随时间变化情况，进而便于预测产品如何交付。制作燃尽图需要为不同严重等级的 Bug 各绘制一条其数量随时间变化的曲线或描述 Bug 总量的时间变化曲线。燃尽图示例见图 8-1。

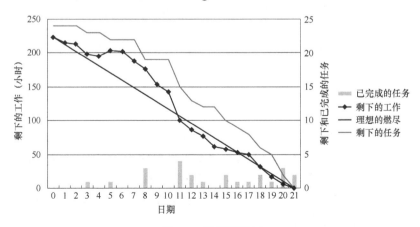

图 8-1　燃尽图示例

注：资料来源：维基共享燃尽图。

8.2.5　团队管理与个人管理

团队管理一定要基于个人管理，这个道理和普遍性蕴含于特殊性之中一样。团队是由个人组成的，个人的组织性、纪律性、自我约束能力以及自我调节能力的强弱和团队的整体秩序水平是紧密相关的。事实上，团队的每一个成员在团队中的角色或任务仅仅是其个人生活和工作的一部分，甚至是一小部分，因为没有任何一个人会把自己参与的工作团队当作自己生活的全部。团队负责人和此刻阅读本书的你都不能回避这样的问题。所以，我们甚至可以这样为团队的每一个成员考虑，例如他可能认为这个团队的任务仅仅是他工作规划中的一个环节，或者他仅仅是出于公司的调度而不得不过来做"替身"或"打酱油"。不过，这都没有关系，团队管理的实现只要基于个人管理这个前提，那么，很多问题都可以迎刃而解。

那么，需要团队做的事情便是帮助团队成员理清个人管理和团队管理的关系，也就是个人定位与规划和团队定位和规划的关系。个人的满足感并非一定是因为团队的任务得到完成，个人的焦虑点也并非一定是团队最为紧迫的任务。以此可见，个人管理时常会带有一些带有"自我说服"性质的、懒惰或依赖性质的感情色彩，而团队管理则更加理性化。所以，我们在组织团队秩序的时候，一定要将个人感情与团队理智的关系处理好。例如，当团队中某组成员进度拖慢了团队整体进度时，我们首先要思考产生问题的原因，而非用秩序或进度图进行简单的催促。因为这个时候往往可能是某个成员的个人管理出了问题。

➡ 8.3　理念：合作基点与价值估衡

理念的问题，我们在谈及产品概念的时候已经多次强调。但将理念放置在团队中，我们还有必要进一步认识和研究。

理念，也称为观念，即对产品价值观的认同。"价值观"是指对产品的标准与产品所能为用户带来的最大价值，在一定程度上来讲，团队的集体价值观决定

> 这一节可以和本书第 6 章的"观念"部分内容进行对照。一种高级的理念或观念其实质可以是一种审美、一种信仰、一种追求。所以，具有相同理念或观念的人更容易走到一起，因为理念和观念具有吸引力和感召力。

了产品方向和产品价值。对团队而言，组织观念，一方面可以理解为大局意识、协作精神和服务精神；另一方面也可以理解为凝聚力和集体信念。具体而言，前者要求团队成员应以产品为价值估衡，完成自己在团队中的角色与任务；后者要求团队成员在产品策划和设计中实现自己的价值或理想。

公众号"小道消息"曾经发布一篇作者为 Fenng 的原创文章《产品的价值观》[○]，里面谈及一个细节，即微信公众号文章右上角的"举报"变成了"投诉"。文章说，"举报"带有浓重的意识形态意味，不是一个"好词"，虽然用"投诉"这个词的含义未必契合，但作为即时通信产品或信息平台产品而言，显然这个词是基于用户服务的理念而考虑的。这和微信产品的基本理念是相符合的。

○ Fenng.产品的价值观[EB/OL].https://mp.weixin.qq.com/s/T9kASrcQvpGHpfRwiapEYg,2016-03-15.

我们经常错误地以为用户使用的是我们设计的产品，而很少将一个"按钮"、一个"提醒"、一个"链接"扩大为"用户使用的是我们的理念与价值观"。"一旦开始设计，我们应该给它找到一个可遵循的框架，看清楚它的本质任务到底是什么。"[⊖]这里面所说的"理念"和"框架"即为合作的基点，进而，我们才会对我们所生产出来的产品进行价值估衡。真正优秀的新媒体产品并非仅仅是为了方便用户或提供信息，而是改变用户或提供一种更好的生活方式。所以，我们会看到，只有少数新媒体产品能够成为优质产品。

概括而言，理念对新媒体产品的影响有 4 个：

（1）理念决定了产品的商业模式。商业是探索真实、建立互信的过程，商业模式是这个过程中探索出来的行之有效的手段，高级的商业模式是理念和信任驱动的，而非利益驱动的。这体现了理念的价值。

（2）理念体现了对产品质量的追求。现在看来，对媒体而言，一般人很少谈及媒体的质量问题，大多数情况下，我们是在谈论产品的时候才谈论它的质量问题。似乎对新媒体而言服务已经远重于质量了。但是，那仅仅是新媒体带给我们的一种错觉。一款新媒体产品的质量过硬一般而言指的可能是其提供给用户的使用体验很棒。

（3）理念影响了产品设计和产品策略[⊜]。例如："用完即走"设计理念的微信产品和不断加码的 QQ 产品之间的差别，导致了后者用户的不断流失。

（4）理念决定了用户对产品的忠诚度。例如：游戏产品的公平机制便体现了一种理念，有一些游戏中，花钱可以影响到游戏公平性，有一些游戏中，花钱仅仅是影响到用户审美或特效的问题。

➡ 8.4　沟通：诠释产品的最佳途径

互联网、新媒体不断地为我们创造一个又一个"公共空间"，带动人们参与文化讨论、社会共建。"通过互联网，人们成功回答了批评家哈贝马斯的原始构想中指出的问题，并重新建构了公共领域的概念。"[⊜]面对面的交流似乎已经如尼采所言"上帝已死"一样地结束了。处于新媒体网络中的人们似乎都在以另外一种状态生活，经常网络聊天的两个人见了面，似乎反倒没有那么多的话题了。有时候，这些并非是默契，而是沟通出了问题，至少在沟通方法和技巧上存在差池。新媒体产品策划团队更是如此，讨论的时候往往十分激烈，但分头执行的时候却经常遇到我行我素、缺乏沟通或不能及时沟通的队友。沟通不仅是能够让生活变得美妙的生活方式，而且是能够诠释很多概念、定义，乃至产品的最佳途径。而沟通绝对不是两个人或几个人对话那么简单。沟通有很多方法，可供我们练习和使用。

8.4.1　抓住沟通的关键点

产品团队负责人扮演的就是产品经理的角色，正如人们经常说的"产品经理不是正在

⊖ echo 回声. 产品价值观：to B 系统设计的核心思想[EB/OL].https://mp.weixin.qq.com/s/luucJyIhvLmQwFuMvWHElw, 2016-11-23.

⊜ 1、2、3 的观点均参引自王军超.价值观对做产品的三个影响[EB/OL].http://blog.sina.com.cn/s/blog_50f988890101 807b.html,2013-06-21.

⊜ 李斯特，等. 新媒体批判导论（第二版）[M]. 上海：复旦大学出版社，2016：249.

和人沟通，就是在前往和人沟通的路上"这句话一样，沟通无时无刻，永无止境。即便产品上线了，那么也面临着维护、升级沟通、和用户沟通等。

事实上，只要有协作就有沟通，一款产品从策划、立项、设计、开发到检验、上线等，整个产品生命周期要经历数不胜数的沟通。若沟通不到位就会出现信息理解的偏差，小到影响工作效率，大则关乎产品定位。例如，用户在订制某款产品的时候，和前去洽谈业务的业务经理谈的是 A 产品，而业务经理汇报给老板的可能就变成了 B 产品，老板交给产品经理立项时则变成了 C 产品，产品经理协调员工设计、研发时却变成了 D 产品……虽然这是一个极端的例证，但是在实际工作中确实存在类似的问题，也在很大程度上说明了沟通不到位或沟通流程与"关卡"过多而导致的种种错位和失败。

事实上，我们对沟通技巧的分类认知不外乎类似应用文写作的分类认知，即上行沟通（上行文）、平行沟通（平行文）和下行沟通（下行文）。

所谓上行沟通，即如何与老板或投资方沟通，这里的沟通关键点主要是产品前景。

所谓平行沟通，即如何与兄弟部门或外部厂商进行沟通，这里的沟通关键点是利益相关性。

所谓下行沟通，即如何与团队内部的设计、运营、技术等人员进行沟通，这里的沟通关键点是目标（包含目标下的关键要求）。

8.4.2　有效沟通的注意事项

有效沟通需要注意如下五个方面的问题：

（1）是否与沟通对象准确说明你的意图和目的。

（2）是否将此次沟通放置在与沟通对象同步的文化、信息等背景中。

（3）是否从对方的角度反向思考沟通过程中的信息理解和接受问题。

（4）是否遵循和依照彼此共同充分明了的逻辑和语言进行有效沟通。

（5）是否在沟通过程中密切关注对方的言语、肢体和其他微表情所带来的反馈。

（6）是否在沟通的末尾，有针对性地进行"回顾"和"确认"，以避免遗漏信息和误解本次沟通，这通常是对此次沟通的一个"再沟通"，目的就是避免沟通本身出现鸿沟和误解等问题。

8.4.3　沟通是理解和表达的结合体

沟通是理解和表达的结合体，换而言之，"沟通=完全地听+有效地说"。

事实上，很多人在和客户沟通的时候，经常会感觉到很"无助"，因为客户所说的内容太多太宽泛，东一榔头西一扫帚，以致听者难以把握客户的真实需求。其实，这是因为"说"和"听"两个方面都出现了问题。那么我们怎么办呢？很简单。

第一，你要明确，虽然客户对产品要求的"说"是绝对散漫、不专业的，但并不代表客户不清楚他要的是什么，而是客户通常不知道如何去描述他所要的是怎样的产品。

第二，我们要善于抓住重点，这就像新闻采访，你是记者，你一定要抓住新闻线索，找到"新闻点"，即客户很多话语中最贴近产品内核的关键词。你可以尝试打断客户的描述，尝试说："您看您是想要一款类似综合了 A 产品的 C 功能和 B 产品的 D 功能的新产品吗？"

第三，如果我们不确定我们所理解的内容就是客户（或团队成员）想要表达的内容时，我们可以采用"复述"的形式，总结对方的说话主题复述给对方听，寻求对方的认可或修正。

此外，我们在沟通的过程中还会经常遇到领导的批评、同事的不满、客户的投诉等内容，这个时候你仍然要将这些内容锁定在"沟通"范围之内，千万不要被负面内容所带给你的灰暗情绪所干扰，你要努力在这些沟通的话语（或肢体语言）中"淘到"事关产品成败或解决问题的关键信息，从而解决沟通危机。

8.4.4　像记者写新闻一样写邮件

Chris Vander Mey 在《谷歌和亚马逊如何做产品》一书中提出"要像记者写新闻一样写邮件"[⊖]的团队内外沟通法则。他认为管理者或团队成员在面对海量信息的时候，无法抽取更多的时间去阅读一封长篇大论的电子邮件。例如书中举例，亚马逊首位项目集经理、前副总裁金·雷切米勒曾在挑选一位项目集经理到她团队时说"她的邮件简直就是清爽的代表"，这是来自亚马逊高层很高的评价，现在亚马逊要求所有负责带人的经理候选人都需要在面试时提交一份写作样本，可见写好邮件是多么重要。而电子邮件则是所有公司的沟通必备工具。

一封优秀、高效的电子邮件，从邮件主题、昵称、签名等方面便可看出端倪。如拙劣的邮件主题可能是这样几种情况：①未写主题；②随便写几个字，例如，给汤姆的信；③关于发布日期的信件。

而优秀的邮件主题则可为："产品发布将延后 2 周——张三致项目经理的信。"

至于昵称，我们能够看到很多发件人邮件经常以一些千奇百怪的昵称呈现在对方收件箱中，如：早晨起来睡觉的猫（可能是网名，比较费解）、y#￥hd（莫名其妙，疑似垃圾邮件）、3232323279495（似乎是什么号码，难以记忆）。而优秀的昵称一般即为发件人自己的姓名（因为一般都会配给工作电子邮箱，即便没有，也建议将发件人昵称改为自己的姓名）。

邮件的签名一般为我们的联系方式，顶多加上我们喜爱的格言，如果你一定要在此方面表现得十分个性的话。

拙劣的邮件正文正如 Chris Vander Mey 所举的例子：

我们发现名称查找服务直到 14 号才能准备就绪。除此之外，我和团队的两个成员（查理和萨莎）都得了流感，因此我们失去了两个星期的生产力。由于这些并非我们过错的阻碍，我们不太可能按期发布。

优秀的沟通者则会这样写：

⊖ MEY C V. 谷歌和亚马逊如何做产品[M]. 刘亦舟，译. 北京：人民邮电出版社，2014：141.

汤姆和杰瑞：

我们必须将发布日期延后 2 周，即从 8 月 7 日延后至 8 月 21 日。我们不得不这样做的原因是：

1. 工程团队有人生病，开发进度受到了影响；

2. 我们所依赖的名称查找服务要到 8 月 14 日才能准备就绪。

祝好！

克里斯

针对邮件，我们只要十分简洁干净地把事情说清楚就可以了，没有必要进行长篇大论。而在一些需要请示的问题上，我们也可以在邮件中适当提供一些你能想到的趋向最佳解决办法的简要方案（通常一句话点明即可）作为建议。

8.4.5 召开会议的六种姿势

开会一般而言是痛苦的，但也可能是快乐的，这取决于会议是否能够解决相应问题，以及召开会议的方式是否合适。

（1）团队会议。团队会议一般是面对面形式，每周或半个月一次，时长 30 分钟或更久，通常是商定比较重大的问题或决定，如进行头脑风暴、Bug 分析等。

（2）在线会议。在线会议一般借助 TeamViewer 或 WeChat 等软件实现视频或语音会议，可以随时随地召开，节省交通成本，可以有效沟通问题。

> 开会是一种社会沟通方式。它之所以有并存在，是因为开会高效。但在实际生活中，我们发现很多会议是无效或低效的，那是因为开会者并没有真正理解开会的本质目的的，也未领会开会的方法。开会其实很简单，就是沟通，如果参会者都领会了开会者的意图，那么会议就是成功的，反之就是失败的。此外，还有一个简单的原则：非必要，不开会。

（3）站会。站会是简短会议的代表，通常为团队内部合作之前或遇到问题时的简短协商与沟通，因每个人都会站着，所以这样命名。

（4）单独会议。这是一对一的会议，谈话会比较深入、彻底、坦率，能够针对性地解决问题。

（5）汇报会或发布会。通常是团队代表对企业高层进行产品进度汇报，或者是团队面向消费者、新闻媒体召开的发布会。两种会议关系到产品的成败，通常由团队负责人参与和召开。

（6）用户体验会。这是尽量要求团队全体成员参加的会议，因为用户所反馈的问题可能涉及策划、技术等方面的问题，需要引起团队成员的高度重视。

事实上，关于"沟通"，我们还有很多要说的内容，就像 Google 掌门人埃里克·施密特等人所说的，沟通要保持开放的心态，要尽可能多且深入地掌握细节，要为讲真话营造安全的环境，要主动制造话题，要靠关系而非等级等等。Google 公司的 OKR（Objectives and Key Results，目标与关键成果）考核制度是信息透明、公开和高效沟通的基础和优秀例证。这个指标是由每个人的目标（也就是需要达成的战略目标）以及关键成果（用以衡量达成目标的进度）构成的。每个季度，每位员工都需要更新自己的 OKR，并在公司内发布，好让大家快速了解彼此的工作重点。[⊖]很显然，这是一种建立在高效协作生产机制基础上的有效沟通方式，它对员工数量超过 8 万人的 Google 母公司 Alphabet 适用，对于我们国内的新媒体产品策划与开发团队也同样适用。

【思考与练习】

1．根据不同新媒体产品构建具有相应要素的项目团队，制定相应的团队经营管理方案。

2．调查某新媒体产品，模拟建立一个有效的团队管理机制。

⊖ 施密特，等. 重新定义公司：谷歌是如何运营的[M]. 北京：中信出版集团，2015：168.

第 9 章

政策与版权：从 IP 管理到"技术实现"

自由是做法律所许可的一切事情的权利。

——孟德斯鸠（Baron de Montesquieu）

工业世界的政府们，你们这些令人生厌的铁血巨人们，我来自网络世界—— 一个崭新的心灵家园⋯⋯在我们这里，你们并不受欢迎。在我们聚集的地方，你们没有主权。

——巴洛（John Perry Barlow）

Cookie 追踪是一种客观的默认技术，但用户可以选择退出；追踪之后的浏览搜索记录会被卖给广告商，这是基于用户的点击同意的；这些记录并未公开给第三人，也无法还原追溯到具体个人，因此没有侵犯人格权意义上的隐私权。

——南京市中级人民法院

政策　版权　IP　著作权　信息网络传播　管理　技术　专利法　商标法　内容指纹　DCI

据中国信息通信研究院（CAICT）发布的《2017 年中国网络版权保护年度报告》，我国在 2017 年首次将知识产权列入国家重点专项规划（见国务院印发《"十三五"国家知识产权保护和运用规划》），我国版权战略地位不断提升。2017 年，中共中央办公厅、国务院办公厅印发了《关于促进移动互联网健康有序发展的意见》，2017 年 6 月，国务院知识产权战略实施工作部际联席会议办公室印发了《2017 年深入实施国家知识产权战略　加快建设知识产权强国推进计划》《国家版权局等关于开展打击网络侵权盗版"剑网 2018"专项行动的通知》等凡此都剑指网络版权保护。随着网络版权保护力度的不断加大，中国网络版权市场迎来了从流量经济向内容经济的结构性转变。人工智能、云计算、大数据等新技术与网络聚合等新技术、新模式不断发展，智能语言、网络直播、电子竞技等新型业态发展活跃，以数字文化创意内容为基础的网络版权产业，呈现出勃勃生机。

我国网络版权保护体系，主要从立法保护（推进著作权法修订，颁布相关法律、法规、规章，健全版权法律体系）、司法保护（司法机关探索遏制侵权蔓延的有效措施，加大网络版权侵权纠纷判赔力度）、社会保护（发挥版权相关机构在作品创作、保护、运用等方面的作用）、行政保护（网络版权执法监管部门创新工作方法和扩大工作覆盖面、影响力）四个方面进行建立健全。版权问题无疑已经成为所有新媒体产品必须要优先考虑的问题。如果我们辛辛苦苦做出来的东西，没有事先想好或制定好版权保护策略与措施，那么，我们的成果可能在顷刻之间付之一炬。随着全网络全平台新媒体和科技公司对版权保护技术与版权贸易的不断投入，我国的版权保护工作可谓方兴未艾，前景广阔。

🔘 9.1　版权先行：新媒体产品策划的法律依托

本节我们介绍新媒体产品策划相关的政策、法律、法规等内容。作为新媒体产品策划的法律依托，我们必须要在头脑中深化版权意识。事实上，版权涉及的相关法律法规很广，包括著作权法、商标法、专利法、广告法、信息网络传播权等，这些都为新媒体产品的生存环境提供了安全和净化保障，但这也要求新媒体产品的策划与设计者树立牢固的知识产权意识，不可无视或僭越政策、法律、法规乃至道德的底线。

9.1.1　版权意识

谈及"意识"，在绝大多数情况下，我们都误以为其仅仅是来源于思想终结于思想的某种精神形态。意识有时是一种醒悟，有时是一种直觉，有时是一种思考，有时又呈现为某种力量。意识在人的感知与理性的表现形态领域是多姿多彩的。事实上，所谓"意识"，必然要经历一定"量"的长期积累，才能够达到"意识"之"质"。意识的提高或达到是需要借助某些训练来实现的，如知识积累、技能训练、经验交流、理性思考等。所以，我们在谈论版权意识的时候，实际上是在谈论我们在"版权"及其相关问题的感知、理解和把握问题。

一般而言，作为从事传媒工作或媒介相关工作的人，都需要学习和掌握版权相关课程。但是，学习之后是否能够具有较高的版权意识却是未知的。

例 1：我的很多学生在学习了新媒体政策与法规课程之后，虽然觉得自己在网络上下载和随意分享受版权保护的歌曲是侵权行为，但是却在头脑中忽视甚至屏蔽这种原本应该具有的侵权意识。

例 2：在网页制作课堂上，很多学生为了交作业而不惜大量复制他人原创的网页代码，这些学生并没有意识到此举也是一种侵权行为。

例 3：在 UI（用户界面设计）课堂上，很多学生并不能够原创设计 UI 图标，而是在他人或现有原创 App 的图标基础上进行略微改动（如换颜色），将之变为自己的"作品"，以为他人看不出来或永远发现不了，这种侥幸心理也是版权意识淡薄的表现。

综合来讲，版权意识淡薄的表现为"利益""好奇"或"无关"等感受与思想战胜了自己对已学的相关版权法规本应有的尊重和操守。法律的触角是否能够延伸和惩处到我们是一回事，我们自身是否能够在现实生活和网络生活中自觉遵从法律并意识到法律规约的存在又是另一回事。前者是外加的、强制性的；后者是内出的、意识范畴的。

版权意识淡薄可以有两种理解：一种是对侵权行为没有概念，并不清楚版权知识和法规，完全是法盲；另一种是对版权法律法规完全清楚，是在知识层面"知道"，而不能够在意识层面建立起坚固的遵守的堡垒。成熟的意识是一种近似生理本能的反应。例如，版权意识强的你会第一时间意识到加在广告中的背景音乐是应该取得授权的，就如同饥肠辘辘的你见到美食会自觉地流出口水一样。

在网络传播中，几乎所有人都知道 Ctrl+C（复制）和 Ctrl+V（粘贴）的意义，但是真正能够切实地、正确地运用这两个快捷键者，却并不多，因为在运用它们的时候，我们头脑中的版权意识常常会被无知或利益打败。所以，在新媒体产品策划之初，便要在每一个人的头脑中培养版权意识，而且要让版权意识足够坚固，不为利诱。

9.1.2 著作权法

在我国版权法体系中，《中华人民共和国著作权法》（简称《著作权法》）即我国的"版权法"。《著作权法》是"为保护文学、艺术和科学作品作者的著作权，以及与著作权有关的权益，鼓励有益于社会主义精神文明、物质文明建设的作品的创作和传播，促进社会主义文化和科学事业的发展与繁荣，根据宪法制定"⊖的法律。《著作权法》中所保护的作品主要包含如下方面：①文字作品；②口述作品；③音乐、戏剧、曲艺、舞蹈、杂技艺术作品；④美术、建筑作品；⑤摄影作品；⑥电影作品和以类似摄制电影的方法创作的作品；⑦工程设计图、产品设计图、地图、示意图等图形作品和模型作品；⑧计算机软件；⑨法律、行政法规规定的其他作品。而对于"法律、法规，国家机关的决议、决定、命令和其他具有立法、行政、司法性质的文件及其官方正式译文；时事新闻；历法、通用数表、通用表格和公式"是不适用的。也就是说以上这三方面内容不受到著作权法的保护。例如，你可以将通用的日历表格发布在你的个人微博、微信公众号等媒体上，非但不会有人追究你使用此方面内容的法律责任，而且相关法律法规还会尊重和捍卫你的出版自由权；同样的，你也可以将这三方面内容加入到你策划的新媒体产品中，例如，你可以将某个省份或

⊖ 见《著作权法》总则。

城市所公开出台的所有行政文件等内容放置于你策划的 App 中。

《著作权法》中言明，著作权包括下列 17 项人身权和财产权：

（1）发表权，即决定作品是否公之于众的权利。

（2）署名权，即表明作者身份，在作品上署名的权利。

（3）修改权，即修改或者授权他人修改作品的权利。

（4）保护作品完整权，即保护作品不受歪曲、篡改的权利。

（5）复制权，即以印刷、复印、拓印、录音、录像、翻录、翻拍等方式将作品制作一份或者多份的权利。

（6）发行权，即以出售或者赠与方式向公众提供作品的原件或者复制件的权利。

（7）出租权，即有偿许可他人临时使用电影作品和以类似摄制电影的方法创作的作品、计算机软件的权利，计算机软件不是出租的主要标的的除外。

（8）展览权，即公开陈列美术作品、摄影作品的原件或者复制件的权利。

（9）表演权，即公开表演作品，以及用各种手段公开播送作品的表演的权利。

（10）放映权，即通过放映机、幻灯机等技术设备公开再现美术、摄影、电影和以类似摄制电影的方法创作的作品等的权利。

（11）广播权，即以无线方式公开广播或者传播作品，以有线传播或者转播的方式向公众传播广播的作品，以及通过扩音器或者其他传送符号、声音、图像的类似工具向公众传播广播的作品的权利。

（12）信息网络传播权，即以有线或者无线方式向公众提供作品，使公众可以在其个人选定的时间和地点获得作品的权利。

（13）摄制权，即以摄制电影或者以类似摄制电影的方法将作品固定在载体上的权利。

（14）改编权，即改变作品，创作出具有独创性的新作品的权利。

（15）翻译权，即将作品从一种语言文字转换成另一种语言文字的权利。

（16）汇编权，即将作品或者作品的片段通过选择或者编排，汇集成新作品的权利。

（17）应当由著作权人享有的其他权利。

举个例子，如果你策划的是一款类似于简书的 App，那么你所刊载的作品需要取得著作权人的许可授权。假如，你把甲作品署上了他人的名字，或私自网传了丙作者未曾公开的文章或照片，那么你便相应地侵犯了甲作品作者的署名权和丙作者的发表权及信息网络传播权。

我们在新媒体产品策划时应严格注意区分原创与非原创的问题，严格做好对非原创内容的许可授权工作，严格处理好版权贸易中版权合同的相应问题。事实上，《著作权法》涉及的更多的是对原创作品或授权作品的人身权和财产权的权利保护问题。在经常标榜"免费"的网络环境下，著作权侵权问题多如牛毛，例如影响甚广的 2004 年谷歌侵权门、2010年百度文库侵权案、2013 年腾讯产品侵权案、2017 年今日头条侵权案等。几乎所有的互联网科技公司或传媒公司都曾为版权问题而头疼过，甚至因版权问题而遭受巨大损失（产品被迫下线、巨额经济赔偿或公司倒闭等）。所以，《著作权法》（及《中华人民共和国著作权法实施条例》）是所有媒体产品人应该认真学习的第一个与行业和职业密切相关的法律（及条例）。

9.1.3 信息网络传播规约

关于网络管理和信息网络传播规约等问题，是自互联网诞生之初便存在的问题。自 20 世纪 90 年代中期互联网进入商用乃至普及之后，国际互联网协会（ISOC）、国际电信联盟 （ITU）、世界知识产权组织（WIPO）等国际机构便成立了相应机构并签署了相应协定书， 对与互联网相关的域名、IP 地址、网络通信协议等内容与资源进行全面的管理。而自我国 相继签署世界版权公约（Universal Copyright Convention）、伯尔尼公约（Berne Convention for the Protection of Literary and Artistic Works）、TRIPS 协议（《与贸易有关的知识产权协 议》）等世界性协议之后，我国版权法、信息网络传播权法规也在不断出台和完善。我国对 信息网络传播、信息网络服务的管理法规主要集中在 2016～2018 年出台。发布这些法规的政府部门主要为 国务院及中共中央网络安全和信息化领导小组。我国 近年发布的主要信息网络传播、信息网络服务方面的 政策与法规见表 9-1。

> 关于网络信息相关的政策和规定， 可查阅中共中央网络安全和信息化委员 会办公室官网、国家互联网应急中心官 网等网站。

表 9-1 我国近年主要信息网络传播、信息网络服务方面的政策与法规

年 份	政 策 法 规
2004 年	《中华人民共和国电子签名法》
2008 年	《互联网视听节目服务管理规定》
	《电子出版物出版管理规定》
2010 年	《网络游戏管理暂行办法》
2011 年	《全国人民代表大会常务委员会关于维护互联网安全的决定》
	《互联网文化管理暂行规定》
2012 年	《全国人民代表大会常务委员会关于加强网络信息保护的决定》
2013 年	《信息网络传播权保护条例》
2014 年	《关于加强党政机关网站安全管理的通知》
	《即时通信工具公众信息服务发展管理暂行规定》
2015 年	《互联网新闻信息服务单位约谈工作规定》
2016 年	《关于移动游戏出版服务管理的通知》
	《互联网信息搜索服务管理规定》
	《移动互联网应用程序信息服务管理规定》
	《关于加强国家网络安全标准化工作的若干意见》
	《互联网直播服务管理规定》
	《中华人民共和国网络安全法》
	《互联网上网服务营业场所管理条例》
2017 年	《互联网新闻信息服务许可管理实施细则》
	《互联网跟帖评论服务管理规定》
	《互联网论坛社区服务管理规定》
	《互联网群组信息服务管理规定》
	《互联网用户公众账号信息服务管理规定》

（续）

年　　份	政　策　法　规
2017 年	《互联网新闻信息服务新技术新应用安全评估管理规定》
	《互联网新闻信息服务单位内容管理从业人员管理办法》
2018 年	《中华人民共和国电子商务法》
	《微博客信息服务管理规定》

随着网络与新媒体相关政策法规的触角不断深入，我国互联网行业环境得到空前净化。2018 年 4 月 20～21 日，习近平在全国网络安全和信息化工作会议上发表重要讲话，指出："要提高网络综合治理能力，形成党委领导、政府管理、企业履责、社会监督、网民自律等多主体参与，经济、法律、技术等多种手段相结合的综合治网格局。"进入 21 世纪以来，我国颁布中央级别的关于网络媒体管理的法律法规逾 30 项，条例细则与暂行办法若干。我国的媒体管理制度也发生了很大的变化。2018 年，原国家新闻出版广电总局改组为国家新闻出版署、国家广播电视总局，同时对网络信息进行制度监管的组织机构还有：中国扫黄打非网（全国扫黄打非工作小组办公室）、中共中央网络安全和信息化委员会办公室、中华人民共和国国务院新闻办公室、中华人民共和国国家知识产权局等。以上组织机构出台的法规、制度构成了一个纵横交错的媒体制度网。

例如，2003 年 9 月 20 日，国家新闻出版总署公布了《关于在游戏出版物中登载〈健康游戏忠告〉的通知》，规定今后在所有电子游戏出版物和互联网游戏出版物中，必须在画面的显著位置全文登载《健康游戏忠告》（即："抵制不良游戏，拒绝盗版游戏。注意自我保护，谨防受骗上当。适度游戏益脑，沉迷游戏伤身。合理安排时间，享受健康生活。"）。凡未按通知要求登载《健康游戏忠告》的游戏出版物，将一律停止出版、运营和销售。同时要求"各电子出版物出版单位、互联网游戏出版机构应与出版行政部门、教育部门、共青团系统等紧密配合，做好宣传工作，让广大消费者特别是青少年消费者了解《健康游戏忠告》，引导广大青少年合法、科学、适度地使用游戏出版物，为他们创造一个文明、健康的生活环境"。这是在规章制度层面对网络游戏公司及青少年游戏者做了规定，然而，调查来的实际情况是，很多网络游戏、手机游戏并没有登载《健康游戏忠告》。由此可见，制度的监察、管理、落实需要进一步深化。

有学者指出："上网的隐蔽性决定了对新媒体的控制比对其他媒体的控制要困难得多。"[⊖] 这主要表现在：①传播者身份的隐蔽性；②传播时间和地点的不确定性；③传播者自身具有较高的技术水平；④跨国传播挑战司法管辖；⑤文化传统不一；⑥政策法规滞后。

长期以来，由于互联网的隐蔽性、不确定性、技术性、无国界性、多元文化性等特点，导致网络监管困难重重。我国早在 2002 年就提出了网络实名制的问题，但真正实行却在 2015 年国家互联网信息办公室（简称国家网信办）正式出台《互联网用户账号名称管理规定》之后。2018 年 6 月 25 日，腾讯和字节跳动（今日头条）同时发布关于遭遇大规模、有组织黑公关的报案声明。字节跳动公司称："2018 年 4 月 3 日至 6 月 14 日的 73 天里，以微信公众平台为主要发布渠道，出现了超过 12000 篇对抖音、今日头条进行造谣、辱骂的自媒体文章。"在此且不评说这一事实的真伪，但至少可以看出互联网新媒体失范之乱

⊖ 匡文波. 新媒体概论[M]. 北京：中国人民大学出版社，2012：150.

象。层出不穷的违法行为，寄生于网络和新媒体平台，不断考验着我国政府的网络法制建设与管理能力。而这些都是需要我们在做新媒体产品时应该时刻提防与警醒的。一旦自己的权益受到侵犯，便应该诉诸法律途径寻求最佳解决办法。

9.1.4 网络安全法规

在现实空间里，我们明白法律的规制机理——通过宪法、法律以及其他规范性文件来规制。在网络空间里，我们必须明白代码的规制机理——那些造就网络空间的软件和硬件如何来规制该空间。[一]世界范围内网络规范模式大体可以划分为两大体系：一种是在基础面从自由和公平出发；另一种是在基础面从限制和垄断出发。但二者都不约而同地注意网络安全的重点规范问题。[二]同样，新媒体产品的策划与开发所面临的最大安全问题便是网络安全。我们日常所使用的新媒体产品在我们的应用商店和网络服务器上不断被更新，一部分是为用户提供更好的服务，另一部分便是修复会引起网络安全问题的各种BUG。

2017年6月1日，《中华人民共和国网络安全法》（简称《网络安全法》）正式实施。《网络安全法》是中国网络安全领域的基础性法律，也是中国第一部关于网络安全的综合性立法。《网络安全法》正式实施以来，国家网信办、工业和信息化部、公安部、国家新闻出版广电总局、文化部、最高人民法院、最高人民检察院等国家相关部委相继出台了一系列配套法规、举措。如国家网信办出台了《互联网新闻信息服务管理规定》《互联网信息内容管理行政执法程序规定》《网络产品和服务安全审查办法（试行）》《互联网新闻信息服务许可管理实施细则》《网络关键设备和网络安全专用产品目录（第一批）》《国家网络安全事件应急预案》等；新闻出版广电总局制定了网络视听领域网络安全相关配套政策，关停"新浪微博""ACFUN""凤凰网"等网站视听服务，制定《网络视听节目内容审核通则》等；文化部关停"悟空TV"等11家手机表演平台，从源头把控和清理互联网应用商店直播软件等；司法系统出台司法解释，为网络安全提供有力司法保障，最高法、最高检出台侵犯公民个人信息刑事案件司法解释，明列网络安全相关刑事责任等。

网络安全问题是新媒体产品的生命底线，内容安全成为新媒体产品网络安全的重点监管方面。但是，我们也注意到，网络安全问题的复杂性与执行力度难以达到预期效果。前者主要体现在网络安全在功能、利益、跨领域方面的复杂性，难以用单一的定义、类别或标准进行指导性界定；也体现在网络安全的开放性上；此外，还表现在政治与非政治领域的网络安全区分的特殊性问题上。[三]后者主要表现在法规的相对滞后性、网络安全技术壁垒、个人信息与隐私保护问题及网络取证与监管的复杂性和困难性等方面。这些都是新媒体产品设计和经营者需要了解的。

9.1.5 专利与商标法规

对新媒体产品策划者而言，知识产权法中的专利法和商标法也是必修课。虽然新媒

[一] 莱希格. 代码：塑造网络空间的法律[M]. 李旭，等译. 北京：中信出版社，2003.
莱希格. 代码2.0：网络空间中的法律[M]. 李旭，等译. 北京：清华大学出版社，2009：6.
[二] 中国互联网协会. 互联网法律："互联网+"时代的法治探索[M]. 北京：电子工业出版社，2016：27.
[三] 中国互联网协会. 互联网法律："互联网+"时代的法治探索[M]. 北京：电子工业出版社，2016：29.

产品公司有专门的法务部门，法务部门可以帮助新媒体产品设计者完成专利的申请和相关商标的设计与注册，但是法务部门却没有办法使产品策划与设计者时刻保有知识产权意识。例如：截至 2018 年 4 月，"美团"专利申请量已超过 1000 件，专利授权数量接近 400 件，专利布局涵盖餐饮、人工智能、物联网等多个技术领域，其中，人工智能和物联网领域的专利积累总量超过 300 件。在商标布局方面，美团也秉承了"粮草未动，商标先行"的策略，美团目前已申请 2062 件商标。由此可见，美团不仅注重创新，而且还拥有极强的专利保护意识。然而，即便如此，美团的"订座"功能等也曾牵涉专利侵权案件。所以，了解和学习知识产权法是新媒体产品策划与设计者的必修课。这也是很多大学高度重视在计算机辅助设计、艺术设计、网络与新媒体、数字出版等与知识产权相关的专业开设知识产权课程的重要原因。

《知识产权法》是为保护文学、艺术和科学作品作者的著作权，以及与著作权有关的权益，鼓励有益于社会主义精神文明、物质文明建设的作品的创作和传播，促进社会主义文化和科学事业的发展与繁荣而制定的法律。知识产权法的综合性和技术性特征十分明显，在知识产权法中，既有私法规范，也有公法规范；既有实体法规范，也有程序法规范。但从法律部门的归属上讲，知识产权法仍属于民法，是民法的特别法。民法的基本原则、制度和法律规范大多适用于知识产权法。

我国的知识产权法律系统包含《中华人民共和国著作权法》（简称《著作权法》）、《中华人民共和国专利法》（简称《专利法》）、《中华人民共和国商标法》（简称《商标法》）。知识产权行政法规主要有《中华人民共和国著作权法实施条例》《计算机软件保护条例》《中华人民共和国专利法实施细则》《中华人民共和国商标法实施条例》《中华人民共和国知识产权海关保护条例》《中华人民共和国植物新品种保护条例》《集成电路布图设计保护条例》等。在本节中，我们着重介绍专利法和商标法。

1. 专利法

专利法是调整因发明而产生的一定社会关系，促进技术进步和经济发展的法律规范的总和。专利一方面是知识产权的表达，另一方面包含社会效益和经济效益。就其性质而言，专利法既是国内法，又是涉外法；既是确立专利权人的各项权利和义务的实体法，又是规定专利申请、审查、批准一系列程序制度的程序法；既是调整在专利申请、审查、批准和专利实施管理中纵向关系的法律，又是调整专利所有、专利转让和使用许可的横向关系的法律；既是调整专利人身关系的法律，又是调整专利财产关系的法律。《专利法》主要包括如下内容：发明专利申请人的资格、专利法保护的对象、专利申请和审查程序、获得专利的条件、专利代理、专利权归属、专利权的发生与消灭、专利权保护期、专利权人的权利和义务、专利实施、转让和使用许可、专利权的保护等。⊖

发明与专利在创新型技术型互联网公司中如同家常便饭，据北京大学互联网法律中心与中国科学技术法学会联合发布的《互联网技术创新专利观察报告（2016）》显示，三星公司以全年申请 8028 项专利在全球排名第一，而三星公司的专利全球申请总量已经超过

⊖ 邹瑜. 法学大辞典[M]. 北京：中国政法大学出版社，1991.

581119 项。[⊖]据《中国互联网发展报告 2017》数据显示，截至 2016 年底，中国计算机、通信和其他电子设备制造业有效发明专利数量为 227365 个，中国近五年四度居全球国际专利申请量第一位。

专利案件不但表现在侵权上，也表现在补偿上。例如：被誉为"蓝光之父"的诺贝尔物理学奖获得者中村修二，因为蓝光发光二极管技术专利起诉了他所在的日亚化学公司（2001 年）。起初日亚化学公司给了他 2 万日元（约合人民币 1200 元）的奖励，而通过起诉，中村最终获得的专利补偿金是 8.4 亿日元（约合人民币 5000 万元）。

2. 商标法

《商标法》是为了加强商标管理，保护商标专用权，促使生产、经营者保证商品和服务质量，维护商标信誉，以保障消费者和生产、经营者的利益，促进社会主义市场经济的发展而制定的法律。商标权是商标专用权的简称。商标权是一种无形资产，具有经济价值，可以用于抵债，即依法转让。根据《商标法》的规定，商标可以转让，转让注册商标时转让人和受让人应当签订转让协议，并共同向商标局提出申请。在转让商标权时，应当按照《企业商标管理若干规定》的要求，委托商标评估机构进行商标评估，依照该评估价值处理债务抵偿事宜，而且，要及时向商标局申请办理商标转让手续。

这类的案例也有很多，例如：在出版领域，商务印书馆有限公司曾以"擅自生产和销售打着《新华字典》名义的辞书，导致市场混淆"为由，将华语教学出版社有限责任公司告上法庭，并索赔 340 万元。北京知识产权法院判决被告华语出版社立即停止涉案侵害商标权及不正当竞争行为，在《中国新闻出版广电报》等相关媒体上刊登声明，消除影响，赔偿原告商务印书馆经济损失 300 万元及合理支出 27 万余元。

在新媒体产品领域，华为推出的一款手机 App 曾被北京睿智高远视频技术有限公司以商标侵权为由起诉。华为终端公司开发的这款软件名称标识与"大导演"商标雷同，极易导致公众混淆误认。同时，华为终端公司还利用"华为市场"等手机应用平台、搜索引擎等诸多渠道，宣传推广其开发的"大导演"软件，下载量达数十万次。北京睿智高远视频技术有限公司认为，华为终端公司和华为技术公司的行为侵害了该公司的商标专用权；奇鸟软件公司为侵权软件提供下载服务，客观上帮助了侵权软件的扩散推广，为商标转让侵权行为提供了便利和帮助，应共同承担商标侵权责任。以此来看，新媒体产品在策划之初，便应该注意是否侵权这一问题，尤其要保证策划、创意与设计中的每一个环节的"合法性"。同时，应该"法务先行"，在商标注册上，绝不可漫不经心。

➡ 9.2 知识产权管理：锁定新媒体产品的无形资产

9.2.1 知识产权资源管理

在本书的第 1 章中，我们已介绍了知识产权（Intellectual Property，IP）的概念及相关

⊖ 北京大学互联网法律中心，中国科学技术法学会.互联网技术创新专利观察报告（2016）[EB/OL].[2018-11-3].
http://pkulaw.cn/ fulltext_form.aspx?Db=qikan&Gid=1d99f0b6106d4b8c6d1be8940d965ca4bdfb.

问题。那么，IP 资源管理即是对知识产权资源的管理，具体而言，即是对新媒体产品中涉及的内容资源（著作权）、专利资源、商标资源等进行管理的行为。

美国学者罗纳德·贝蒂格认为版权的作用已经不再仅仅是保护知识产权和创作者的经济利益与积极性，而是为所有者榨取更多的利润而保驾护航。[一]从全球范围来看，IP 授权业务异常火爆。中国的 IP 授权市场空间更大。根据国际授权业协会（International Licensing Industry Merchandiser's Association，LIMA）数据统计，2016 年特许授权商品的销售额达 2629 亿美元，同比增长 4.4%；其中，中国授权商品零售总额同比增长 6.4%，在主要经济体中最高，但市场规模仅相当于美国的 5.6%，发展空间仍较大。美国的 IP 衍生品产业链成熟，例如迪士尼，以电影为起点实现多轮 IP 变现，模式清晰；几大 IP 衍生品巨头成长各具特色。迪士尼基于众多经典 IP，以电影为起点，实现图书等出版物、主题公园、IP 授权商品销售等多轮变现。迪士尼半成以上收入来自于动漫 IP 衍生品，IP 乘数效应显著。乐高、孩之宝、美泰、万代四大巨头，基于经典动漫、影视、游戏 IP 授权，利用创意+品牌+渠道优势，全球布局，共同占据了 IP 衍生品市场空间，实现了业绩和市值的大幅提升。中国的 IP 行业正在呈现出线上线下共荣的局面，且二者的关联日益紧密。基于移动终端的新媒体产品更是看重 IP 资源的开发与利用。近些年，IP 产业提出了"优质 IP""超级 IP""强变现"等概念，都是重金挖掘、买断和培育具有潜质的 IP 资源。如发掘 IP 源头、进行版权（影视、综艺、游戏等）贸易等。

国内很多新媒体公司及互联网科技公司都在 IP 上下功夫，努力实现既得 IP 资源的效益最大化。例如，在新媒体产品的配色上将 IP 作为设计元素加入，通过修改基本款的颜色、图案等形成新的 IP 资源；或者以 IP 作为设计灵感来源，在原有产品外形和功能的基础上根据 IP 形象进行创造性的修改，使新产品成为新的 IP 资源。

我们知道，新媒体产品的重要属性之一便是文化性，所以内容对于新媒体产品而言，意味着是否具有持久的活力、动力或生命力。虽然版权变现的商业模式从单链条向多链条进行转变，但是，对优质数字内容、优质 IP 资源的开发仍然是新媒体产品面临的最大难题，甚至我们可以说，新媒体产品的策划者在策划之初的所有想法基本上都是围绕这个 IP 资源构建的。所以，很多互联网科技公司都在打优质内容资源的主意，进而使之变成优质 IP 资源或超级 IP 资源。

例如腾讯公司的"泛娱乐战略"（基于互联网和移动互联网平台所具有的多领域共生可能性，打造以明星 IP 为基础的粉丝经济，推出文学、动漫、影视、游戏等业务，致力于构筑一个全新的泛娱乐生态），其主要表现在"VIP 付费阅读制度""网络版权签约制度""作家福利制度""作品制作人制度"的确立和成功。腾讯网络文学产品以《择天记》《斗破苍穹》《盗墓笔记》《全职高手》等作品为代表性优质 IP、腾讯动漫以《尸兄》《妖怪名单》《勇者大冒险》《王牌御史》《狐妖小红娘》等为代表性优质 IP、腾讯影视以《魔兽》《鬼吹灯之精绝古城》《如果蜗牛有爱情》《九州天空城》等为代表性优质 IP、腾讯游戏以《英雄联盟》《天涯明月刀 OL》《王者荣耀》《洛克王国》等为代表性优质 IP……逐步打造了一个足够吸引数亿受众和用户的 IP 群，并使 IP 效应（吸引 IP 源）如滚雪球一样，越滚越大。

㊀ 贝蒂格. 版权文化：知识产权的政治经济学[M]. 北京：清华大学出版社，2009.

IP 资源管理与版权保护是如影随形的。2018 年第五届中国（北京）国际服务贸易交易会聚焦互联网时代下的版权保护公证，旨在加强版权公证合作、资源整合，分享交流版权行业、公证机构和科技公司在版权公证合作方面的经验，促进版权保护公证在互联网时代的健康发展。版权保护是基础性质的法治行为，而 IP 资源管理则是基于版权保护基础之上的具有开发、再造、延伸、积累、竞争、管理与盈利意义上的文化和商业活动。

9.2.2 版权贸易与付费

根据中泰证券的市场监测数据显示：2017 年传媒板块动态市盈率$^{\ominus}$为 34.67 倍；2018 年，截至 5 月 29 日，传媒板块动态市盈率为 42.89 倍。虽然长久以来我国版权市场盗版较为严重（主要原因大抵为盗版成本低、政策法规不健全、民众版权意识薄弱、民众未养成网络知识付费习惯等），然而随着我国版权保护技术的进步，国民消费能力的升级，文化产业尤其是新媒体产品的蓬勃发展，民众的精神文化需求不断增强，我国知识产权领域相关政策、法律及版权市场环境不断改善，中国的版权市场迎来了极具活力与迅猛的发展前景。

2006—2017 年，我国网络版权逐渐成为文化版权产业的中坚力量。我国网络核心版权产业规模年均增长率保持在 30%以上，产业规模增长超过了 30 倍。中国版权市场规模已逐步接近美国市场，且仍将保持相对高速的增长（见图 9-1 和图 9-2）。

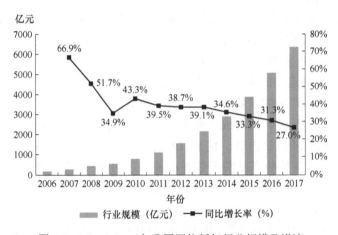

图 9-1　2006—2017 年我国网络版权行业规模及增速

注：数据来源：国家版权局、中泰证券研究所。

我国版权贸易与付费市场呈现如下趋势：①版权市场正版化趋势进一步加强，版权付费成为主流。以网络视频行业为例，近年来各大视频网站不断积累优质内容，慢慢养成用户付费习惯。2013 年，付费用户开始成为网络视频行业核心增长动力，各大视频网站组建了反盗版联盟，坚决打击盗版视频。2017 年网络视频有效付费用户规模超过 1 亿人，同比增长超 50%。②版权保护机制日益完善，新技术不断投入反盗版斗争。版权保护的机制、体制将随着时代的变化适时而变，及时补足法律盲点。利用新技术自动鉴别盗版作品、产

$\ominus$　市盈率是指某种股票每股盈利的比率，也称"本益比"，是股票价格除以每股盈利的比率。市盈率越低，则表示该股票的市价相对于股票的盈利能力越低，反之则结论相反。

品也将成为重要的维权手段，在降低维权成本的同时提高维权效率。③我国版权市场更加开放，版权贸易机制更加健全。随着版权市场进一步完善，创新积极性将进一步被激发，版权产品在国际市场上的竞争力也会相应提升，将有越来越多的优秀国内版权输出。与之相匹配，我国的版权贸易机制也一定会更加健全，从而推动中国文化走向世界。

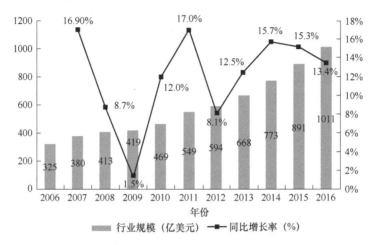

图 9-2　2006—2016 年美国网络版权行业规模及增速

注：数据来源：国家版权局、中泰证券研究所。

我国新媒体产品版权贸易与付费领域主要包括：文字（包括网络文学、深度报道、非虚构作品、创意写作作品等）、图片（版权图片）、数字音乐、网游、电子书、网络动漫、影视剧、网络直播、在线教育资源等。而具有代表性的版权付费新媒体产品如：分答、得到、知乎、简书、喜马拉雅 FM、在行一点等。

据《2017—2018 年中国传媒产业发展报告》数据显示，2017 年中国传媒产业总规模达到 18966.7 亿元人民币，较 2017 年增长 16.6%。据艾瑞咨询《2018 年中国在线知识付费市场研究报告》显示，中国 2017 年在线知识付费产业规模约为 49 亿元，在多种因素综合作用下，预计 2020 年将达到 235 亿元。在线知识付费即意味着对互联网知识版权的认可，即意味着对新媒体产品优质内容资源的认可。新媒体产品长期积累的公信力和品牌也是影响用户付费的重要因素。新媒体开通付费阅读功能是对自身新闻业务专业水平和品牌影响力的一大考验，需要具备持续性生产高品质新闻产品的能力。内容付费使内容行业的产品和服务类型更加多元，商业模式得到革新⊖。

9.3　形式、内容、技术与管理：无所不在的版权意识

数字版权保护技术是一种以一定的计算方法，实现对数字内容的保护的技术，其具体应用包括电子书、音视频、图片、网页、动漫、交互式出版物、电子文档等数字内容。对于数字版权保护技术，我们可以从数字版权保护技术（Digital Rights Management，DRM）

⊖ 唐绪军. 中国新媒体发展报告[R]. 北京：社会科学文献出版社，2018：23.

体系建设、数字内容的安全性和完整性、数字内容传输过程的安全性、数字内容的可计数性、数字版权的权利描述及控制、用户身份的唯一性及其适应应用等方面进行研究。而与数字版权保护紧密相关的便是数据加密（Data Encryption）技术。所谓数据加密技术是指将一个信息（或称明文，Plain text）经过加密钥匙（Encryption key）及加密函数转换，变成无意义的密文（Cipher text），而接收方则将此密文经过解密函数、解密钥匙（Decryption key）还原成明文。加密技术通常应用于 U 盾、银行卡、专业软件等。加密技术是网络安全技术的基石。与现代加密技术相应的还有一些相对较为"传统"的数字加密和版权保护技术，例如常见的版权保护技术有文档加密、序列号匹配、数字水印、电子签名、机器码绑定、信息授权等技术。数字版权保护需要从产品的形式、内容、技术与管理等多方面入手。

9.3.1 内容指纹

中国移动咪咕公司法律共享中心总监贾磊在"2018 平台社会责任论坛之一——互联网新闻信息服务新技术新应用法律规制研讨会"上介绍咪咕公司在版权保护方面的经验时说："常规的维权手段只是在有效范围内能够达到效果，我们通过司法方式去为侵权行为主张权益是一件耗时耗力，而且是一个旷日持久的工作。"在 2018 年互联网平台责任系列论坛中，今日头条母公司北京字节跳动科技有限公司法务部诉讼总监宋纯峰也介绍了今日头条在数字技术方面进行版权治理的经验，"（今日头条）大概从 2014 年就开始特别强调投诉处理团队的建设和高效的反应，不管是网页端和 App，在每篇文章的结尾都会有一个投诉的链接或者入口，他的投诉会非常迅速地反馈到我们投诉处理的同事那里，投诉处理的同事会第一时间做出一个基础性的判断。整个 2017 年头条号累计处罚的抄袭量超过 11000 多次，封禁的抄袭账号两千多个，平均处理时间低于一个小时……我们自主研发了一套针对视频版权保护的系统。以《战狼 2》为例，如果上映之前，例如优酷把它的原片给到我们，我们会形成一个唯一的'内容指纹'，当这个'内容指纹'已经发生效率之后，我们会回扫平台上所有已经存在的视频以及将来将要上传的视频，如果那些视频的'内容指纹'和《战狼 2》的'内容指纹'相匹配，我们就不会放出。"

"内容指纹"是做新媒体产品或互联网产品经常用到的技术，这是一种类似于文本相似性检索的算法技术，与之相关的称谓有文本指纹、文件指纹、网络数据指纹（Network Packet Dactylogram）等。对于网页去重、内容盗版追踪、内容聚类等应用来说，内容指纹模块都是极其重要的模块。一些比较常用的指纹算法有 MinHash、SimHash 等。

MinHash（即最小化独立置换局部敏感哈希方案），在计算机科学和数据挖掘中，是一种快速估计两组相似程度的技术。该计划由 Andrei Broder（1997）发明，最初用于 AltaVista 搜索引擎，用于检测重复的网页并将其从搜索结果中删除。它也被应用于大规模的聚类问题，例如通过它们的单词集的相似性来聚类文档。MinHash 是 Google 用来处理海量文本去重的算法，同时也是一种基于 Locality Sensitive Hashing 的算法。简单来说，与 MD5 和 Sha 哈希算法所不同，局部敏感哈希可以将相似的字符串 Hash 得到相似的哈希值，使得相似项会比不相似项更可能地 hash 到一个桶中，Hash 到同一个桶中的文档间成为候选对。这样就可以以接近线性的时间去解决相似性判断和去重问题。SimHash 也是一种快速估算两组相似程度的技术。Google Crawler 使用该算法查找接近重复的页面。它是由 Moses Charikar 创造的。该算法通过计算每个特征或关键词的哈希值，并最终合并成一个特征值即指纹。

内容指纹识别需要建立一套追踪系统，这个系统主要由爬虫系统、指纹生成系统、指纹存储、指纹查询和比对、数据分析、后台管理系统等几个主要模块构成（见图 9-3）。

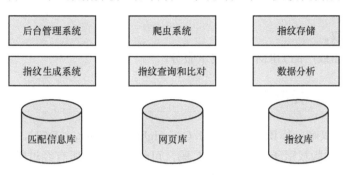

图 9-3 内容指纹识别追踪系统构成

注：图片来源：CSDN。

内容指纹是新媒体产品数字版权保护（即数字版权管理，Digital Rights Management，DRM）技术的一种（延伸），其延伸性主要体现在可以有效进行网络监测和追踪。

9.3.2 版权保护服务商

版权保护服务商是近年在我国兴起的一种商业（产业）机构，旨在用合理合法的取证与维权手段维护网络版权，打击侵权盗版行为，进而赚取一定比例（或固定金额）的赔偿金（或佣金）。版权保护服务商与中国版权保护中心（Copyright Production Center of China）性质不同。后者是国家版权机构（经中央机构编制委员会办公室批准于 1998 年 9 月成立），是国家设立的版权公共服务机构，旨在贯彻实施著作权法律，实施著作权行政管理制度，实施国家版权战略，发展并完善我国版权公共服务体系，保护著作权人合法权利，促进各类作品的创作与传播，服务相关版权产业的健康发展。具体而言，旨在进行计算机软件登记、作品著作权登记、著作权转让和专有许可合同登记与备案、质押合同登记等版权公共服务，以及与此密切相关的著作权法律宣传与咨询、版权鉴定、版权认证、第三方调查取证、作品保管、版权纠纷调解等版权社会服务。而前者主要是进行取证、维权等商业意义上的版权保护活动。版权保护服务商已经成为网络新媒体版权保护的最有效的实施主体。目前，我国的版权保护服务商有原创宝、维权骑士、中细软、版权代、版权家、版权印、麦片、海海软件、华中版权、鲸版权等数十家。

这些版权保护服务商都在围绕作品和产品做版权保护和代理维权服务。总括而言，版权保护服务商（每个服务商的服务侧重点不同）的工作和服务功能包含但不限于如下方面：

（1）版权管理。

（2）版权风险评估。

（3）版权自动登记（DCI 版权登记等）。

（4）全网侵权行为监测。

（5）转载传播分析。

（6）内容分发与在线授权。

（7）原创证据保全。

（8）对外授权取证。

（9）版权贸易。

（10）全网维权。

（11）原创作品或产品 DRM 加密技术服务。

9.3.3　数字版权唯一标识符

DCI 即数字版权唯一标识符（Digital Copyright Identifier， DCI）。中国版权保护中心通过对每件数字作品版权赋予唯一的 DCI 码，可使互联网上所有经过版权登记的数字作品都具有一个唯一的身份标识，通过该 DCI 码的查询和验证，即可达到确认作品版权的真伪、明确数字作品的版权归属的目的，从而实现数字作品版权的网上监测、取证、维权等工作，达到版权保护的目的。

为维护版权及相关权利人的合法权益，推动建立完善的版权产业利益分享机制，促进版权产业健康有序发展，中国版权保护中心在版权工作实践的基础上创造性地提出了以 DCI 为基础的数字版权公共服务新模式——DCI 体系（见图 9-4）。该体系以数字作品在线版权登记的创新模式为基本手段，为互联网上的数字作品分配永久的 DCI 码、DCI 标，颁发数字版权登记证书，并利用电子签名和数字证书建立起可信赖、可查验的安全认证体系，从而为版权相关方在数字网络环境下的版权确权、授权和维权等提供基础公共服务支撑。这是对数字版权作品的身份认证，这可以理解为传统出版中"刊号、书号"的数字化、网络化延伸。中国版权保护中心这样阐释 DCI 体系：

DCI 体系是以 DCI 标识、验证、特征提取和监测取证等技术为核心支撑，通过系统化的集成应用平台构建的数字版权公共服务体系。DCI 体系具有三大基本功能：数字作品版权登记、版权费用结算认证、监测取证快速维权。综合支撑建立起包括版权确权、授权、维权在内的全流程版权综合服务体系，并与现有互联网版权运营平台进行嵌入对接，以嵌入式服务方式实现一体化服务。

通过 DCI 体系，社会各相关方可以方便地查验作品的权利人和权属状态，确认作品版权的真伪，为数字作品的版权保护提供基本保障。同时，通过 DCI 体系的版权费用结算认证和监测取证快速维权，建立中立、公正、透明的第三方版权费用结算和版权利益分享机制，将有效解决权利归属难以厘清、透明结算难以实现、盗版侵权难以遏制的困扰创作者和产业界的难题。

DCI 体系是以技术标准为引领、模式创新为动力、技术创新为支撑、机制创新为保障的数字版权公共服务体系。DCI 体系是我国自主创新、自主可控的数字版权公共服务创新体系，该体系可作为我国互联网版权治理的基础设施，对我国构建和维护网络版权秩序，掌握网络空间国际话语权具有重要意义。

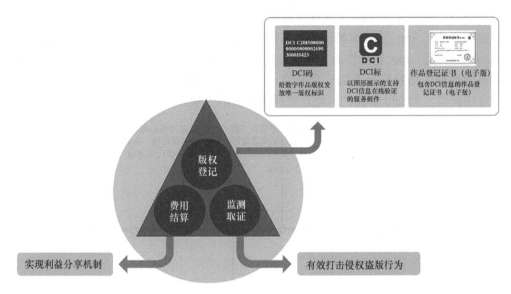

图 9-4 DCI 体系

注：资料来源：中国版权保护中心。

DCI 体系实行登记制度。DCI 登记是通过互联网在线的方式对数字作品版权进行登记的。所登记的内容为作品名称、作品类别、作者姓名、著作权人姓名或名称、作品是否发表、作品创作完成时间、首次发表时间以及登记日期等数字作品（产品）的相关元数据内容。中国版权保护中心表明，DCI 有如下三个特点：

（1）第三方平台用户通过 DCI 体系的合作平台在线提交申请，在线获得反馈，办理方便快捷，节省材料成本、沟通成本和时间成本。

（2）登记完成后的权利人除获得作品登记证书（电子版）外，还被赋予 DCI 码和 DCI 标，可以实现传统模式不具备的互联网标识、验证等功能。

（3）以 DCI 体系为支撑，除 DCI 登记外，还集成了版权费用结算和版权监测维权功能，是数字网络环境下版权服务的体系化创新。DCI 体系发展历程见图 9-5。

例如，移动 App 第三方证书签名与版权登记联合服务平台（www.ecopyright.com.cn）的上线，为 App 开发者提供了一站式"版权+安全"服务。App 开发者可方便快捷地在线提交 App 著作权登记申请资料，免去了登记大厅排队或邮寄提交材料的麻烦，且申请和审查过程全程无纸化，极大提高了办理效率。中国版权保护中心审查通过后，在向 App 开发者发放传统纸质版权登记证书的同时，还发放具有数字版权唯一身份标识的 DCI 码和可直接加载到 App 软件包中的数字版权登记证书。加载数字版权登记证书的 App 软件包经过数字签名和安全加密，难以破解与篡改，支持在线实时验证，实现了权威、便捷、高效的 App 版权确权和验证。联合服务平台通过与移动应用商店等 App 服务机构深度合作的方式，面向 App 开发者全面提供版权在线验证、正版标识、快速审核上架、盗版监测、法律维权等一站式、综合性服务，帮助 App 开发者有力保护软件合法权益，有效提升版权运营效率，最大化实现版权价值……在《国务院关于新形势下加快知识产权强国建设的若干意见》《移动互联网应用程序信息服务管理规定》《关于移动游戏出版服务管理的通知》等政策法规背景下，向 App 开发者开通安全检测、安全加固等 App 安全的快速服务通道，并向互联网应用商店、App 监管检测机构和其他服务机构提供查验接口，直接查验审核软件版权信息，从而提升 App 软件作品在审核、发行、运营等各个环节的流通效率，使得业务办理更加高效便捷、信息安全更加安全可信、更加符合国家监管政策，从而有效地保护著作权人的合法权益，为安全清朗的移动互联网生态贡献力量。[⊖]

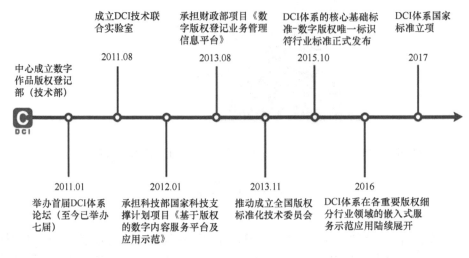

图 9-5　DCI 体系发展历程

注：资料来源：中国版权保护中心。

9.3.4　问题与出路

从互联网诞生之初网络规约的荒芜，到千禧年前后网络规制的存废问题，到今时今日的个人信息保护、隐私政策、网络安全保护等层出不穷的新问题，再到新媒体产品、在线知识产品版权保护与一系列因之而生的技术、经济、文化、政策与伦理等问题，所有这些问题都是网络与新媒体时代困境与出路的博弈，是机会与挑战的共融，是速朽与永驻的较量，是利益与舆论的牵引。

新媒体产品版权保护的困境有很多，在这里我们不能逐一详述，只能将它们尽可能地罗列于此，以供有兴趣有志于此的你深入探究。当然这些困境是急需我们在进行新媒体产品策划时"回避"的问题，但这些困境并不会停留太久或并不能够在本质上影响我们，我们终有一日能够用更好的办法解决它们。

这些困境与问题包含但不限于以下几个：

（1）版权的地域性与互联网的无边际性的矛盾问题。[⊜]地域屏蔽技术（Geo-blocking）是否应该使用，或者是否能够有效地规避相应跨境跨地网络传播与版权保护问题。例如：欧盟曾签署禁止地域屏蔽的规约；而事实证明，地域屏蔽技术也能够在一定程度上很好地

⊖　刘计. DCI 体系创新应用再突破：移动 App 第三方证书签名与版权登记联合服务平台上线[EB/OL].[2016-8-18].https://mp.weixin.qq.com/s/JDUzuVga5H4YNtrtXKvSHg?.

⊜　张平. 网络法律评论[C]. 北京：北京大学出版社，2017：123.

解决跨国版权纠纷问题。

（2）新媒体产品中的广告是否在用户浏览协议（或许可使用，或默认契约）范围内，新媒体产品中广告投放（与用户权益的矛盾）的相关法律规约深入与完善问题。

（3）新媒体产品（年费或一次性付款）内容更新的质量保障与监管问题，知识付费的有效性规约问题。

（4）浏览器产品及 SEO（搜索引擎优化）中涉及的不正当竞争问题。

（5）网络云盘产品的侵权问题及"避风港"原则在新媒体产品中的作用与应用问题。

（6）新媒体产品中网络广告的欺诈性点击等规约、监管与举报问题。

（7）开源软件的知识产权问题。

（8）网购合同诉讼管辖权相关问题。

（9）由短视频"产品"是否构成作品问题而引发的短视频著作权保护问题。

（10）新媒体产品中字体、字库软件的使用与版权保护问题。

（11）数字音乐及新媒体产品中的数字背景音乐版权保护难的问题。

类似以上的新媒体产品版权及安全问题还有很多。这些虽并不完全是新媒体产品策划者需要思考和解决的问题，却完全是新媒体产品策划者必须注意，或极有可能遇见或牵涉的问题。故而，对这些问题的关注与研究便成为新媒体产品策划者的必然。然而，我们也注意到一些相反的情况，这主要表现在个人或一些公益组织对知识产权相关问题的认知上。

例如，我国台湾编辑家周浩正在其写作的网络著作《企划之翼》中多次提出"放弃版权"。周浩正在《编辑力 1.0 初探》中说：我完全放弃《编辑力初探 1.0：写给编辑人的信》的版权。意思是说，任何人都有权"全部"或"局部"取用其内容，自由编辑整理出版。

我们更倾向于将周浩正的这种"开放版权"的行为。周浩正实际上是放弃了其著作权中的财产权。我们很容易能够从情怀的角度理解这种行为，但这种公益的行为确实对既有的出版规则造成了一种冲击。

首先，我们得对能够"开放版权"的著作性质加以界定。周浩正的著作属于原创性学术专著，具有很大的"可利用"的学术价值和实践价值。那么，原创性的供人欣赏、陶冶情操的其他文字作品，例如小说、散文、诗歌等文学作品，是否有主动提出开放版权者呢？

《著作权法》及其实施条例关于著作权、版权的规定原则是保护创作者和传播者的利益。其中，著作权里的人身权包含修改权和保护作品完整权等，而财产权则包含复制权、发行权、信息网络传播权、改编权、汇编权等，周浩正其实是放弃了以上几种财产权。但是著作权人放弃，并不代表国家法律不保护。

> 我国互联网及媒体相关法律法规在不断完善。做新媒体产品策划最先想到的也应该是这个底线。千万不要以为网络上的信息与资源是可以随意复制、传播、转售的，法的意识是不可缺少的。

其次，这种公开放弃版权的行为对旧有的出版规则是一种冲击。它改变了，或者说省略了出版者与著作者之间的某些产业链条，使得出版成为一件不需要跟著作者打招呼便能够"唾手可得"的事情。冲击可能来自以下几个方面：

一是对出版业竞争等众多"游戏"规则的冲击。出版人在欣喜地看到这种行为的同时，也难免会有所忧虑（网文的价值评估、新媒体产品的编辑水平）。

二是对出版制度的冲击。这也许是"M（Mobile，移动出版）时代"出版变迁的个案，但它却满足了"M 时代"读者的一种不可抵挡的阅读欲望。

三是对社会受众的冲击。多渠道、多版本的阅读体验会给受众造成一种错误导向，即资源共享界限在受众头脑中的"非市场化"扩大。

事实上，作为新媒体产品的策划者，我们应该在政策和版权的许可范围内实现我们的创造力，但我们更应该思考这种创造力形成的源泉或思考如何挖掘这种创造力。我们知道，好的产品是会"说话"的产品，但好的策划一定是建立在极佳的"视听"能力基础之上的思想力的表达。我们一方面在寻找构成饕餮大餐的绝佳食材（原创作品、资源），在不断精益求精发掘可资利用的优秀厨具（技术与物力），另一方面也在寻找整合这些食材的超级大厨（策划者、编辑者），但这一切都需要在政策和版权的许可范围之内进行。

来源与渠道的合法性，已经成为悬在新媒体产品策划者头上的达摩克利斯之剑。

【思考与练习】

1. 在互联网上找到相关侵权案例，进行分析。
2. 搜集 IP 资源转化的相关案例，进行分析。

第 10 章

导图与文案：新媒体产品策划的指北针

语言的边界决定世界的外延。

——路德维希·维特根斯坦（Ludwig Josef Johann Wittgenstein）

一图胜千言。

——苔丝·法兰德斯（Tess Flanders）

记住，我们每个人的学习能力是有差异的，但最终都将以最适合自己的学习速度取得进步。因此，要与自己进行比较来衡量自己的进步，而不要与他人进行比较。所以，你也应该制订出自己的训练和学习计划，并尽可能地严格执行。

——东尼·博赞（Tony Buzan）

产品，产品，产品。

——威廉·伯恩巴克（William Bernbach）

所有文章都有一些共同的基本特征，动笔之前应认真考虑这些特征。换句话说，每一篇文章都有自己的 PAST：宗旨（Purpose）、受众（Audience）、范围（Scope）和主题（Topic）。

——纳维德·萨利赫（Naveed Saleh）

关键词

导图　全景图　框架图　思维导图　甘特图　路线图　概念组合图　产品推广文案
项目管理文案　信息　黏性　思维　积累　写作　逻辑

➡ 10.1 导图：从思想到产品的每一个环节

10.1.1 产品全景图与路线图

概括而言，新媒体产品策划的起手点并非是某个细节，而是全局。策划者之所以能够运筹帷幄，决胜千里，其因便是能够对项目的全景进行审视、思考和把握。新媒体产品项目开发的保障原则有两个：质量和效率。新媒体产品策划的所有方案、路线都应该旨在保证产品质量，提高工作效率。保证质量是"硬"功夫，这往往取决于人才的能力和执行者对开发理念的"坚守"等；相对而言，提高效率是"软"功夫，这往往取决于管理机制、领导力、执行力、沟通效率、工作氛围、企业文化、策划与准备的周详程度等与工作节奏密切相关的方面。

刘显铭等 13 位资深产品专家所著的《互联网产品修炼手册》为我们提供了一个产品全景图（见图 10-1），可以比较全面地反映从客户需求到产品实现的全景。

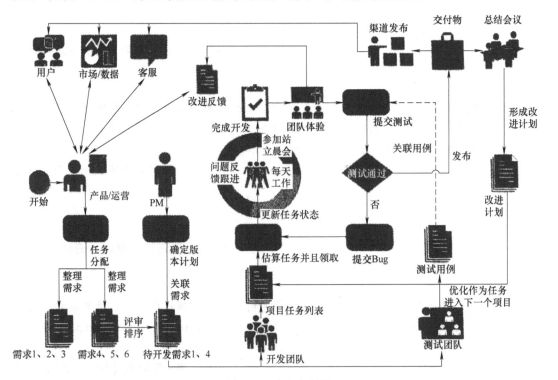

图 10-1　产品全景图

注：资料来源：刘显铭等著《互联网产品修炼手册》。

刘显铭等人对全景图进行了很好的解说：产品经理根据用户反馈、市场需求、用户调研的结果制定需求，并提交到项目经理排期。项目经理召开需求评审会，并根据需求和人力情况制订送代版本计划。开发团队按照制订好的计划领取任务并进行开发，同时测试团队根据版本计划规划好测试用例。开发团队开发完以后提交测试及产品经理体验，测试团队测试后会提交 Bug，由开发团队修改完 Bug 后再重新提交，测试通过后由团队提交版

本。项目经理会针对该迭代的完成情况召开版本总结会。这就是非常常见的互联网项目里面一个迭代版本的完成周期。"⊖

概括而言，产品全景图主要由如下 8 个方面构成（见图 10-2）：

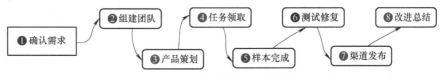

图 10-2　新媒体产品全景图

其中，确认需求包含市场调研、用户需求等方面；组建团队的过程也是能力需求分析与确定的过程；产品策划是由项目团队来完成的，具有创造性、决定性、协调性等至关重要的作用；任务领取是协作完工的重要步骤，也是资源分配的关键；样本完成阶段能够充分体现产品的基本质量和工作的基本效率情况，便于策划团队及时做出相应调整，也直接关乎产品的成败；测试修复阶段是连接质量和用户需求的关键环节；渠道发布需要团队从营销学意义上对产品进行包装和设计；改进总结则是为了将此次策划研发过程中的经验、教训和成果梳理清晰，便于下一次的团队成长。

从较长时间和市场意义上而言，产品的生命周期包含了这样几个基本的时期（见图 10-3）：策划研发期、生产期、导入期、成长期、成熟期、衰退期、新需求期、知识创新期。

事实上，产品全景图即为一个产品路线图，而"制定路线图的过程就是信息编辑的过程（即规划），而最终的路线图则是产出（即规划方案）……这个过程本身仍然极具价值。其价值在于让人们清晰地表达自己的各种假设并整合相关信息。"⊜这个产品路线图涵盖产品调研、策划、开发、销售、运营、转化、衍生等上中下

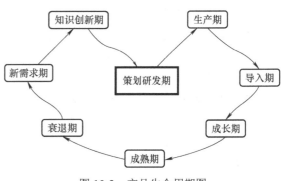

图 10-3　产品生命周期图

游。既是总括，也是预测；既是流程，也是方案；但它不是一成不变的，也并非是事无巨细的。需要团队成员都清晰地明白，供应商、客户、市场需求、竞争格局、市场趋势、企业资源和愿景、运营能力、产品优势等方方面面的概况。至于详尽的进度安排、组织架构等，需要借助本章所言导图等其他几种方法。

10.1.2　产品概念组合图

产品概念组合图可以理解为一种静态组织结构图。它用来描述概念组织系统中某一概念（即"组合结构"）的意义结构和关联，包括该部分与系统其他部分的交互点。它能够展示该部分概念在整体概念（或产品理念）框架下的位置。产品概念组合图的图形呈现，不

⊖ 刘显铭，等. 互联网产品修炼手册[M]. 北京：机械工业出版社，2017：161.

⊜ 哥乔斯. 产品经理手册（原书第 4 版）[M]. 北京：机械工业出版社，2017：129.

仅可以协助我们理清思路、思考设计，更便于我们清楚地表达和呈现设计。

很大程度上，我们在做完产品的调研与需求分析之后，是要将那些数据和潜在关联抽象为一个又一个概念的。将这些概念做进一步的组合以变为生产力及生产工具成为策划者的必需工作。表 10-1 便是新媒体产品策划中设计的一部分概念，这些概念有些是包含与被包含的关系，有些是交叉的关系，有些是重合的关系，有些是并列的关系，有些是组合的关系。但不论哪种关系，其都能够在产品概念组合图中得以呈现。当然这个图也可以做成"概念树"的形式（见图 10-4）。

表 10-1　概念组合与架构表

层级	注意力	需求	体验	文化	智能	消费
1	兴趣	痛点	碎片	故事	客服	众筹
2	广告	娱乐	沉浸	理念	搜索	广告
3	推荐	推荐	视频	Slogan	推荐	一次性
4	特征	刚需	分享		体验	会员
5		饱和	链接		便捷	购买力
6		功能	留存			预存
7		减法				

在概念组合与分析的时候，如果我们认为"智能"概念中的"推荐"概念需要进行调整或重新定义，那么我们是可以随时对其进行更改与定义的。当然，推荐的概念放置在不同层面中会有不同的指向。例如引起用户注意力层面上的推荐和智能化层面上的推荐有很大差异，前者更关注"推荐"和用户特征、兴趣等与注意力相关联的内容，后者则更关注算法、系统和路径等实际架构的内容。但是，这两个推荐是属于同一级别上的，而且是需要彼此进行沟通的。

事实上，新媒体产品的概念来说，产品概念组合图的原理可能并不十分便于我们理解。那么，我们可以将这些概念替换为生活中的某一个具体产品，如水杯。那么，便有了表 10-2 产品概念组合表。

当然，表 10-2 是一个并不严谨的产品概念组合表，仅是为了便于说明和理解。其实，产品概念组合图的目的不外乎是"加法"和"减法"两个法则。首先，我们要尽量地做加法，将心目中的产品概念悉数倒出，进行分类、组合和分析；其次，进行减法运算，将可以合并的合并，可以简化的简化，可以删除的删除。而其合并、简化、删除的标准只有一个：构建足够精悍的符合产品核心理念的概念。概念组合图还可以如 Karl T. Ulrich 和 Steven D. Eppinger 所言，能够"确定解决问题的独立办法""暴露一些不恰当的关注重点"以及"细化某一特定分支的问题分解"。[⊖]

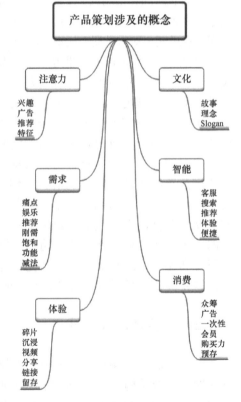

图 10-4　产品概念组合图

⊖ 乌立齐，埃平格. 产品设计与开发（原书第 5 版）[M]. 北京：机械工业出版社，2017：124-125.

表 10-2　产品概念组合表

层　级	造　型	定　位	材　质	功　用	消　费
×	圆柱	咖啡	塑料	办公	高端
×	椭圆	茶	玻璃	运动	工薪
×	锥形	碳酸饮料	密胺	通用	其他
×	其他	水	纸	休闲	
×		摆件		餐厅	

10.1.3　思维导图

谈及"思维导图"，必然要谈到英国著名心理学家、教育学家东尼·博赞（Tony Buzan）。他被公认为"思维导图"的创始人。东尼·博赞的"思维导图"已经成为世界的思维导图，受益者数以亿计。使用东尼·博赞的学习工具和方法的公司有 IBM、GM（通用汽车）、HSBC（汇丰银行）、Oracle（甲骨文）、BP（英国石油）、British Telecomm（英国电信）、Microsoft（微软）等上百家跨国公司。东尼·博赞从手绘思维导图到制作出第一张计算机思维导图（见图 10-5），不断扩展思维导图的作用和应用领域。

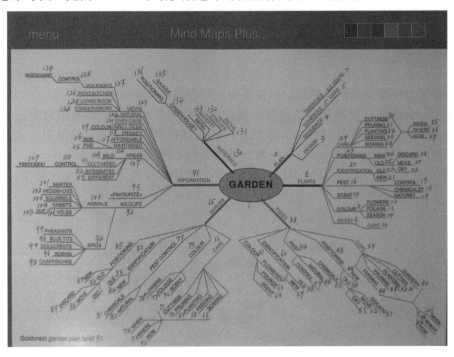

图 10-5　世界上第一张计算机思维导图

注：资料来源：东尼·博赞《思维导图》。

在最近几年，我国掀起了思维导图热，不论是学校、企业、政府，都强调思维导图的重要性，并在日常学习、工作中加以运用。思维导图成为新媒体产品策划的必备工具与方法，本章前两节也都在用类似思维导图的方式呈现相应内容。但是，我们必须注意，那些流程图、矩阵图、鱼骨图、概念图、周期图或生产作业图等，并不是真正意义上的思维导图。因为思维导图是创造性的、联想性的、启发性的、突出重点的、便于记忆或总结的。

简单来说，"思维导图就是用图表来表现发散性思维……发散性思维过程也是大脑思考和产生想法的过程。通过捕捉和表达发散性思维，思维导图将大脑内部的过程进行了外部呈现。本质上，思维导图是在重复和模仿发散性思维，这反过来又放大了大脑的本能，让大脑更加强大有力。"[⊖]思维导图被描述为"大脑的瑞士军刀"。结合东尼·博赞总结思维导图的制作技巧和准则，我们将思维导图的制作要点总结为如下几个方面：

（1）一定要突出重点，即要有中央图像，帮助记忆，能够产生区分度。

（2）整个思维导图中尽可能用图像，在视觉和语言皮层技能之间建立刺激性平衡，提高自己的视觉感触力。

（3）要在中央图像上使用三种或更多的色彩，色彩不仅会增强记忆，而且能够增强创造力。

（4）图像和词汇的周围要有层次感，便于阅读和理解。

（5）要使用通感，充分在导图的制作过程中调动自己的多种生理感觉，使导图的制作成为全身感官的协同运动。

（6）导图要有运动感，我们不得不承认，我们在移动中或运动的时候，思维变得相对敏捷。

（7）文字、线条和图像要有明显的大小变化，突出主次，厘清脉络。

（8）要有适当的间隔（距离），要充分运用间隔创造想象的空间，这类似诗歌分行的跳跃性。

（9）要注意思维导图的方向感，不得不承认，我们通常都是在做横向的思维导图，所以，我们要努力将眼睛来回地摆动，以保证自己的思维不断扩张。

事实上，在新媒体产品策划的创意阶段使用的很多思维方式，如发散思维法、头脑风暴法等，是比较适合利用思维导图完成的。作为新媒体产品策划的思维导图方式，我们可以对新媒体产品进行用途发散、功能发散、结构发散、因果发散等。

图10-6为东尼·博赞用iMindMap制作的展示"思维导图用途"的思维导图。

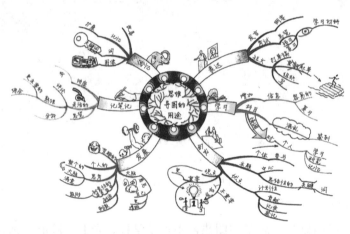

图10-6 思维导图用途

注：资料来源：《启动大脑》。

⊖ 博赞·T，博赞·B. 思维导图[M]. 北京：化学工业出版社，2015：33.

10.1.4　框架图

新媒体产品策划与设计框架图直接关系到产品的最终结构、形态与内容，包括新媒体产品的整体框架、内容、原型路径。这个框架分为两个层面，一个是宏观的，另一个是微观的。宏观的设计框架包含多个活动和决策点：产品战略、构思、企划方案的制定、定义和设计、原型建构和测试、产品开发和产品发布、战略过滤、企划筛选、定义检查点、开发准备情况评估和流程评审（最后一点更多的是一种评估而非决策，但它独立于行动过程，且可能导致未来改进方面的决策）。[⊖]这些方面在琳达·哥乔斯所构建的新产品开发 3C（概念化、创造和商品化）框架图中表现得淋漓尽致，以至于这成为产品开发的通用参考框架（见图 10-7）。微观的设计框架主要包含产品的服务功能、菜单架构、数据分析、运营方案、页面布局等。我们可以以微信产品的架构图（见图 10-8）为例来进行分析。

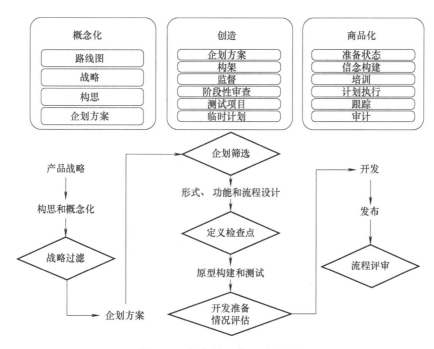

图 10-7　新产品开发 3C 框架图

注：资料来源：琳达·哥乔斯《产品经理手册》。

从微信供给不同类型媒体的菜单架构图来看，每一种架构都渗透和体现着策划者的设计与经营理念和思想。这里面的架构很多时候就是对策划创新点的整合与归结。同样，微信对订阅号与服务号的架构也呈现出同样的思路：订阅号在于出售产品导向、媒体导向、企业展示与对外传；服务号在于出售产品/服务导向、企业展示与对外宣传。

具备较强的结构思考能力者，在产品架构方面便能够迅速抓住主要矛盾，忙而不乱地应付任何架构难题，能够快速搭建产品结构，产品内容系统而全面，能够明确产品主题，

⊖ 哥乔斯. 产品经理手册（原书第 4 版）[M]. 北京：机械工业出版社，2017：139.

新媒体产品策划

使得产品结构严谨，层次清晰，能够用图表精确地传达产品的核心或全部架构。新媒体产品架构强调"先总后分"。我们可以参考芭芭拉·明托（Barbara Minto）在《金字塔原理》一书中所提出的金字塔结构图或前一节我们讲的思维导图结构方法。先总括，找出产品架构的中心思想（核心支撑），然后分支，进行横向结构上的纵向细化。

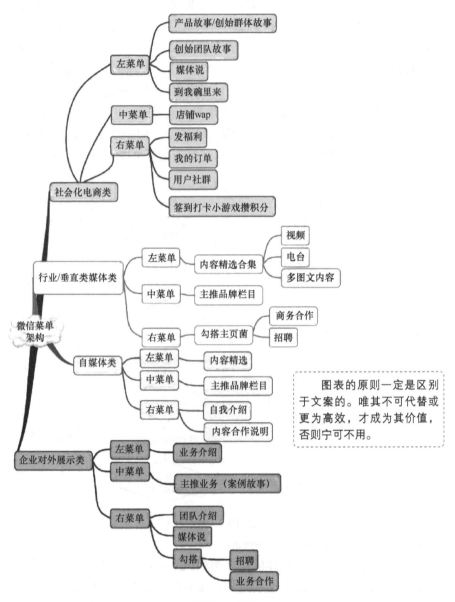

图 10-8　微信供给不同类型媒体的菜单架构图

注：资料来源：芯芯向上公众号。

10.1.5　甘特图与PERT

甘特图（Gantt Chart）又名横道图、条状图(Bar Chart)。亨利·L.甘特（Henrry L.

Ganntt）发明于第一次世界大战期间（1917 年）。甘特图通过条状图来显示项目进度以及与时间相关的系统进展情况及关系。甘特图包含以下三个方面的含义：

（1）以图形或表格的形式显示活动。

（2）通用的显示进度方法。

（3）构造时含日历时间和持续时间，一般不将周末节假日算在进度内。

甘特图的特点是简单、醒目、便于编制，在管理中被广泛应用。甘特图按内容的不同可分为计划图表、负荷图表、机器闲置图表、人员闲置图表和进度图表五种形式。而对于新媒体产品策划，我们一般使用计划图表和进度图表两种。如果说全景图和架构图是为了让我们从宏观层面和微观层面知道我们要做什么，那么甘特图就是要我们切实地将这些工作和具体的时间联系起来。时间可谓是甘特图的生命线，而任务则是甘特图的驱动力。甘特图可以是很复杂的，例如，可在甘特图中加入阶段性项目负责人姓名、负责部门、联系方式、注意事项等其他内容；也可以在甘特图中添加一些符号或标签，表明工作进度和完成情况。这是一种类似将课程表、教学进度表等内容综合在一起的有效督促与管理的项目进度图表。一般而言，我们用 Excel 便能够完成甘特图的制作，当然，还有一些更为专业的导图软件（提供模板）也能够帮助我们完成相关项目进度安排与规划。图 10-9 为项目甘特图示例。

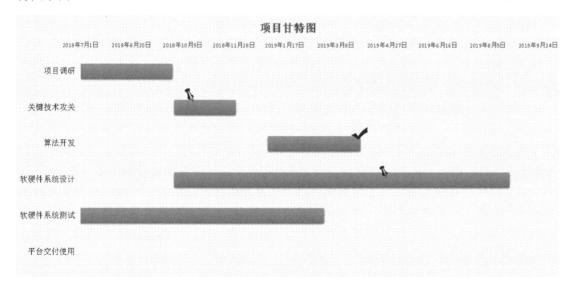

图 10-9　项目甘特图示例

当然，在实际的工作中，我们也会发现甘特图的一些弊端，例如，很多情况下，我们并不能准确地预计某一个阶段性项目的工期。这个时候，我们就要引入计划评审技术（Program Evaluation and Review Technique，PERT），即利用算法将“最可能完成任务的时间”“乐观估计的完成时间”与“悲观估计的完成时间”三个估值进行加权平均，如：PERT 加权平均=（乐观估计时间+4×最可能时间+悲观估计时间）÷6。[一]最后，得出一个试图解决与工期估算相关联的风险问题的答案。因为很多项目都超出进度估算，所以 PERT

[一]　施瓦尔贝. IT 项目管理（原书第 4 版）[M]. 北京：机械工业出版社，2008：124.

也许能够帮助开发一个更实际的进度计划。当然，这种方法也存在缺点，如：需要多个工期估计，导致工作量很大，也许我们也可以用项目风险管理中更为精确的蒙特卡罗方法（如感兴趣可以自行深入学习）来替代这种估算。

10.2 文案：从策划到产品的每一次总结

文案的定义发生了几个有意思的变化。最早的时候文案是指放书的桌子，后来指在桌子上写字的人，再后来指公司或企业中从事文字工作的职位，而现在，文案则成为一种广告创意与策划文体，即以文字来表现产品的创意策略或宣传产品本身。

简单来讲，文案等于文书加方案。所谓"文书"，是行文主体在社会活动中为了一定目的而形成并使用的具有应用型和特定格式的文字材料，可以分为私人文书（如书信、自传、遗嘱等）和公务文书（如通知、报告、合同等各种公文）。方案一般是指企业根据工作目标而制定的战略规划、任务部署、特定安排等文字材料，可以分为计划方案、评审方案、管理方案、评估方案、预防方案、实施方案等。

> 好文案就是一次创意写作。文案背后承载了十分丰富的内容，就像一个剧本，可以看穿全局。

事实上，文案放置在不同的行业和工作中有不同的形态，如：广告公司的文案形态通常是广告语、大标题、内文等，是写给消费者看的；玩具厂商的文案形态通常是产品说明书或产品包装文字，是写给使用者（儿童）或购买者看的；图书出版单位的文案形态通常是书评、图书简介、编后记等文字，是写给读者、消费者或同行看的。

一般而言，策划环节可以看作是文案的上游环节，但在融合媒体时代、新媒体时代，综合型、复合型人才对于策划者提出了更高的要求，即要求文案与策划如影随形，只有这样才能使得文案完美地呈现策划的全部思想。在广告界，"策划是广告系统的根基与框架，文案则是广告中的一个环节"。[一]文案是策划的具象化产品，是你能够看到的策划思想。

对新媒体产品策划而言，文案其实可以看作是新媒体产品的影子，即哪里有新媒体产品哪里便有文案。而通常来讲，新媒体产品文案对创意的要求要胜过传统意义上的企事业单位对创意的要求。换而言之，新媒体产品文案的创意"下沉"得更深入和纯粹，而并非通常意义上的对某项目的实施方案和计划方案。

在这一节中，我们所谈及的文案主要是新媒体产品文案，即与新媒体产品相关的所有文案（其实很多，我们只能选取有代表性的），并将其分为两个类别：产品推广文案与项目管理文案。

10.2.1 新媒体产品推广文案

概括而言，新媒体产品推广文案的核心意义与价值在于诠释产品而赢得用户的芳心。本小节所讲的新媒体产品推广文案是外向性的，即是面向新媒体产品受众或用户的。此类

　　⊖ 参见百度百科词条"文案策划"。

文案要求内容具有极强的创意性和受众黏性，其余并没有具体的一定的要求——这句话用在此处，再合适不过了。

如果说，诠释和契合产品是在产品设计前与产品设计中需要做的；那么宣传和推广产品就是在产品设计后需要做的。但更多时候，诠释和营销也是一体的，这出现在很多产品的文案中。例如，Timberland 品牌的互联网广告产品视频《踢不烂，用一辈子去完成》[一]的文案：

> 忘了从什么时候起
> 人们叫我踢不烂
> 而不是，Timberland
> 从那阵风开始
> 当我被那阵风亲吻
> 被月光、星光、阳光浸染
> 被一颗石头挑衅
> 然后用溪流，抚平伤痕
> 当我开始听到花开的声音
> 当我不小心闯对路
> 又认真地，迷过路
> 当我经历过离别
> 又曾被人等待
> 当我需要，被需要
> 我知道
> 已和一开始
> 那双崭新的 Timberland
> 完全不同
> 在时光里
> 我变旧，变皱
> 用伤痕，覆盖伤痕
> 每天，当太阳升起
> 我，又是全新的
> 我走的时候，叫 Timberland
> 回来时，才叫踢不烂
> 但踢不烂的故事
> 还远远未完成
> 踢不烂，用一辈子去完成

这个文案的语言是极为精炼的，富有张力和弹性，懂得节制，有诗歌一样的情怀，极

[一] 参见 https://timberland.tmall.com/p/rd295307.htm?hat_id=Nzc4OSY3MTg3NSblaQ&_inst=irs.

具代入感的画面。其实，新媒体时代是一个极为适合用诗歌语言和形态表达思想和内容的时代，人们在手机上往往无法耐心读完密密麻麻的文章形态的文字，却能够一行一行地阅读诗歌形态的文案，这已经成为新媒体产品推广文案的一个显著特点。

第一，新媒体产品推广文案的意义得以实现，在很多网友或用户看来，并不在于它是否在诠释或表达产品本身，而在于由此产生的代入感和因此而感受的生命力。

第二，新媒体产品推广文案的意义在于创意的呈现。我们知道，新产品的诞生和发展是因为其"新"能够代替和改变旧有产品及其不足。那么，新媒体产品推广文案本身便应该是一个具有创意的作品（或产品）。虽然，在一段时期内"标题党"文章侵扰和欺诈了很多受众和用户，但是，具有较高媒介素养的受众和用户并没有改变对新媒体产品推广文案的较高期待感和较高要求。仿佛在受众眼中，新媒体产品推广文案与生俱来便应该充满创意。

第三，新媒体产品推广文案的意义在于延伸我们对世界的感知与想象。马歇尔·麦克卢汉在《理解媒介》一书中说，任何一种"技术"，只要它是人类身体、思想、存在的任何延伸，它就是"媒介"。媒介也便是人的延伸。对于新媒体产品推广文案来讲，文案延伸了产品，同时也让受众和用户感知到了这种"延伸"或延伸的力量。以此，受众和用户可以拓展视野，使用新的产品，呈现一种新的生活方式，用新的视角和"机能"去感知与想象。例如，小米 AI 音箱网络视频广告《一句话的事儿》在人工智能和智能家居领域带给受众和用户的"延伸"体验。

当然，新媒体产品推广文案的意义和价值还有很多：最功利的销售、最基本的诠释产品、最常见的说服和强化等。目前来看，我国大部分关于文案的研究图书与文章都集中在营销与广告文案上，即产品设计后文案，关注产品设计前与产品设计中的文案比较少，这也是目前新媒体产品文案学习、培训与研究的一个症结。

10.2.2　项目管理文案

本小节所讲的项目管理文案是内向性的，即是面向新媒体产品策划与开发团队内部及新媒体公司内部的，而非面向受众或用户的。此类项目管理文案具有极强的功利和功用属性。主要包含产品需求分析文档（对产品需求内部诠释）、产品立项（含分析、计划等文案）与结项文案。

1. 产品需求分析文档的撰写

在新媒体产品中，需求分析是多样的，一般而言主要是针对用户的需求分析。其作用主要是记录和沉淀需求，这是需求分析文档最基本的意义和作用。而为什么要撰写文档呢？因为对新媒体产品而言，具体策划、设计与开发阶段的需求通常都不是一两句话便能够阐释清楚的。所以，需要产品经理或策划设计者撰写一份尽可能详尽的需求分析文档。

但是，我们也应该注意到，这样的文档并不像很多新媒体产品广告文案那样可以直接"托管"，直接面对受众和用户，需求分析文档必须要撰写者（团队）与文档的受众（开发者、执行者）同时进行面对面的交接与沟通，以便完好地将需求"下沉"和"转变"为产品样本。通常而言需求分析文档包含如下几个部分：文档标题、前言（可选）、名词解释、变更记录、用户角色描述（可选）、产品性能、需求（重点：可能是多元化多角度的需求）、附录（可选，其他相应参考文档或一些基础数据等）。当然，任何文档的格式都并非是固定的，在新媒体产品策划与开发阶段，我们提倡简洁的、高效的、便于沟通和参考的文档，可以图，可以文，可以图文并茂，达到目的便是好文档。如下是某新媒体产品的需求分析文档模板及相应说明，仅供大家参考。

××产品需求分析文档标题

1. 前言

2. 名词解释（列出本文档中所用到的专门术语的定义和缩略语的全称和解释）

3. 变更记录（列出版本、修订时间、修订内容及相应负责人情况等信息）

文 档 版 本	修 订 日 期	修 订 内 容	负 责 人
V 1.0	××	××	××
V 1.1	××	××	××

4. 整体流程/逻辑关系（说明本份需求文档描述的产品或组件的总体流程图或逻辑关系图）

5. 用户角色描述（构建一个供产品设计和开发者观看的用户画像）

6. 特性与需求

6.1　特性 F01 ××××（陈述该特性的简要说明。F 指特性，m 为 $1 \sim n$ 的自然数，Fmm 为该特性的编号）

6.2　特性所包含的功能

6.3　功能性需求(Functional Requirements，FR)

6.3.1　F01.FR01 ×××××（将复杂特性细分为系统需求，陈述该功能的详细说明）

如：F01.FR01 屏幕截图灰屏机制优化。

6.3.2　F01.FR02 ×××××

用户场景	描述此需求的使用场景
功能描述	简要描述此需求要实现的功能
处理流程	详细描述此需求的处理步骤，以及相关的交互说明
补充说明	特别或者需要补充说明的地方

6.4　性能需求（对照此表进行检查，在"相关特性"中简单标注符合条件的特性）

分　类	细　项	提　示	相 关 特 性
数据读写	是否需要从 server 获取或向 server 发送大量数据	关注过程的耗时、资源占用	
	是否需要保存或读取大量数据（本地）		
	是否有大数据量的移动（导入、复制、剪切、删除，等）		
	是否有数据搜索		

（续）

分 类	细 项	提 示	相关特性
界面效果	是否会出现大量同类的界面元素	关注创建、展示、刷新、销毁过程的耗时	
	是否有动画效果	关注	
其他	是否有批量操作	关注操作过程的耗时和响应速度	
	是否有内嵌网页	页面测速	
	是否有网页跳转		
	是否有定时处理逻辑	关注定时处理的内容量	
	是否有延时处理逻辑	关注延时点会跟其他逻辑重合、是否会造成视觉误解	
	是否是关键操作或常用操作	关注操作过程的耗时和响应速度	
	是否关联到关键操作：登录面板、登录/退出、打开/关闭会话窗口、用户资料窗口、主面板好友列表		

6.5 国际化需求（国际化需求包括以下方面：①编码问题 Unicode；②区域和文化意识方面：区域、日期和日历、时间格式、货币格式、大小与转换、排序和字符串比较、数字格式、地址、电话号码、温度等；③文本输入、输出及显示；④多语言界面。

描 述	相关问题
补充说明	相关问题

7. 附录

所涉及的其他相关文档在此列明。没有则无附录。

2. 产品立项与结项文案的撰写

新媒体产品立项文案通常是在市场调研和产品需求分析文案基础上撰写的（有时也统合为一个文案），即立项申请文案和相关佐证材料（用于审批、存档和参考等）。而结项文案，通常即我们所说的项目总结，包含一些经验、教训，以及自己团队或公司其他团队值得借鉴的盈利模式、相关技术、用户需求等资源。一般情况下每一个成熟的新媒体公司都会有各种项目文案模板（格式）的。但对此类文案的撰写，我们遵循两个原则：一是尽可能地减少不必要的写作构件，以效率优先；二是尽可能详尽地呈现项目所需要呈现的内容。虽然立项和结项的侧重点不同，但是，都应高效、务实、便捷。以下是某新媒体公司的立项申请文案模板（格式）及相关说明，仅供大家参考。

某产品立项申请书及相关佐证材料

1. 项目名称（简要撰写，并列出相关名词释义）

2. 项目背景、概况及意义（需要对项目有一个宏观的政策、文化及市场定位，需要向项目审批者解释"是什么样的项目"和"为什么是这个项目"）

3. 项目需求分析及调研结论（即市场调研情况，更为详尽的用户需求情况，需要写明应用和发展前景的，写明其可行性，即可行性分析）

4. 项目团队说明（即承担项目策划与开发的主体团队，在这里可以谈及项目的具体分工、协作情况）

5. 项目技术分析（可略，主要为是否存在技术壁垒，新产品对于技术的要求等内容）

6. 项目进度安排（预计策划、开发、运营、推广进度安排、手段等）

7. 项目预算情况（涉及投入的资金、人力、物力等情况预算，为审批者提供决策参考）

8. 项目的预期效益（主要为社会效益和经济效益，可以与预算合并为"成本与收益"）

9. 附件（相关证明材料、政策与法律许可文件、开发团队资质证明、市场调研与用户访谈相关佐证材料、竞品分析报告等材料）

事实上，示例模板中的相关项旨在解决如下几个问题：

（1）它是什么？（产品与概念）

（2）为什么是它？（需求与价值）

（3）为谁做？（用户）

（4）谁来做？（团队）

（5）怎么做？（策划与开发）

（6）什么时候做？（进度安排）

（7）需要哪些准备？（成本）

（8）有何好处？（效益）

（9）怎么证明？（调研及佐证材料）

结项文案则相对简单很多，但侧重点却完全不同。立项的关键在于"为什么"和"怎么做"，结项的关键在于"是否达到预期""收获了什么"和"损失了什么"。结项虽然最后形成一份文案，但在新媒体产品上线、运营、维护、升级等各个后续阶段，还需要不断地进行总结与回顾，或者提出与此项目相关的对策和建议等。以下示例，仅供大家参考。

某产品结项报告

1. 项目整体概况（对项目的整体建设情况进行概括，包括项目简介、决策要点、实施进度、实际投入、实际建设情况及产生的效益现实情况等）

2. 项目总结和评价（对项目的开发、建设、运营等情况进行总结、管理及质量监控与评价）

3. 项目效果（主要介绍是否和预期效果相同及项目收益情况）

4. 项目可持续性和升级问题

5. 项目总体评价（经验、教训）

6. 对策与建议（对自己能解决和不能解决的问题提出相应的对策和解决意见）

结项报告往往不止如此，例如，结项时还需要生成财务决算报告、挣得值分析说明等相关财务文档，此处略去不谈。

10.2.3　信息与黏性

新媒体项目管理文案是基于信息目的的文案，需要体现产品的基本信息、对产品的各种决策、对项目的组织工作情况、对项目的总结、对预算和收益的控制与管理等。项目管理文案通常都是建立在对大量信息和相关数据分析与组织基础上的决策或对产品既有信息和相关数据分析与总结基础上的评估与总结。新媒体项目管理文案虽然属于新媒体文案，但是也必然要遵循传统项目管理文案的某些关键环节和要求，但不同之处在于，它并没有严格意义上的形态，只要信息足够、高效、到位就好。

而新媒体产品推广文案则基本上完全摒弃和颠覆了传统产品推广文案的某些环节和要求，是真正意义上的不拘一格。如果说新媒体项目管理文案的关键词是"信息"，那么，新媒体产品推广文案的关键词便是"黏性"，即创意黏性。那么"黏性"是什么呢？简单来说，就是能够让受众和用户觉得有趣、感动或沉思，进而能够让受众和用户久久不忘、自主传播，甚至时常回味的东西。我们在"10.2.1　新媒体产品推广文案"一节中提及的 Timberland 品牌互联网广告文案即是如此。推广一款新媒体产品时，我们可以选择如小米公司的详细解释产品信息与参数的文案风格，也可以如苹果公司的"不止于大""岂止于大"和"哪一面都是亮点"的感性强调文案风格。

但事实上，我们也发现，不论小米还是苹果，对于宣传和推广的文案用心还并不够，并没有达到理想的类似于催泪瓦斯式的感动效果、类似于发人深省的沉思效果或类似于病毒式的传播效果。其实，新媒体产品推广文案需要一个如马尔科姆·格拉德威尔（Malcolm Gladwell）所言的"引爆点"。要发起流行，就得把资源集中在引爆点上，换个视角看待这个似乎雷打不动、无法改变的世界。只要找对了一个点，轻轻一触，这个世界必然能够动起来。"[○]例如，谷歌公司精心策划的"一场"网络文案（曾引起上亿媒体人和网友转载，这里的"引爆点"便是所有员工家中的"童心"及谷歌公司对员工的感恩与体谅）：

亲爱的谷歌工人：

你可以在我爸爸上班的时候，给他一天假吗？比如让他在周三休息一天。因为我爸爸每周只能在周六休息一天。

Kafie

附：那天是爸爸的生日。

再附：现在是夏天（暑假）。

而 Kafie 爸爸的上司 Daniel Shiplacoff 则给 Kafie 回了一封正式信件：

亲爱的 Kafie：

感谢你的来信和你提出的要求。

○ 格拉德威尔. 引爆点：如何引发流行[M]. 北京：中信出版社，2014：230.

你的父亲在工作上一直很努力，他为谷歌和全世界千千万万人设计出了很多漂亮的、令人欣喜的东西。

鉴于他的生日快到了，以及我们也意识到了在夏天挑个周三休息一下的重要性，我们决定让他在 7 月的第一周休假一个星期。

祝好！

Daniel Shiplacoff

10.2.4　开始积累

如何积累文案的素材和文案的功力，是一个老生常谈的问题，我们在这里并不打算过多展开，我们打算列出一个"积累方法提纲"，供大家参照阅读、学习、思考、练习、总结、修正……加上时间的洗礼，便能够最终达到你心中所期望的目标。我们的积累方法提纲是这样的：

（1）广泛的阅读。这是开阔视野的最好方式，也是积累素材的最佳手段。所谓广泛，我们要进行多学科的阅读积累，对于陌生的学科，我们也要具有一定的知识基础。

（2）阅读与思考经典。这是提高阅读质量的有效途径，也是和贤哲对话的绝佳机会，我们需要培养自己科学的、严谨的、开放的、有创造力的思维。做什么工作，都不能没有思考，也不会耽搁思考。

（3）深刻理解产品背后的需求。产品和品牌观念是文案的核心，一般层次的文案是在说产品，高层次的文案是在传达和修正观念与思想；但这一切都是从一个实在的"点"出发的，这个点不是别的，就是产品背后的需求，也就是我们此前多次提到的"痛点"或"引爆点"。你可以不断寻找、试探和总结。

（4）必须注入感情。新媒体时代的信息、物质和技术很多时候都是冰冷无情的，如果要让受众和用户喜欢你的产品或在意你所传达的观念，那么，你要在文案中注入你的感情，你的感情和受众与用户的感情必须是相通的，这样才能够引起共鸣。你可以观察、换位体验和思考。

（5）锤炼文字。这是基本功问题，无论是新媒体，还是数字出版，或其他技术人员，我们必须锤炼我们的文字，除非我们一个字都不用。如果能用到或必须要用文字，那么，这个字必然是惊天地泣鬼神的，必然是无可取代的，必然是人人心中有笔下无的，必然是创造性的（创造新的思想）和毁灭性的（毁灭旧的观念）。

（6）做故事高手。"可信的"观点让人相信，"情感的"观点让人关心，而"好的故事"能够激发人的行动。[一]这个道理在儿童身上能够得到很好的证明。很多产品推广文案都是在讲故事，这些故事往往并非是虚构的，这些故事成为传说，总能够被人们当作一种信念和动力。当我们试图阻止一个想渡河的人时，我们单说里面有吃人鱼是缺乏说服力的，如果我们把有人曾经渡河而被吃人鱼吃掉的故事讲给这个人听，那么，他往往会沉思和审慎，并选择吸取故事中的经验和教训。

一 希思·C，希思·D. 让创意更有黏性：创意直抵人心的六条路径[M]. 北京：中信出版社，2014：185.

（7）真诚。我们的文案面对的人都可能是智商、情商高于我们的各个领域的专家，所以，我们必须在文案创作之初心怀真诚。这虽然不是技巧，但却是我们必须踏踏实实需要遵循的准则，因为我们要的不是娱乐或暂时性地蒙蔽，更不是欺骗我们的受众和用户，而是真实地忠诚地将全部热情和品质呈现给受众和用户。

10.2.5　思维与技巧

同样的，大家跟随本书的思维与技巧一同走到现在，一定已经掌握了不少策划或策划相关的思维与技巧。那些都是需要我们和我们的灵魂停下来仔细思量的东西。而我们在此仅仅是要介绍关于新媒体项目管理文案和新媒体产品推广文案的相关构思与写作思维和技巧。以下是总结的关键点，供大家参考和体会。

（1）亮点思维。大卫·奥格威（David MacKenzie Ogilvy）说：不要期待消费者会阅读令人心烦的散文。阅读标题的人数是阅读正文人数的 5 倍。除非你的标题能够帮助你出售自己的产品，否则你就是浪费了 90%的金钱。[一]新媒体产品推广文案的标题格外重要，它是一个切入点和准入口，要精炼，要利用受众的好奇心，找准用户的需求亮点。这些技巧在很多互联网"爆文"炮制总结图书中都有，此处略。

（2）有效思维。这是写作新媒体项目管理文案必须具备的逻辑思维，它要求你的文案逻辑严谨，思路清晰，论证充分。这里的有效，"既是思维之效，也是交流之效，合作之效，争取共识之效"[二]。

（3）创造性思维。创造性思维是做任何工作都需要的思维，是人类区别于其他物种的根本思维方式。创造性思维包括：发散思维、收敛思维、横向思维、纵向思维、正向思维、逆向思维、求同思维、求异思维。传统的方法有试错法和头脑风暴法等。作为新媒体文案的写作者，最好能够经历创造性思维训练，从而不断总结问题以不断提高自己。

（4）合作思维。这是新媒体时代必须具备的一种思维方式。在这个时代，靠单打独斗是很难做出成绩的。取长补短，是合作思维的基本做法；合作共赢，是合作思维的最终目标。

当然，新媒体文案写作的思维与技巧还有很多，需要我们在实践中摸索与总结，但不论是哪一种思维和技巧，都有其共通共融的地方。事物往往是相互关联的，思维和技巧也并非是绝对和唯一的，它总是和你写作的文案存在些许差异化的关联，所以，这需要我们不断学习、思考、练习，以做到融会贯通，时时创新。

【思考与练习】

1．撰写教师给定产品的项目流程图。

2．撰写教师给定新媒体产品策划文案。

㊀ 马楠. 尖叫感：互联网文案创意思维与写作技巧[M]. 北京：北京理工大学出版社，2016：133.

㊁ 马少华. 即使不从事写作，也需要有效思维[EB/OL]. 少华读书微信公众号，2018-09-02.

第 11 章

技术与工具：新媒体产品策划的输出利器

工欲善其事，必先利其器。

——孔子

地球上的一切工具和机器，不过是人肢体的知觉的发展而已。

——爱默生（Ralph Waldo Ernerson）

你要记住的是，我要求你的不是才能，而是一种手艺，一种真正的手艺，纯粹的机械的技术。做的时候是动手而不是动脑，这种手艺虽不能使你发财致富，但有了它，你就可以不需要财富。

——卢梭（Jean-Jacques Rousseau）

第一次机器革命是机器部分替代了我们的身体，第二次机器革命是机器将部分替代我们的头脑。

——埃里克·布莱恩约弗森（Erik Brynjolfsson）、**安德鲁·麦卡菲**（Andrew McAfee）

关键词

原型设计　思维导图　Axure　POP by Marvel　Mockplus　墨刀　Briefs　Sketch
iMindMap　MindManager　XMind　百度脑图　MindMaster　FreeMind　图像处理
Photoshop CC　Illustrator CC　音视频处理　Premiere CC　Audition CC
Apowersoft 录屏王　Apowersoft Video Editor　快剪辑　演示分享　Sway　Prezi　幕布
沟通协助软件　TeamViewer

11.1 原型设计工具

国内外新媒体产品的原型设计工具有很多，单在我国，这样的设计工具便有几十种。原型设计工具主要是为新媒体产品提供原始的策划、设计思路和原型，是决定产品最终框架与形态的原始设计工具。我们可以将原型设计工具做很多种分类，例如：动态的和静态的、移动端的和PC 端的等。原型设计工具的选择和使用，虽因设计者的不同喜好而有不同的选择，但均是殊途同归。本章我们将主要介绍六款原型设计工具，同时我们还会简略提及更多原型设计工具。

11.1.1 Axure

Axure RP 是美国 Axure Software Solution 公司的旗舰产品，是一个专业的快速原型设计工具，可以让负责定义需求和规格、设计功能和界面的专家能够快速创建应用软件或Web 网站的线框图、流程图、原型和规格说明文档，能够实现复杂的交互效果。作为专业的原型设计工具，它能快速、高效的创建原型，同时支持多人协作设计和版本控制管理。Axure RP 的使用者主要包括商业分析师、信息架构师、产品经理、IT 咨询师、用户体验设计师、交互设计师、UI 设计师等，另外，架构师、程序员也在使用 Axure。作为专门的原型设计工具，它比一般创建静态原型的工具，如 Visio、Omnigraffle、Illustrator、Photoshop、Dreamweaver、Visual Studio、Fireworks 更快速、高效。

图 11-1 为 Axure RP10 版本设计界面。

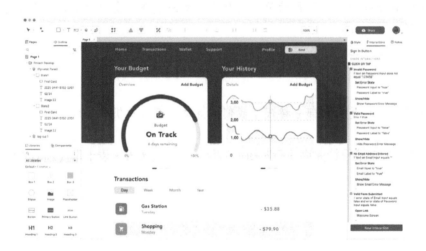

图 11-1　Axure RP 10 版本设计界面

11.1.2 Marvel

Marvel（Prototyping on Paper，POP by Marvel）是一款界面原型设计工具，适用于 iOS和 Android 平台，也有 PC 端。借助 POP，开发者或设计师只需在纸上简单地描绘出创意或想法，拍下几张草图照片，并将照片按顺序放置，利用链接点描摹出各张图片之间的逻辑关系，就可轻松创建一个动态模型，点击播放即可演示整个模型。这是一个融合了线下笔绘和线上"跑通"的原型设计软件，简单方便，易于操作。目前未见中文版 App。

图 11-2 为 Marvel 的设计界面。

图 11-2　Marvel 的设计界面

11.1.3　Mockplus

Mockplus（摩客）是成都君德鑫力达科技发展有限公司开发的一款简洁、快速、免费的原型图工具，适合软件团队、个人在软件开发的设计阶段使用。该工具具有低保真、无需学习、快速上手等功能特点，可以帮助用户轻松地做出专业化的原型设计。摩客用于移动 App、Web、桌面应用和各类人机交互应用的产品设计，正式发布于 2014 年 12 月。Mockplus 社区提供了很多视频教程，是比较易于上手的原型设计软件。

图 11-3 为 Mockplus 新建编辑界面。

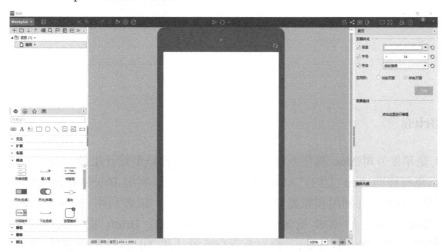

图 11-3　Mockplus 新建编辑界面

11.1.4 墨刀

墨刀（Mocking Bot）是北京磨刀刻石科技有限公司旗下的一款在线原型设计与协同工具。墨刀致力于简化产品制作和设计流程，采用简便的拖拽连线操作，作为一款在线原型设计软件，墨刀支持云端保存，实时预览，一键分享及多人协作功能，让产品团队快速高效地完成产品原型和交互设计。使用墨刀，用户可以快速制作出可直接在手机运行的接近真实 App 交互的高保真原型，使创意得到更直观的呈现。不管是向客户收集产品反馈，向投资人展示 Demo，或是在团队内部协作沟通、管理文件，墨刀都可以大幅提升工作效率，打破沟通壁垒，降低项目风险。

作为一款专注移动应用的原型工具，墨刀把全部功能都进行了模块化，用户也能选择页面切换特效及主题，操作方式也相对简便，大部分操作都可通过拖拽来完成。现在，墨刀已实现了云端保存、手机实时预览、在线评论等功能。

图 11-4 为墨刀新建界面。

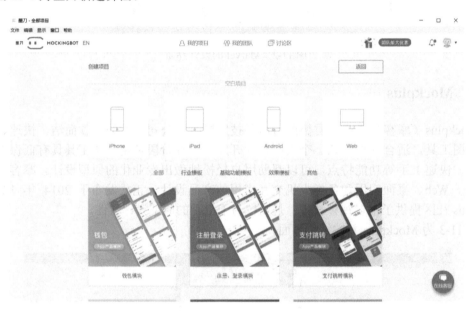

图 11-4 墨刀新建界面

11.1.5 Briefs

Briefs 是苹果公司 Mac 操作系统中的一款专业 App 原型设计工具，提供了成熟的交互设计功能，堪称移动 App 上的"Axure RP"。设计师可以利用 Briefs 设计完整的 iPhone、iPad 应用交互模型，并利用模拟器即时体验设计的成果，或者利用 Briefs Live，将作品同步到装有 Briefs Case 的 iOS 设备上，让他人亲身体验。Briefs 提供的场景模式（Scene View）和细节模式（Details View）分别负责交互设计和 UI 设计两个部分，在设计完成后可以在第三个模式（Overview）查看整个 App 的架构。

图 11-5 为 BriefsLive 展示界面。

图 11-5　BriefsLive 展示界面

11.1.6　Sketch

Sketch 是一款适用于所有设计师的矢量绘图应用。矢量绘图也是目前进行网页、图标以及界面设计的最好方式。但除了矢量编辑的功能之外，软件同样添加了一些基本的位图工具，例如模糊和色彩校正。Sketch 是为图标设计和界面设计而生的。它是一个有着出色 UI 的一站式应用，所有你需要的工具都触手可及。在 Sketch 中，每个图层都支持多种填充模式；文本编排功能和字体库也是很好的，同时还有无限大小的画布和一个很棒的切片工具。必要的话，可以用无限精准的分辨率无关模式来查看画布，或者打开像素模式来查看每一个像素导出后的样子。但是 Sketch 并不是一个位图编辑应用。

图 11-6 为 Sketch 官方展示界面。

图 11-6　Sketch 官方展示界面

除了以上介绍的六款原型设计工具之外，还有 Mockup Builder、AppCooker、Proto.io、Balsamiq Mockups、Invision、Flinto for Mac、Atomic、Fluid、Justinmind、Webflow、Ebydo、Indigo Studio、Protoshare、Mockflow、UXPin、HotGloo、Origami、Principle、Justinmind、Pidoco 等工具。但几乎所有的原型设计工具都遵循着快速、有效的设计原则和流程。

➡ 11.2 思维导图工具

在第 10 章中我们讲过，思维导图最早是由东尼·博赞在 20 世纪 70 年代提出的，是一种用图形的形式来启动、开发和利用大脑的发散式与创造性思维方式。树形结构，发散性结构，图像、代码、数字与关键词的结合，构成了一张具有弹性、密切连接而又充满想象力与创造力的思维之网。思维导图确实能够有效地帮助我们完成记忆、计划、分析、写作、重组、选择等思维工作。在本节中，我们将着重介绍几款思维导图工具。

11.2.1 iMindMap

iMindMap 是东尼·博赞式手绘风格思维导图软件，通过中心图像、分支、颜色、关键字和图片创建一个思维导图。iMindMap 包含不同平台思维导图软件，可以跨平台同步分享，同时提供多种授权形式版本，不同功能，在不同程度上可以满足不同人的需求。iMindMap 思维导图画廊包含的模板，除一般的样式，还有独家手绘风格思维导图，线条自由且美观，满足不同的需求。iMindMap 有完美的智能思维空间，结合独特的自由形态头脑风暴视图和系统的思维导图视图，特别适用于头脑风暴、策划和管理项目、创建演示文稿等。iMindMap 是历史较久、较成熟且使用范围最广的专业思维导图软件之一。

图 11-7 为 iMindMap 编辑界面。

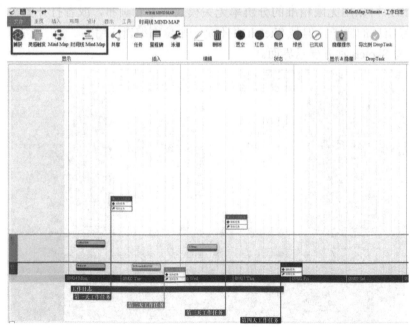

图 11-7　iMindMap 编辑界面

11.2.2　MindManager

MindManager 由美国 Mindjet 公司开发，内置了交互式思维导图、流程图、概念图、时间轴、日程表、甘特图、维恩图，以及其他图表（超过 60 种内置模板），是一款用途广泛的商业软件工具，用于仪表板构建、信息组织、项目规划、任务跟踪、团队日程计划、头脑风暴、会议管理、团队协作等。MindManager 通过网络连接发布交互式思维导图并且可与世界上任何人分享，或者与超过 700 个云业务应用同步和分享重要数据。

图 11-8 为 MindManager 编辑界面。

图 11-8　MindManager 编辑界面

11.2.3　XMind

XMind 是基于"XMind 开源项目"而开发的专业思维导图软件（增强版/专业版）。XMind 的思维导图结构特点有：组织结构图，树状图，逻辑图等图示结构可以同时在一张思维导图中使用；XMind 提供非常强大的演示功能，遍历模式可以帮助使用者按主题顺序查看和演示想法，同时，其基于幻灯片的演示模式使得创建、呈现和共享演示变得极为简单；XMind 支持多格式导出，包括 Word、PowerPoint、Excel、PDF、RTF、HTML、纯文本、PNG、JPEG、GIF、BMP、SVG 等。

图 11-9 为 XMind 编辑界面。

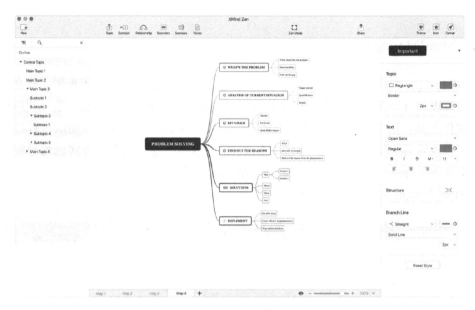

图 11-9　XMind 编辑界面

11.2.4　百度脑图

百度脑图是一款在线思维导图工具，其通过 HTML5 技术实现在线编辑、存储与交互，免安装，简单易用，其思维导图功能也做了大幅度的简化，适合移动办公环境下快速构建思维导图。同时，还可以在百度脑图界面便捷切换百度公司的同类产品，如百度 H5、智能建站、数据可视化等。

图 11-10 为百度脑图编辑界面。

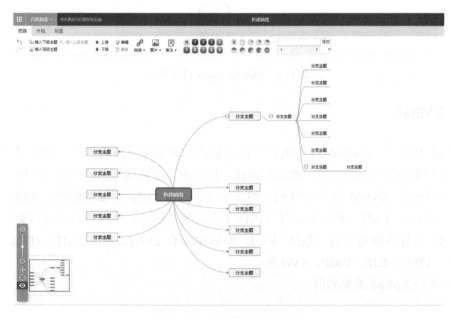

图 11-10　百度脑图编辑界面

11.2.5　MindMaster

MindMaster 是亿图软件（深圳亿图软件有限公司出品，其产品还有：亿图图示 Edraw Max、信息图软件 Infographics、组织架构图软件 OrgCharting）开发的一款跨平台、多功能的思维导图软件。MindMaster 分为免费版和专业版，一定程度上解决了思维导图软件好用则价高，免费则难用的尴尬局面。软件提供了丰富的智能布局、多样性的展示模式、结合精美的设计元素和预置的主题样式，适用于解决问题、时间管理、业务战略和项目管理等领域，支持 Windows，Mac OS 和 Linux 系统。

图 11-11 为 MindMaster 初始界面。

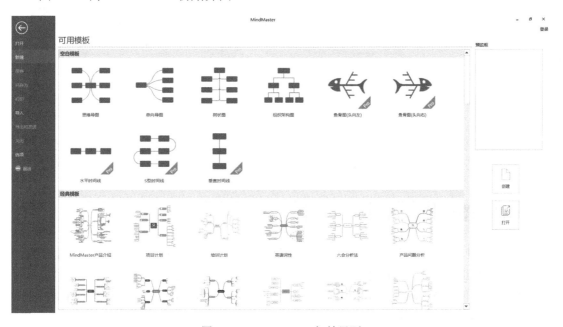

图 11-11　MindMaster 初始界面

11.2.6　FreeMind

FreeMind 是一个用 Java 编写的免费思维导图工具。FreeMind 根据 GNU 通用公共许可证第 2 版获得许可。它提供了广泛的出口功能。它通过 Java Runtime Environment 在 Microsoft Windows、Linux 和 Mac OS 上运行。FreeMind 是一款跨平台的、基于 GPL 协议的自由软件。

由于 FreeMind 使用 Java 编写，所以其支持使用 Python 编写的扩展插件。FreeMind 的使用对新手来说并不像百度脑图那么简单易用，但 FreeMind 的确有它独特、专业、可敬的一面。

图 11-12 为 FreeMind 编辑界面。

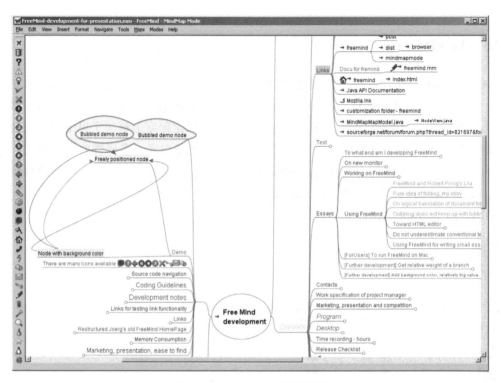

图 11-12　FreeMind 编辑界面

➡ 11.3　图像处理软件

图像处理软件市面上有很多，但就专业和经典而言，仍然是 Adobe 公司出品的 Photoshop 和 Illustrator，前者是位图处理软件，后者是矢量图处理软件。当然，在紧急情况下，我们可以使用 Windows 操作系统自带的画图软件（Windows 10 推出 3D 功能画图工具）或 Mac OS 自带的 Preview，也是可以实现基本的图形图像处理功能的。

11.3.1　Photoshop CC

Photoshop（简称 PS）是 Adobe 公司出品的专业数字图像处理软件。其主要处理以像素所构成的数字图像，使用其众多的编修与绘图工具，可以有效地进行图片编辑工作，目前的最新版本是 Photoshop CC。PS 有很多功能，在图像、图形、文字、视频、出版等各方面都有涉及（包括：专业测评、平面设计、广告摄影、影像创意、网页制作、后期修饰、视觉创意、界面设计，可以进行简单的 3D 建模、动画制作、视频剪辑）。2003 年，Adobe Photoshop 8 更名为 Adobe Photoshop CS。2013 年 7 月，Adobe 公司推出了新版本的 Photoshop CC，自此，Photoshop CS6 作为 Adobe CS 系列的最后一个版本被新的 CC 系列取代。Adobe Photoshop CC 支持 Windows（64 位）与 Mac OS， Linux 用户可以通过使用 Wine 来运行 Photoshop。

图 11-13 为 Photoshop CC 新建界面。

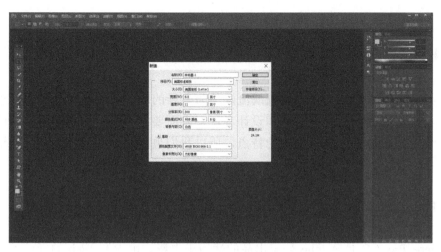

图 11-13　Photoshop CC 新建界面

11.3.2　Illustrator CC

Adobe Illustrator 是 Adobe 公司推出的基于矢量的专业图形制作软件，常被称为"AI"，是一种应用于出版、多媒体和在线图像的工业标准矢量插画的软件。作为一款非常好的矢量图形处理工具，该软件主要应用于印刷出版、海报书籍排版、专业插画、多媒体图像处理和互联网页面的制作等，也可以为线稿提供较高的精度和控制，适合任何从小型设计到大型的生产复杂项目。2013 年 Adobe 公司发布 Adobe Illustrator CC，主要的改变包括：触控文字工具、以影像为笔刷、字体搜寻、同步设定、多个档案位置、CSS 摘取、同步色彩、区域和点状文字转换、用笔刷自动制作角位的样式和创作时自由转换。Illustrator CC 能够以较快的速度和稳定性处理最复杂的图稿。同时，和 Adobe 出品的其他产品一样，都基于 Creative Cloud 来创意、同步与分享。

图 11-14 为 Illustrator CC 新建界面。

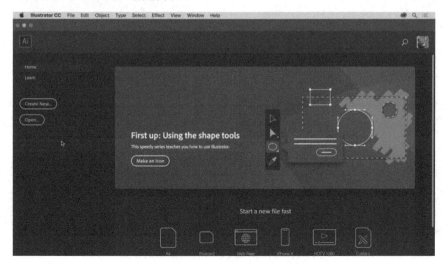

图 11-14　Illustrator CC 新建界面

11.4 音视频处理软件

网络与新媒体时代是一个以视频或流媒体为主导的时代，音视频处理软件也因此层出不穷，作为新媒体产品的策划者和设计者，一方面要掌握专业的音视频处理软件，另一方面，也要应对这个时代"快"的特点，所以我们也需要掌握一些大众化的快速处理软件。

11.4.1 Premiere CC

Premiere Pro CC 是 Adobe 公司出品的适用于电影、电视和 Web 的行业领先专业视频编辑软件。多种创意工具与其他 Adobe 应用程序和服务的紧密集成，并结合 Adobe Sensei 的强大功能，用户可通过顺畅的工作流程将素材打造成为精美的影片和视频。从 8K 分辨率到虚拟现实，用户可编辑任何全新格式的素材。广泛的原生文件支持和简单的代理工作流程，使处理媒体变得轻而易举，即使使用移动工作站也是如此。Premiere Pro 提供色彩、音频和图形工具，还可与其他应用程序和服务顺畅地配合使用，其中包括 After Effects 和 Audition。无需离开此应用程序即可通过 After Effects 打开动态图形模板，下载动态图形模板并进行自定义。Premiere Pro 还与数百种合作伙伴技术进行了集成。

图 11-15 为 Premiere CC 项目初始编辑界面。

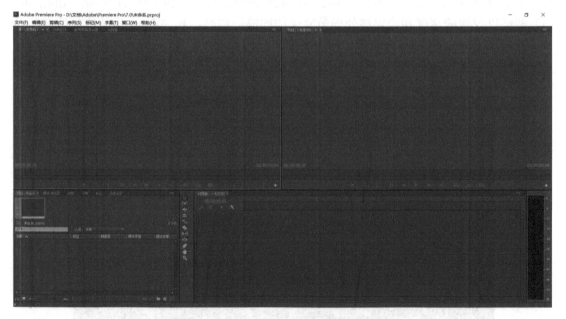

图 11-15　Premiere CC 项目初始编辑界面

11.4.2　Audition CC

Audition CC 是 Adobe 公司出品的一款完善的专业音频处理软件。软件包含用于创建、混合、编辑和复原音频内容的多轨、波形和光谱显示等功能。这一强大的音频工作站旨在加快视频制作工作流程和音频修整的速度，并且还提供带有纯净声音的精美混音效果。

图 11-16 为 Audition CC 官方介绍。

图 11-16　Audition CC 官方介绍

11.4.3　Apowersoft 录屏王/Apowersoft Video Editor

Apowersoft 录屏王（相似软件 ApowerREC，支持移动平台的录屏与编辑），是一款免费的大众化高清屏幕录像软件，同时，它集成了 Apowersoft Video Editor 大众视频编辑软件，支持多种格式，支持多种屏幕模式，无时长限制，操作简单，全面兼容，方便快捷。此免费录屏工具能够同步录制画面与声音，故可以用它录制计算机屏幕活动的同时，加入系统或麦克风中的声音。内置的摄像头录制功能能够录制多种摄像头聊天窗口，如 Skype、QQ、网络会议活动窗口等。此外，也可以根据自己的需要自由调节摄像头画面大小，实时编辑视频以及在录制的过程中任意添加多种颜色、线框、文本、箭头图标等为视频做标记。录屏之后的视频编辑会跳转到 Apowersoft Video Editor 编辑软件中，可以完成准专业的视频编辑操作。

图 11-17 为 Apowersoft 录屏王/Apowersoft Video Editor 编辑界面。

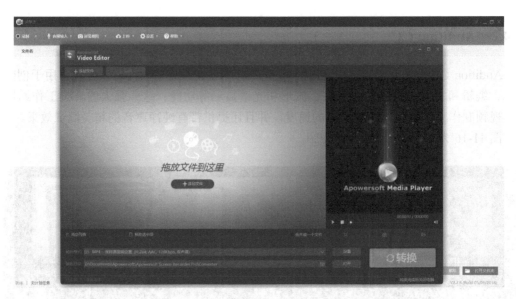

图 11-17　Apowersoft 录屏王/Apowersoft Video Editor 编辑界面

11.4.4　快剪辑

快剪辑是 360 公司推出的国内首款在线视频剪辑软件。其特点是功能齐全、操作简捷、可以在线边看边剪的免费 PC 端视频剪辑软件。快剪辑的推出大大降低了短视频制作门槛，提高了用户视频制作效率，并能够帮助用户简单快速地完成并分享自己的作品。

图 11-18 为快剪辑手机版新建界面。

图 11-18　快剪辑手机版新建界面

以上仅介绍了几款专业级和免费大众级的音视频编辑处理软件，还有很多专业的和大众的软件。在做产品的时候我们的观念是：并非一定要用哪款软件，而是只要能够做出符合产品质量和效益要求的音视频的软件即是好软件。此外，我们也要重复这一选用原则：合适即最好。

➡ 11.5　演示分享工具

新媒体产品策划经常会使用一些演示分享工具，如我们最常使用的基于 Windows 平台的 Powerpoint 和基于 Mac OS 平台的 Keynote 等。事实上，还有一些在线编辑、演示分享工具，便于我们提高工作效率。

11.5.1　Sway

Sway 属于 Microsoft 公司 Office365 办公软件的一员，是一款非常经典的在线新闻稿、演示文稿和通信文档编辑、处理、存储和分享工具。

Sway 可以轻松添加来自任何位置的内容：轻松放入照片、视频和其他多媒体——Sway 与设备和 Web 集成。Sway 会动态调整，因此在任何屏幕上都有精美的外观，还可通过简单的 URL 进行共享和协同编辑。只需几次单击，就可轻松添加 One Drive 账户中的文件，并将 Word 或 One Note 中的内容变为动态 Sway。此外，Sway 可以导出已美化格式的 PDF、Word 等形式的文档。

图 11-19 为 Microsoft Sway 开始界面。

图 11-19　Microsoft Sway 开始界面

11.5.2　Prezi

Prezi 是一种主要通过缩放动作和快捷动作使想法更加生动有趣的演示文稿软件。它打破了传统 Powerpoint 的单线条时序，采用系统性与结构性一体化的方式来进行演示，以路线的呈现方式，从一个物件忽然拉到另一个物件，配合旋转等动作则更有视觉冲击力。通过多终端（Web 网页端、Windows 和 Mac 桌面端、iPad 和 iPhone 移动端）创建、编辑文稿，从而帮助使用者开拓思路、清晰脉络。Prezi 是一个云端的演示文稿制作软件，使用者既可以在 Prezi 网站上在线创建编辑，也可以在客户端（Windows、Mac、iPad、iPhone）上离线编辑制作。Prezi 采用故事板（Storyboard）格式，可以让演示者缩放图片，通过快捷的动画演示关键点。Zooming User Interface（缩放式用户界面，Zooming UI）的特点是界面可缩放，Zoom out 能纵观全局，Zoom in 则可以明察细节，实现了由整体到局部的 Mindmap 的开放性思维方式。除了平移和缩放，Prezi 还支持图片、视频、PDF 等各种媒体素材的嵌入，可以多人在线编辑，生成的演示文稿既可以在本地观看，也可以上传到服务器或嵌入网页在线查看。

图 11-20 为 Prezi 官方展示界面。

图 11-20　Prezi 官方展示界面

11.5.3　幕布

幕布是坤豆科技旗下的第一款产品，其主要定位是解决高效率人士在职场或者生活中的效率问题，提炼整理笔记，梳理思维，独立创作以及任务管理等。幕布主要以大纲的形式梳理呈现结构化内容，并且支持思维导图模式，可以一键把大纲结构的文本内容转化成思维导图。幕布支持 OPML 格式和思维导图格式文件的导入和导出，也支持多种其他格式（PDF、Word、HTML，图片以及.mm 格式）的导出。在幕布所写的内容可以保留样式复制粘贴到印象笔记、简书、微信公众号等第三方写作平台。

图 11-21 为幕布编辑界面。

图 11-21　幕布编辑界面

11.6　沟通协助软件

新媒体环境下的沟通协助软件有很多，我们可以充分利用社交软件和移动通信软件，如：微信、QQ、LINE、Facebook、ICQlive、YY、领英、飞鸽传书、钉钉等。此类软件基本都是免费的，使用简单，不需要任何技术指导。

下面主要介绍一款专业的远程协助和远程会议软件（服务于商务和个人，后者免费）——TeamViewer。其最新版是 TeamViewer 14 试用版。TeamViewer 14 可以在屏幕另一端通过增强现实技术解决问题；可以自定义设备信息；可以进行设备扩展分组，从而用于更便捷了解及快速查找设备；可以一键脚本执行，一键完成标准进程；提供了针对 Windows、Linux 和 Mac 的夜间模式等。TeamViewer 14 符合《欧盟数据保护条例》，用户可以放心使用。

图 11-22 为 TeamViewer 远程协助界面。

图 11-22　TeamViewer 远程协助界面

类似的软件还有 Splashtop、Teambition、向日葵、AnyDesk、Group-Office、Tower 等。

➡ 11.7 数据处理软件

数据（Data）是对事实、概念或指令的一种表达形式，可由人工或机器进行处理。数据处理（Data Processing）是对数据的采集、存储、检索、加工、变换、传输，实际上，数据处理是一个将数据转化为信息的过程，是一个意义生成的过程。数据处理的基本目的是从大量的、可能是杂乱无章的、难以理解的数据中找到对于特定对象来说是有价值、有意义的信息。如今，随着大数据、云计算和人工智能技术的发展深入，无论是对市场调研时获取的海量数据的处理，还是对产品使用中产生的使用痕迹数据的处理，数据处理这件事都变得触手可及，数据可视化分析也如影随形。本节列举几个数据处理的入门软件，以供初学者了解和掌握。

11.7.1 Microsoft Power BI

Power BI 是 Microsoft 公司开发的一套商用数据分析工具，用于在组织中提供见解。它可连接数百个数据源、简化数据准备并提供即席分析，生成美观的报表并进行发布，供组织在 Web 和移动设备上使用。每个使用者都可创建个性化仪表板，获取针对其业务的全方位独特见解。在企业内实现扩展，内置管理和安全性。对于分析师而言，Power BI 可以将数据快速转化为见解，并付诸实践，在几分钟之内连接到数百个数据源、轻松准备数据并创建美观的报表；对于开发人员而言，Power BI 可以轻松嵌入交互式数据可视化效果并提供精彩纷呈的报表，准确度高，不受设备限制；对于企业或个人用户而言，Power BI 可供使用者在 Web 或手机上查看仪表板、在数据更改时收到提示并挖掘详细信息。

图 11-23 为 Microsoft Power BI 官方展示界面。

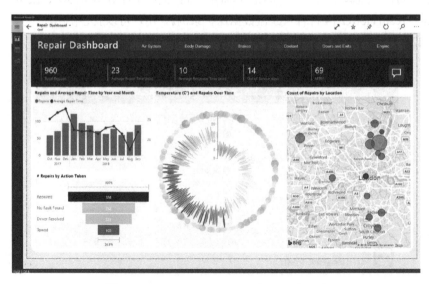

图 11-23　Microsoft Power BI 官方展示界面

11.7.2 Excel

Excel 可能是我们第一次接触的数据处理软件，也是我们日常最常用到的软件之一。它是一种电子试算表程序（进行数字和预算运算的软件程序），它与 Word、PPT 一起构成 Office 必不可少的软件。Excel 可以实现很多专业数据处理软件的功能，但是需要较为繁复且深入的研习才可。事实上，我们在做专业数据处理时会经常进行编程处理，如运用 Python 语言编写一行程序便可能轻松地实现 Excel 中需要操作很多步骤才能实现的数据处理问题。但是，作为一款大众的准专业级别的软件，我们如能将之运用自如，也免去了学习语言、进行编程的时间和困难，毕竟对于新媒体产品策划者来说，够用即是最佳。在国内市场占有比较高的 Office 软件是 WPS Excel（免费），其次便是 Microsoft Excel（Office 365 系列产品之一）。

图 11-24 为 WPS Excel（2019）新建界面。

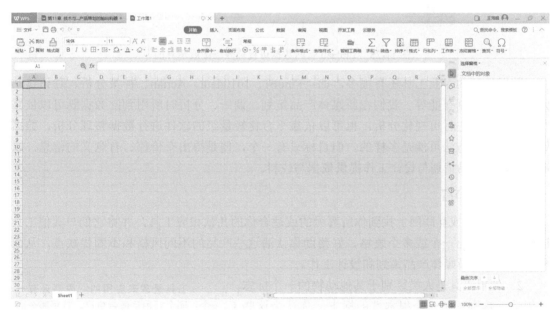

图 11-24　WPS Excel（2019）新建界面

11.7.3 Tableau

Tableau 公司将数据运算与美观的图表嫁接在了一起。它的程序很容易上手，没有强迫用户编写自定义代码，我们可以用它将大量数据拖放到数字"画布"上，转眼间就能创建好各种图表。这一软件的理念是，界面上的数据越容易操控，我们便能够对自己所设计的产品领域里的数据和信息了解得越透彻。这是一款比较注重"颜值"的数据处理软件，它与编写代码的语言软件不同，它更加注重数据分析的可视化效果。

图 11-25 为 Tableau 官网数据可视化效果图展示界面。

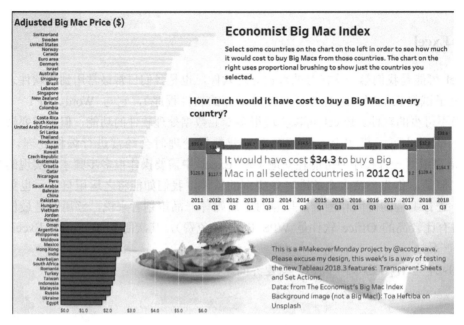

图 11-25　Tableau 官网数据可视化效果图展示界面

数据处理的专业工具还有很多，如：FineBI、1010data、Actian、神策分析、腾讯移动分析、百度数据智能等。我们在新媒体产品策划、调研、分析时所用到的数据既可以依靠专业的编程来进行可视化分析，也可以依靠平台化轻量级的软件进行数据整理分析，数据处理的过程和方法可能是多样的，但目标只有一个，便是得出有价值、有意义的信息，以期为新媒体产品策划与设计工作提供依据与佐料。

【思考与练习】

1．从本章或互联网上找到你所喜爱的或适合你的几款相应工具，并将它们与其他工具进行比较，列出一个或多个表格，好帮助你认清这些产品的不同风格和不同优缺点，从而利于你未来的新媒体产品策划和设计工作。

2．使用工具是人类区别于其他动物的一个标志，而创造工具则更是一个根本性的标志，你认为这些工具类的产品是否还有一些需要改进的地方，请你用新媒体产品策划者的视角和思维去思考一下，并在手机或纸上写出或画出你的思路。

> 工具是拿来应用的。原则只有一个：哪个好用且适合自己，就用哪个。工具是通向罗马的路。路有太多条，总要选一条最好走的路。

第 12 章

探索与修饰：新媒体产品策划案例评析

人的天职在勇于探索真理。

——哥白尼（Mikołaj Kopernik）

德可以分为两种：一种是智慧的德，另一种是行为的德；前者是从学习中得来的，后者是从实践中得来的。

——亚里士多德（Aristotle）

一个涉及一切其他科目的科目，而因此是在教育中应该占最高地位的科目，就是教育的理论和实践。

——斯宾塞（Edmund Spencer）

既异想天开，又实事求是，这是科学工作者特有的风格，让我们在无穷的宇宙长河中去探索无穷的真理吧！

——郭沫若

寒地黑土表情包　一人　亡命之徒　**Dr.Plant**　互洞代表大会　美租　虚拟影院
魔音　产品策划案例

本章介绍的新媒体产品策划内容都是网络与新媒体、数字出版专业本科大二与大三年级学生的作品。这些作品目前都还没有转化为产品，但是他们的策划、设计与制作，都在朝着优秀新媒体产品方向努力。这些作品并不是最优秀的，其中存在着各种各样的问题与瑕疵，但是这些作品也都有某些闪光的地方，都有值得思考或品评之处。

我们将对这些"产品策划"进行介绍与点评，以期能够在这些文字和相应设计中对"新媒体产品策划"有更深的理论与实践结合、宏观与微观结合层面上的认知与把握。本章共介绍和评析 8 个案例。它们形态各异，各有优缺，但都是在观察、体验和调研基础上产生的产品策划方案。有些策划案可见设计初样，有些则并无进一步的设计，有些颇有商业价值，有些则需进一步商榷。从这些案例身上，我们能够看到思想的光芒、创意的力量和新媒体产品的希望。同时，我们也感受到，担负在我们肩头的任务仍然很重，新媒体产品策划正如人类创意的道路一样，永无终点，永远新鲜。

12.1 案例1：寒地黑土表情包

12.1.1 产品介绍

产品名称为"寒地黑土表情包"（产品策划与设计：张子微、胡庆、王必奇、张皓峥），目前包含大米表情包、玉米表情包、土豆表情包。表情包与东北方言、习俗、特产、文化相结合，形成了独特的寒地黑土网络文化形象。策划者旨在创作出令人喜爱的黑土地网络表情，不论是其自身还是其作为其他新媒体产品的基本构成元素都具有一定的商业价值和社会价值。

12.1.2 策划说明

寒地黑土系列表情包产品策划书

（张子微）

一、项目组概况

1. 项目组简介

该项目组由 2016 级数字出版、网络与新媒体专业学生组成。该项目组成立于 2017 年，并于 2017 年参加第三届全国创新创意大赛（深圳），获二等奖。

2. 项目组发展规划

该项目组自成立以来，参与多种立项。在寒地黑土文化与数字媒介融合方面进行大量研究。在该项目结题时以新媒体动画表情包的方式呈现。随着数字产品的不断蔓延和变化，项目组致力于打造更完善的寒地黑土文化作品，在日后的研究过程中，我们将不断更新技术，将表情包元素与东北人情相结合，最终以剧情方式将"东北庄园"系列动画片呈现在荧幕前。

未来项目组会注册文化传媒公司或与合适的文化创意产业公司合作，在作品中不断融入东北地域特点及文化内涵，打造寒地黑土文化创意品牌，在展示年轻人风采的同时，向全国乃至世界宣传寒地黑土文化。

二、产品介绍

1. 项目产品概念

（1）产品概念。表情包是网络语言的一种进化，它的产生和流行与其特定的"生存环境"有关。它追求醒目、新奇、谐谑等效果的特点，与年轻人张扬个性和搞怪的心理相符。表情包之所以能够大范围地传播，是因为其弥补了文字交流的枯燥和态度表达不准确的弱点，有效地提高了沟通效率。部分表情包能够替代文字的功能，还可以节省打字时间。随着智能手机的全面普及和社交软件的大量使用，表情包已经高频率地出现在人们的网络聊天对话当中。之后随着网络社交沟通的增多，出现了一种主流文化称为"表情包文化"。一个人的表情包是其隐藏起来的真我。表情包表达的是不能道破的真实想法和感受，语言和文字的尽头，就是表情包施展的空间。

表情包本质上属于一种流行文化。依托于社交和网络的不断发展，人们之间的交流方式也出现了相应的改变，由最早的文字沟通到开始使用一些简单的符号、emoji 表情、表情包，逐步演变为日益多元化的表情文化，人们开始使用一些自制的、流行元素图片来进行沟通。这类图片以搞笑居多，且构图夸张，通过收藏和分享此类图片，人们可以获得趣味，同时展现自己的藏图，可以得到大家的认可，实现心理上的满足。

（2）使用平台。表情包的使用平台主要有 QQ、微信、百度贴吧、微博、Facebook、Twitter、斗图神器等主流社交平台。

（3）表达形式。

1）抽象化的字母或标点符号的组合，即"颜文字"，如表示笑脸的"：)"、表示伤心的"T_T""QAQ"、表示跪下的"Orz"等。

2）社交软件中的各种人脸表情。

3）文字和图片相结合的图片表情。

2. 产品（项目）价值

（1）项目背景。土壤类别中最肥沃的黑土地是大自然给予东北三省独具匠心的礼物，为稻米提供了充足的养分。阳光雨露充足，灌溉用水无污染，保证了东北大米独有的高品质。仅黑龙江省就有五常大米、响水大米、庆安大米等十大知名品牌，行销全国，深受喜爱。东三省素以粮食闻名于世界，除了东北大米，蔬菜类也深受其他地域人们的喜爱。

（2）项目简介。将寒地黑土文化与数字媒体相结合，宣传黑土文化。利用线上线下结合，从手绘到线上表情包，再根据用户反馈结果，考虑是否开发周边产品。表情包以大米形象为主，其他东北代表农作物果实为辅，让用户在使用过程中，慢慢认识并了解东北寒地黑土特产，让东北的形象逐渐深化人心。

如寒地黑土表情包之大米表情包的创意：

真正的东北大米粒形短圆，长宽比约为 1.6∶1，腹白少，胶质率高，米色清亮透明。根据东北大米的外形特点，我们设计了三组表情包，每组 8 个，共计 24 个。在设计过程中，我们有意融入了两种元素：

① 东北方言元素。选取东北方言中具有代表特色的语言，结合米粒儿的动作、表情，将方言生动化，形象化。如："稀罕"（喜欢）、"干哈"（干什么）、"得劲儿"（舒服）等方言，这些方言生动形象，简洁幽默。

② 东北人性格元素。东北冬季漫长，大地被冰雪覆盖。东北人利用冰雪塑造了冰雪大世界等奇幻世界，在寒冷的冬天创造出不一样的快乐。寒地黑土和冰雪世界共同造就了东北人热情豪放、直截了当的性格，虽然粗犷，但不失可爱。

（3）产品研究目的。宣传东北传统文化，寒地黑土文化。用生动、可爱、富有地域特色和文化特色的寒地黑土农作物系列表情包表现东北人憨厚、豪爽等个性特征。利用表情包的形式将东北文化展示在受众面前。

（4）产品研究意义。作为土生土长的东北人，用自己的创意与技术，为自己家乡代言，传承东北文化，弘扬寒地黑土文化。让更多的人认识东北，了解黑土文化，正是这一系列寒地黑土文化特色表情包的意义所在。

三、产品市场分析

1. 市场需求

目前，网络流行语的大量普及，众多表情包如雨后春笋般大量涌现。表情包成为一种新的传播形式，而目前各平台尚未出现一套集东北文化和语言特色的东北人自己的表情包。

2. 市场现状

（1）表情包炙手可热。近年来，各类表情包如雨后春笋般大量涌现，成为手机用户表达情绪、交流情感的首选。

（2）方言表情包深受用户欢迎。2015 年底，微信团队推出"方言系列""囡囡上海话""桃子一家东北话"等表情包系列，特色鲜明，个性十足，深受用户喜爱。

（3）农作物表情包稀缺，"特色农作物+方言"的表情包形式尚未出现。目前宣传黑土文化的内容较多，但在数字时代利用网络宣传黑土文化的内容少之又少。在表情包的平台上，更是缺少集东北物产和东北方言于一身的系列表情包。

3. 项目分析

微信用户活跃用户超过 9 亿，表情包拥有巨大的市场潜力。

（1）表情包制作完成后，将在各大社交平台表情商城上架，吸引用户下载使用。

（2）可以与当地企业合作，用于品牌形象代言或大会吉祥物等，实现成果转化与落地。

（3）适时推出周边衍生产品，让创新成果发挥辐射效应，实现一定的经济效益和社会效益。

四、产品的研究及设计

1. 研究方法

通过团队讨论形式进行，团队内分工合作，完成项目。运用 PS、AI 等软件，通过绘画、涂鸦等形式，进行表情包创作。并请专业指导老师进行指导。

2．产品研究方案

（1）在项目前期，我们根据东北的地域特色及黑土地所产的特色农作物，确定表情形象，根据搜集到的东北地域常用有特点的方言匹配人物形象及特点完成手工绘图。

（2）在项目中期，我们根据完成新表情包的手工绘图进行修改加工后完成系列表情包计算机制图。

（3）在项目后期，项目组集体讨论相关成品的优缺点，后根据意见进行修正、完善。审核完成后，项目结题。

3．产品呈现形式

互联网动画表情包。

五、新产品开发及营销渠道

1．新产品开发计划

在寒地黑土表情包完成之际，致力于打造更独特东北文化品牌，项目组将创意与东北文化结合，开发相关新产品计划如下：

（1）文化周边产品：文化衫、书包、马克杯等。

（2）儿童绘本：在接下来的产品中我们将符合少年儿童的故事与寒地黑土表情形象相融合，最终将以儿童绘本形式出版。

（3）寒地黑土系列动画片：在线上产品中，除了东北文化表情包，我们将重新编写故事，将故事与卡通形象融合，推出寒地黑土系列动画片，推出数字出版产品。

2．营销渠道

营销渠道采用线上与线下相结合。

（1）线上。

1）我们的目标受众是外地游客及想要了解东北文化的人。项目组推出寒地黑土系列动画片后，进行评估后会先与东北三省收视率高的电视台进行联系，大批量推广产品宣传片，然后参加数字出版博览会，真正让东北文化动画片走入文化创意产业。

2）我们会与各大视频网站签订版权输出协议，实现盈利。并不定时在各档播放宣传片，实现最大频率推广。

（2）线下。

1）通过在旅游景点销售文化衫和旅游纪念品的方式，对东北文化进行宣传的同时，扩大其影响力。

2）儿童绘本出版后，借用名人效应邀请东北有名气的作家写推荐语；制作宣传海报等方式宣传。

（注：此策划案发表时有改动）

12.1.3　分析点评

从寒地黑土表情包产品策划书来看，这是一个构件相对完整的商业策划书；从产品策划、设计与制作形态与效果来看，这是一个只要精心打磨便能够放入市场的网络表情包作品；从产品品牌建设来看，这是一个寒地黑土文化网络品牌的较好出口；从盈利模式来看，该产品（策划）的持续性盈利效果还比较薄弱。

该产品策划有一定的受众，但如何将这部分受众变为用户，而非让受众将产品"一次用尽"，是产品策划者需要考虑的问题。也就是说，网络表情包如果仅仅停留在表情包的层面，很难有长足的可持续性的发展。策划书中提及的动画制作，是一个很好的出路，此外，通过表情包（如果受众反馈好的话）也可以进行进一步的故事（寒地黑土品牌或农作物知识科普）叙述（如建立动漫电子图书、互动儿童读物等），从而努力打造成具有较大开发潜力的 IP 资源。从当前的表情包作品来看，这是一个比较有创意和活力的起点，如何注入一种可持续的立体的长线的产品能量，是产品策划者应该着重考虑的问题。

我们必须得承认，新媒体产品的形态是多种多样的，有时候对一个点的持续挖掘往往能够形成一片蓝海。随着技术的发展，信息的飞速传播，策划者的想象力也在不断开疆扩土，未来，新媒体产品的形态一定会有更多可能。故而，我们不能轻视每一个想法。作为读者的你，此刻也许正是那个怀揣梦想想用一己之念改变世界的野心家或冒险家，也许正是那个曾经创造 Facebook 的马克·艾略特·扎克伯格（Mark Elliot Zuckerberg）。而我对此种可能性，从未怀疑。

12.2 案例2：一人

12.2.1 产品介绍

"一人"App（产品策划与设计者：孙博文、何静、梁婉桥、程琪）是一款"一对一"性质的个性化社交软件，产品利用"广场捕捉"，构建"智能提问"，实行"非友勿近""关键词匹配""24 小时原则""48 小时警告"原则，通过"评价系统"完成"人品/信用等级设置"，最终促成"公平交友"或"删除好友"。这是一款特点鲜明、干净、不啰嗦的社交App。

12.2.2 策划说明

"一人"App 新媒体产品策划案

（孙博文）

一个人，要照顾好自己

一、产品名称

此新媒体产品是一款社交类 App，它的名字叫"一人"。

名字的由来要从两个大方面介绍：一方面，一人是指本产品的受众人群，另一方面，一人也指本产品的核心特色。

二、产品功能

这款 App 的两大主要功能，一是记录，二是社交。

所谓记录，就是记录生活，形式类似于日记，让用户记录这一天发生的点点滴滴，这里有一个细节就是我们会设置程序，用各种各样的问题来引导用户把生活中的小事记录下来，哪怕是诸如"午餐吃的什么？""为什么不吃""有没有看到某个让你心动的男孩子/女孩子？""领导有没有夸奖/批评你的工作？"自己的感受和琐事，开心的不开心的，烦心事和让自己开心的事等。

社交涉及这款产品的核心。社交，与记录密不可分，社交功能是以记录功能为基础的交友，在用户进行完每天的心情与琐事记录之后，每天有且只有一次选择是否将此记录"叠成纸飞机"，在经过审核后发射给未知的陌生人并同时接收到这个未知的陌生人的"纸飞机"的机会，或者只有一次可以通过在广场"捕捉纸飞机"来选择想要认识的陌生人的机会。

三、功能机制

1. 广场捕捉

每天一旦进行匹配就无法通过捕捉生活记录来与其他陌生人进行交流，反之亦然，广场上所漂浮的纸飞机（生活记录）完全随机，一个纸飞机只能被打捞一次。

2. 智能提问

智能提问是根据用户上一个回答的问题即时地设置新的问题。

3. 公平交友

公平交友是指捕捉纸飞机之前要先向广场投放自己的"纸飞机"。

4. 非友勿近

（1）个人信息只可以用 App 提供的图片设置头像。

（2）用户自行编辑的生活记录中的图片内容仅用户自己和好友可以查看。

（3）非好友过程中的聊天仅仅可以通过文字、小表情、语音交流，成为好友之后才可以解锁发送图片和视频等功能。

5. 关键词匹配

系统后台根据"纸飞机"内的关键词，智能挑选与之相匹配的潜在的交友对象。

6. 24 小时原则

初次与匹配到的陌生人沟通的时候，在 24 小时之后才可以同意是否加为好友，并且在 24 小时之后两个人只有在互相加为好友之后才能继续聊天。

在广场，一旦捕捉或被捕捉，自己/捕捉人的纸飞机在 24 小时之内不可被再次捕捉，被捕捉人/自己 24 小时内不能使用"捕捉"功能。

7. 48 小时警告

单方面聊天是不可以的，若两人 48 小时之内未能相互加为好友，两个人则会自动相互

"断绝联系"，也就是自动从对方的聊天列表中消失。

8．评价系统

"断绝联系"的同时将会有一次为这个即将"离开"的未能成为朋友的人评价的机会。并且可以赠送免费或是付费的小礼物。

9．删除好友

提升信用等级可以使自己匹配到信用和评价良好的人的概率增加。删除好友会大幅度降低自身评分和小部分对方评价。

10．人品/信用等级设置

成功加为好友和获得未加为好友的人的优秀评价、礼物都可以提高信用等级。提升信用等级可以使自己匹配到信用和评价良好的人的概率增加。

四、核心特色

本产品的核心特色就是唯一，所谓唯一，就是每人每天最多只能认识一个陌生人，至多只能交一个朋友，只能了解一个人这一天有怎样的故事和怎样的心情。48小时之后如果彼此仍然没有成为好友，你们会再次成为陌生人。

五、受众人群

本产品适用于有足够耐心（倾听故事）的/在繁忙聒噪的生活中渴望有一片社交净土的，乐于享受生活，享受点滴的人群（更适宜单身人群）。

不论职业，不论年龄，不看颜值。

六、市场调研

抽样调查的社交软件除了大家熟知的 QQ 和微信，还有探探、陌陌、派派、处 cp、SOUL、如故、电波等 App。

可以说微信和 QQ 定型了偏向于大众的传统经典社交软件，此处不再赘述。下面主要陈述以下几个：

（1）探探。探探的特点是通过与附近的人快速匹配从而达到交友社交的目的。手指向右滑动就是喜欢，向左滑动就是不喜欢，两个人同时标记了喜欢（暗恋）对方就配对成功，可以开始进行聊天。其建立在 LBS 的基础上，通过附近的人把交友变得触手可及，但是未免太功利化、太草率。因为探探一天最多甚至可以标记喜欢 500 个人，颇有"广撒网多钓鱼"之嫌。

（2）陌陌。现在的陌陌功能多样且复杂，不仅有附近的人，还有直播和广场等功能。

（3）派派。主要特点是通过玩游戏交友，内置多种多样的社交类小游戏、抢红包活动、找对象及同城交友，缺点就是"low"，个人觉得使用逻辑复杂，UI 和交互简直无法直视，并且使用户与用户相互建立关系的方法（发红包）简单粗暴毫无美感，对用户的吸引力极低。

（4）SOUL 和如故。两款 App 几乎是相同的，都是寻找有趣的灵魂，通过做测试题从而匹配到与自己性格相符合的人，并且都有文章图片交流和广场板块，让交友变得文艺并且志同道合。不同的则是一些小的细节，不仅是界面 UI 设计等，匹配到相似灵魂的人的方式也有很大的区别。缺点是"po 照片"和不良用户让软件变了味。如故的社交性弱了一点，几乎变成了一个创作类的文学/文艺类 App。

（5）电波。电波靠声音和星座交友。新奇新鲜有吸引力，但是主播和房间功能等机制让社交跑偏，星座逐渐变成了幌子。

经过调查，市场上暂时没有"一人"这类社交软件，但是该软件的特性也决定了这款产品的小众性。不过小众不代表人少，这一小众的潜在用户也是相当可观的，只要牢牢把握用户，抓住精准客户，产品前景可以说相当不错。

七、盈利模式

下载流量，"纸飞机"的信纸皮肤，为好友送的虚拟礼物，为未能成为好友的人赠送的虚拟小礼物和少量广告软植入等。

八、会员机制

会员即注册之后的用户，未注册可以使用本产品，但是不可以修改个人信息，不可以使用广场功能和发表视频语音图片等功能，且 ID 为游客二字加编号，在匹配时会对对方进行提醒此人是未注册用户。

九、总结

"一人"App 的核心特色是短暂而唯一，记录生活是达到社交的手段和形式，精准优质社交是其存在的目的，存在的意义则是珍惜真正的友谊和来之不易的缘分。

十、分工

小组并没有细致的分工，其中梁婉桥提供了美化思路，包括 UI 设计的参照物等，程琪提供了精准的纠错，在 24 小时和 48 小时两个模块中她帮着捋清了思路，何静提供了很多优质的点子，比如本来并未打算添加聊天系统，经过与何静的争论才确定这个 App 的雏形。我是这个小组的组长，整个 App 由我带队亲力亲为，保证了 App 各个版块的统一性和完整性。

（注：此策划案发表时有改动）

12.2.3　分析点评

孙博文团队在广泛的调查与分析基础上，做出了一个令人惊讶的策划书。它体现了一种比较纯粹的产品核心价值，同时也较为准确地找到了一个年龄阶段的用户痛点。产品的 Slogan 是"一个人，要照顾好自己"，它正像那句"一个人，要过得像一支队伍"一样，具有阳光、向上、温暖的味道。

这是一款旨在还原交友初心的 App，表现为一种较为纯粹的产品定位。产品对"规则"的制定也到了令我惊讶的程度，仿佛让我看到了微信产品策划者的身影。事实上，优秀的新媒体产品就是规则极为简约、有效、公平且深入人心的极简产品。这一点在很多优秀的新媒体产品那里都能够得到印证。在产品策划书中，策划者对当下的几款社交软件的评价或许未必准确，但却有自己的思考，而且能够将这些思考提炼、总结和转变为一个产品策划，这是较为难得的。在介绍产品盈利模式时，策划者定义了"纸飞机"（信纸皮肤）作为社交领域的"装备"和"礼物"，体现了一种社交成本意识和友谊增值心理。总体而言，虽然策划者在策划上仅仅为我们勾勒了一个大致的轮廓，但是，我们仍然能够透过简单的文字看到策划者一种执拗的坚持和一种化整为零、删繁就简的创意之思。

📍 12.3 案例 3：亡命之徒

12.3.1 产品介绍

亡命之徒手游（产品策划与设计者：韩闯、刘瑞哲、韩一鸣、邵榕）利用摄像捕捉、实时定位、虚拟枪械与现实地图结合等技术和方式实现手机游戏的互动娱乐效果。此游戏改变了虚拟场景的手游或网游方式，将玩家置于现实环境之中，让虚拟网络与现实环境结合生成玩家游戏体验。

12.3.2 策划说明

亡命之徒手游设计方案

（韩闯）

亡命之徒的定位是一款模拟现实类的射击游戏，游戏的特色在于它让摄像头变成了你的武器，使得游戏更加具有真实性和互动性。

游戏在得到玩家的允许后会获得玩家的现实位置，并录入玩家所在区域的地图（地图为最大精细化程度的现实地图）。在地图上会分布着各种虚拟武器，包括枪支弹药、防弹衣、头盔等，枪械包括冲锋枪、狙击枪、自动步枪、手枪等。防弹衣和头盔也分为 1～3 级，等级越高防护效果越好。在游戏中，玩家需要在现实生活中到达所在位置才可以获得这些武器，同样，雷达可以扫描到其附近 100 米以内的其他玩家，当遇到处在同一个比赛中的选手时，玩家可以通过摄像头捕捉到敌对玩家的身影，点击敌对玩家进行攻击，攻击是否有效，造成多少伤害则依据玩家的武器类型、对方玩家的装备来判定（另外可使用外设，如红外线装置增加瞄准的准确性）。

游戏的匹配系统可以将周围的 100 名甚至更多玩家匹配到一起，每一局比赛时间为 6 小时，在游戏开始的半小时是无法扫描到其他玩家的，先阵亡的玩家可以等待 1 小时后复活，或者重新加入队列。比赛结束后，击杀最多的玩家将获得比赛的冠军，其他玩家根据击杀数、行进数、存活时间来获得不同的奖励，游戏设置排位积分系统，增加玩家的荣誉感（如果比赛开始一个小时后，玩家没有取得任何武器将判定玩家挂机，自动退出游戏）。

相比较于匹配系统游戏的主打模式为自定义模式，玩家可以自己规定地图范围，自己规定游戏时间，邀请好友一起来开黑[⊖]，这样可以避免比赛时间过长，以及现实生活中出现的种种问题。

　　游戏的核心技术为增强现实技术（Augmented Reality AR），AR 是一种实时地计算摄影机影像的位置及角度并加上相应图像的技术，这种技术的目标是在屏幕上把虚拟世界置于现实世界并进行互动。AR 技术在国外多款手机游戏中都已经被运用，最为相似的是手游 FATHER.IO（与其游戏模式不同），图 12-1 为 FATHER.IO 官方网站视频截图。

图 12-1　FATHER.IO 官方网站视频截图

游戏的盈利模式采用收费创建账号模式，发售价格结合开发成本制定。

（注：此策划案发表时有改动）

12.3.3　分析点评

　　新技术推动新的产品形态，FATHER.IO 就是这样的一个手游产品，本产品策划与之相似，但与当下的"绝地求生·刺激战场"等手游全然不同。从团队现有的策划方案来看，这只是一个初步的构思。我们不能轻易地否定这个游戏，但是，我们需要注意这个游戏是否会引发一些非游戏问题。例如：陌生人之间匹配游戏的友好度问题；沉浸在游戏体验中的玩家对于现实交通、人群、突发事件的规避与处理等安全问题；游戏时间过长所带来的心理与身体上的疲惫感问题；网络手游与真人 CS 游戏的混合中出现的新型人际关系问题等。这些问题都是我们在产品策划之初需要考虑的问题。事实上，产品策划绝对不是单纯意义上的对产品本身的策划，而是对产品生态的模拟或猜想。也就是说，产品的存在并不是孤立的，一个优秀的产品必然要起到一种引领或改变的作用，但这种引领和改变也需要是有益于社会价值的实现或游戏体验的友好满足。

　　游戏在一定程度上能够激发人们的创造力和想象力，游戏的乐趣和生活的乐趣相同之

　　⊖ 开黑：游戏用语，是指玩游戏时，可以语音或者面对面交流。

处在于，它有无限可能性，而当这种可能性遭到限制或束缚的时候，游戏的乐趣也降低了很多。而游戏中规则的制定则是核心，规则的创造性、公平性决定着这个游戏的生命形态和基本特点。所以，我们在做新媒体游戏产品策划的时候要先思考游戏的本质精神，然后再进行精细规划、部署和开发。如果游戏最后成了单纯的"击杀"，既没有体现竞技给人们带来的对生活的热爱，也没有激发人们放松自我、发现自我和实现自我的精神力量，那么，这个游戏则还需要成长的空间与时间。

12.4 案例4：Dr.Plant

12.4.1 产品介绍

Dr.Plant（产品策划与设计者：蔺昱钦、代梦琪、陈婷婷、范彦涵）是一款关于植物的App，产品定位在"专属植物医生"，产品具有病情诊断、搜寻病理、植物疗救、社区交流、植物购买等功能。这是一款具有青春气息、充满阳光和水分、能够进行光合作用的新媒体产品。

12.4.2 策划说明

Dr.Plant App 产品策划方案

（蔺昱钦　代梦琪　陈婷婷　范彦涵）

你的专属植物医生

一、产品简介

1. 产品介绍

这是一款致力于植物病情诊断以及治疗的 App，帮助你解决心爱花草所患的疑难杂症。

2. 功能介绍

（1）拍照识别植物病况。

（2）人工智能鉴别植物病因。

（3）植物百科搜寻病理。

（4）名家解疑（解决高难度问题）。

（5）社区交流（与志同道合的人一同讨论花草）。

（6）花草商城(在这里购买喜欢的花花草草)。

二、行业现状与市场前景

1. 行业现状

千姿百态的花儿诉说着千言万语，每一句都表达着"美好"。特别是现在，随着人们生活水平不断进步，生活质量和对生活的追求不断提高。花卉已经成为人们生活不可或缺的点缀。

但随着现代人生活节奏的加快，人们大都忙于自己的工作而缺少甚至没有时间对花卉进行养护；许多人缺乏专业的花卉栽培知识，只是简单的浇水，松松土而已；再加上节假日，特别是国庆和寒暑假期间，人们外出的时间更长，也就更难以对花卉进行很好的养护。

通过调查发现，目前市场上还缺少像我们这款可以查找病因以及为花草提供治疗方案的产品。

2．市场前景

花卉是大自然给人最好的恩赐，他们可以美化环境，陶冶性情，净化心灵，增进健康，丰富人们的精神生活，给人以美的享受、美的熏陶和美的启迪。

随着社会的进步、经济的不断发展，花卉业在 20 世纪 90 年代进入快速发展阶段，已成为绿化、美化、改善生态环境的重要内容。

Dr.Plant 这款软件是针对花草树木设计的一款产品，只要拍照扫描就可以得知其病理原因以及专家再现解答治疗方案，这将会让花草树木得到更好的照顾。这款产品将会提供更好、更适合花草生长的温度、环境等方面因素的需求。所以这款产品会有很好的发展前景。

三、目标群体

（1）有充裕时间喜欢摆弄花草的老年人。

（2）喜欢花草但没有时间照顾或不了解如何照顾花草的新人。

（3）对花草有着特殊热爱的人。

四、产品设计思路

现如今人们生活质量显著提高，越来越注重品质生活，很多人在闲暇之余喜欢在家中或者办公室养一些花花草草，陶冶情操。但是，一旦自己精心护理的花草生病，大部分的人都会束手无策，扔掉又舍不得，不扔又不知该怎么治疗。

在我们为此思考并调查时发现，市面上只有关于如何识别花草种类的软件（如花伴侣）和用于检测花草生长的软件（如花花草草，用于检测花草的生长数据，包括光照、温度、水分、肥力等）。

由此，我们想到：如果有一款可以识别花草病理的软件就好了，于是我们就想到了本产品（通过拍照上传进而识别植物的病因，再通过植物百科、植物专家或者通过社区热心网友解决问题）。通过帮助爱好种植花草的人找到植物生病的原因，并且提供最优的解决方法，让大家精心养护的花草活得更好，更茂盛。

五、产品定位

1．市场细分

市场细分要求企业根据使用者对产品需求的不同，将市场划分为不同的使用群体。本软件包括的植物种类多样，可满足不同使用者的需求。其中"一拍即知"是为了方便想知道植物病因的人可以不用去打字搜索他们熟悉或不熟悉的植物病因；"名家答疑"是为使用者提供解决植物病症的方案，能够使热爱植物的人能对症下药；"植物百科"旨在创造一个涵盖植物界知识、服务互联网用户的植物百科全书，是一款内容丰富的信息阅读应用。"社区"是指包括 BBS/论坛、贴吧、公告栏、群组讨论、在线聊天、交友、个人空间、无线增值服务等形式在内的网上交流空间，集中了具有共同兴趣的访问者。这样的市场细分满足了不同程度的使用者的不同需求。

2．市场定位

根据市场细分确立目标市场为热爱植物、爱惜植物的人。原因主要为：这类群体平时会把休息时间都花费在打理花草植物上，他们把植物看作是生命的一部分，而且植物病因多种多样，并不是每一种都知道，所以这款软件就方便了查找植物病因。本产品将市场定位为大众化消费，即每一个家里养植物的目标客户群体。究其原因，在于每个家庭每个单位基本上都会在家或者单位放置一些植物，所以打入市场和被使用的概率较大，而且相应的市场进入成本也较低。因此，本产品的市场定位还是在大众市场，继续大众化使用路线。

六、产品特性

（1）独特性。

（2）大众性。

（3）普遍性。

七、营销策略

1．产品策略

App 商城有众多关于植物的软件，很多产品在功能上颇为相似，产品特色不明显。根据调查，大多数关于植物的软件都是通过拍照去识别植物种类的软件，例如爱花草、花伴侣等，但是这类软件并不是很实用，因为养花的人在买花的时候都会了解这个花的种类，而在养花的过程中出现的问题却不是很多人能够解答的。因此，我们认为，应将此软件作为一个特色产品，专门针对此类目标使用者，同时把此软件方便、快捷、全面的形象深入推广到大众之中。

在设计上，本软件采取的是草本风格，以绿色和白色为主色，传达出健康清新的软件印象，符合产品理念。

2．渠道策略

此软件在渠道上采取的是网络经营推广，而在此产品最初进入市场时运用的是网络广告推广模式，获得良好的口碑后逐渐形成自己的形象。由于此软件目标使用群体为养植物的人，在网络日益发展的今天，利用网络渠道推广使用势在必行。

3．宣传策略

（1）花市宣传。花市是主要的植物出售市场，来花市的都是热爱植物的人，一般家里或单位需要植物也都会从花市去挑选植物。所以花市宣传将作为主要的宣传方式，预计会获得很大的成效。

（2）网络宣传。网络宣传推广主要为"热爱植物"活动宣传造势，吸引目标受众参与"植物颜值评比"的比赛。由于百度、微信和新浪微博等常被人们使用，因此将这三个平台作为宣传的网络媒体。宣传的方式为：在网页右下角弹出窗口，内容显示为"植物颜值评比，网上报名活动持续火热进行中……"。

（3）平面媒体宣传。选取在植物专题杂志上刊登广告，吸引目标受众的关注。

八、产品功能设计

1．一拍即知（拍照识病）

将植物发病时的症状图片上传至数据库，当使用拍照功能或手机图片上传时，可识别出植物所患病因，并配有科学解释。当不同病因显示同一症状时，将最可能的病因列于首位。

2．社区

社区相当于一个论坛，大家可以各抒己见。这里将所有喜爱植物的人聚集到一起。在这里，大家可以分享养护植物的经验和心得，可帮助新人快速掌握养植物的基本要领；也可以求教一些植物疑难杂症的解决办法，如果植物出现了一些常见病，一般在社区里就可以解决。

3．名家答疑

如果你是一个资深的植物爱好者，对花草有着浓厚的兴趣和热爱，那么你一定会期待和植物学家的邂逅。我们会邀请植物学家入驻，可预约名家在线答疑。

4．植物百科

百科全书太厚重？随身携带太麻烦？都不用愁，一个 App 全搞定。闲来无事科普一下植物知识，也可直接搜索百科，有针对性地了解。

九、利益分析与风险评估

1．利益分析

（1）邀请名家入驻。专家答疑需根据资历收取一定的费用，由平台与专家按照一定比例获利。

（2）药类广告植入。在拍照识别病因后，系统会自动给出广告方提供的最适合的治疗药材，按照点击量和购买量获利。

（3）其他广告植入。不会跳出广告窗口，只间断性和随机性存在于社区及植物百科中。

2．风险评估

（1）软件是否能按照工期要求完成。
（2）软件的功能实现技术手段是否能够同时满足性能要求。
（3）软件的可维护性。
（4）财务风险。
（5）其他未知风险。

十、App 流程图及流程简介

1．我的界面

每一款好的软件都需要有人性化的设置，我们为了让用户有更好的体验，在这款软件中设置了"我的"这个版块。

（1）在"我的"版块最重要的就是登录，登录很简单：只需要输入手机号码，然后点击后面的发送验证码，输入验证码后就可以有一个属于自己的花草号了。

（2）在注册之后可以在编辑资料中设置属于自己的头像、昵称和性别，以方便我们推荐适合你的产品。还有收货地址的设置，由于我们这款软件中设有花草商城，如果遇见了喜欢的花草可以减少交易时的麻烦。

（3）账号和隐私设置，在这里可以修改手机号码和登录密码，也可以自己决定是否愿意让别人通过这款 App 找到你。

（4）清除缓存功能，每一款软件运行起来都会占用手机内存，比如浏览网页时自动保存下来的图片，发表的动态。在这里可以将之一键清除。

（5）每一款软件的受众可以说都各不相同，所以我们设置了字体大小设置，分别为小、中、大和特大，以满足不同人群的需要。

（6）音效设置，这个设置主要是在进入软件时会有音乐提示，就像在微博中刷新时的音效一样，如果不喜欢也可以手动关闭。

（7）每一款软件的最终目的都是盈利，我们也不例外，我们的专家咨询是需要付费的。我们设置了充值功能，方便用户选择。

（8）每一款软件都需要不断更新，为受众提供更好的用户体验，所以我们设有检查版本这个功能，用户可以选择更新和不更新。

2. 名家答疑界面

对于喜爱植物的人来说，植物生病了也是一件很重要的事情，有些病不是人工智能能解决的，所以我们设置了名家答疑板块。

（1）在名家答疑的首页是各个名家的照片、姓名及简介。用户可以选择需要的专家。

（2）当用户选择该专家后 App 会询问用户是否愿意支付 2.88 元的咨询费，如果用户愿意支付咨询费，支付后就可以和我们的专家进行咨询了。可以说非常的简单，咨询费也是很美丽呢！

3. 花草商城界面

（1）功能设计。花草商城是一个类似淘宝天猫的买卖商城，里面有各式各样的花草，方便用户购买喜爱的花草，以及寻找稀有的花草品种。

（2）行业现状。现在大部分用户都以网上购买产品为主，原因是网上购买方便快捷而且价格也合理。所以我们推出了花草商城这个版块，这样不仅可以增加用户对这一软件的使用量，更能让喜爱花草的用户方便购买，减少去花卉市场奔波的时间，更好地学习和照料花草。

（3）市场前景。经查阅相关资料，目前为止 Dr.Plant 这款 App 在市场上是独一无二的，类似的软件也都还没有花草商城这一版块，随着网购的普及，我们相信花草商城版块会有很大的发展空间。

（4）目标群体。其目标群体为所有的花草喜爱者（老年人可以学习如何使用和购买，也可以让子女帮忙购买）。

（5）设计思路。现代人们生活已离不开网购。网购不仅价格合理、质量有保证而且方便快捷，更减少人们出去寻找的路途。不用出门就能购买，发货速度快还送货到家都是网购的优点。因此我们设计了这一版块，我们会让各个花卉市场进入，逐渐扩大规模，让各个地区的人们都能享受到这样购买的好处。花草商城以绿色为主，这样的设计能突出花草的本色，更能保护用户的眼睛。

（6）购买步骤。在花草商城的主界面里，我们对各个花草进行了分类，里面有推荐的花草，当然通过搜索用户也可以找到想要的花草，点击花草，进入购买界面后可以左右滑动界面，方便进退。购买界面内有花草的简介、价格，我们也会实时更新购买人数，可以收藏也可以立即购买。立即购买界面要正确填写收货人姓名、电话和收货地址，有什么需要或建议也可以通过买家留言告诉我们。都填写完毕就可以提交订单了，支付方式可以用微信、支付宝或银行卡支付，这样的支付方式更加方便安全。（花草商城里的花草都是后台人员精心挑选出来的，安全的平台，合理的价格，质量也是有一定保证的，尽量给顾客提供更好的产品和服务。）

4．一拍即知界面

我们在一拍即知的版块上，设计了两项功能，用户可以根据需要自行选择，分别为人工识别和机器识别以最大限度地满足客户的需要。

5．社区界面（略）

6．植物百科界面（略）

7．APP 主页面及图标（略）

十一、总结

我们小组一共有 4 个成员，分别是蔺昱钦、代梦琪、陈婷婷、范彦涵。这款 App 从想法诞生到最后全部完成用了大概一个月时间。在进行了课堂展示与改进后，我们进行了合理分工，对 App 的描述进行了细化，并分工做出了 App 的所有界面以及使用方法和流程图。最终以文案形式提交此次作业。

附录一：常见植物 100 例（略）

附录二：常见病症 40 例（略）

（注：此策划案发表时有改动）

12.4.3　分析点评

蔺昱钦团队策划的新媒体产品 Dr.Plant 策划方案很详细，从构思、调研、分析，到界面设计、内容完善、产品释义，都做得非常仔细、认真。她们四人的认真程度在这篇新媒体产品策划案的写作中得到详尽呈现。这个策划案是一种全方位的产品构想，同时，也是一次极为有益的设计实践。我们知道，"细化"一方面是对既有思路的验证，另一方面也是对原来想法的深化。细化能够让策划者从反向和正向两个维度对产品进行理性思考。我们在进行策划时，很多时候，往往正是因为没有做足细化工作导致产品在设计和开发过程中出现很多无法实现或荒诞的问题。

当市场上出现众多为人诊断病情并提供治疗方案的 App 时，四位同学想到了将植物作为她们的主角，这是一个不错的换位思考。从市场层面看，这显然是一个值得开发的选题。策划案考虑了诸多市场因素，但并不唯市场是从，而是更多地着眼于植物本身。策划者的这种理性地抓住核心的思维方式，是值得鼓励的。不管用户因何原因养植物，植物都是用户心中那片天地的核心主题，只要抓住这一点，便是这款产品的出路。"2.88 元"是一个低价位的诊断费用，对于养花草的用户来讲，这个价格成为一种象征性收费。这款 App 秉持这样的收费理念，其实也是源自策划者将心比心对于花草和养花草人的热爱。其实，我们知道，在新媒体产品营销策略和思维中，爱心确实是一张可以吸引用户和拓展市场的好牌。

花草社区也是本 App 的一个亮点，基于社交媒体的专业植物 App 能够凝聚更多的用户，确实是构建用户黏性的一个绝佳手段。而"植物百科"的设计，也成为花草人的必查辞典和黏性工具。总体而言，这是一个（对新媒体产品策划初学者而言）带有青春气息与茉莉花香的优秀策划。

12.5 案例 5：互洞代表大会

12.5.1 产品介绍

互洞代表大会（产品策划与设计者：陈金铭、童国卿、付亦聪、王馨、贾秀辉）是一款以"钻开"脑洞为主的网络综艺节目，这是一款旨在开拓思维、驰骋精神与放松心情的产品，想象力成为这个节目的核心要素。

12.5.2 策划说明

网综产品《互洞代表大会》策划及流程

（陈金铭、童国卿、付亦聪）

一、分工说明

创意由童国卿和陈金铭提供；王馨和贾秀辉负责搜集脑洞问题；陈金铭负责策划书编辑及流程编排、规划和主持；付亦聪和童国卿负责拍摄及后期剪辑。

二、节目人员配备

嘉宾：3 人，评委：10 人，主持：1 人。

近年，关于脱口秀等娱乐类节目迅速兴起，受到了越来越多人的追捧和欢迎。而且随着互联网的发展和手机等移动端对市场的霸占，网络节目开始成为一种潮流，于是《互洞代表大会》应运而生。

本节目是一种快速问答脱口秀节目，本节目深化了"开脑"的真正意义，瞄准"80后"与"90后"，打破当下固有思维模式以及面对生活、学习、工作等多重压力的固化思维，多角度思考问题，鼓励参与者跳出简单化、片面化的思考方式，换个角度看问题。用极具脑洞想象力的喜剧段子创作规则进行问答 PK，现场创造出无数令人"会心一笑或延迟爆笑"的神答案。

三、节目设计

第一部分是"互洞问答"。3 位嘉宾在随机跳出的网络票选的问题中进行 10 秒的互洞回答，类似于一句对于问题的"神回复"。而给出的问题也是天马行空，需要嘉宾极快的反应能力、丰富的想象力和创造力。给出回答后由评委投票（在节目中叫"打 call"），10 位评委中"打 call 数"要超过 6 位才算"互洞"成功。反之则以"尴尬"收场（放《脑洞大》音乐）。一个问题可以多次回答但不能超过 3 次，5 个问题之后第一部分结束。

第二部分是"脱口洞图"。屏幕会给出一幅本身就有趣味的图片，各位选手需通过一句话为图片配文，3 人抢话筒进行发言，一分钟倒计时结束后进行投票。

3 人"打 call 数"加上第一轮选手得到的"打 call 数"，决出本场"互洞 joker"。

四、推广方式

通过官方微博、公众号和头条号推广，每期视频会上传至 bilibili 及优酷等各大视频网站。

本节目计划在 10～15 分钟，希望让全民倍感压力的生活能画风突变，认真开脑洞，低调来放纵!我们就是网综的"泥石流"!

五、部分脑洞问题

1. 如果全世界的东西都能吃会怎样？
2. 如果孩子统治了世界会变成什么？
3. 坐飞机时发现邻座是观音菩萨你会做什么？
4. 怎样用一句话表现天气很冷？
5. 李白来到现在的"北上广"他会说什么？
6. 妻子生孩子的时候两人互换了灵魂会怎样？

《互洞代表大会》剧本（简略）

3 位互洞嘉宾及 10 位评委入场，主持人开场。

第一部分："互洞问答"

展示题目 1：在故宫把慈禧的碗打碎了会发生什么？

嘉宾思考 10 秒，并作答。

一题中嘉宾可多次回答但不能超过 3 次。每次回答结束后进行评委"打 call"，10 位中有 6 位为嘉宾"打 call"则嘉宾获得"1call"。

题目 2：如果全世界的东西都能吃会怎样？

题目 3：如果孩子统治了世界会怎样？

题目 4：怎样用一句话表现天气很冷？

题目 5：坐飞机时发现邻座是观音菩萨你会做什么？

5 轮问题过后，进入下一环节"脱口动图"。

嘉宾 3 人抢话筒，为一张搞笑图片加上一句话配文，一分钟倒计时结束后由评委为 3

位嘉宾"打 call"。在这一轮获得的票数加上第一轮的"打 call 数",得分最高者获得本场"互洞 joker",并获得相应赞助商提供的奖品。

（注：此策划案发表时有改动）

12.5.3 分析点评

这是一个网络综艺产品策划，主要突破点是代表想象力和创造力的"脑洞"，是通过两个环节来展现"脑洞"的综艺产品策划。策划方案介绍得比较简略，从产品的样本来看，节目受各种条件的制约，未能达到理想效果。但是，我们从简略的策划案和样本中完全可以感受到策划者的创意和热情。

此产品结合了以往娱乐类综艺节目的很多优秀元素（如"奇葩说"），同时也借鉴了脱口秀节目的某些特质，显示出了一定的独创性。产品旨在通过超乎寻常的搞笑想象，来缓解现代年轻人的生活压力，意图是不错的。不过，产品策划显得过于简单，内容也显得单薄。文化创意性的产品需要有可持续的、丰富多彩且新鲜的内容作为支撑，这应该是此类产品策划时需要重点考虑的方面。此外，故事也是一个重要的支撑因素，如果该产品要形成品牌，产生较大的影响力，则需要有一个故事作为骨干。这是能够给人整体感觉和印象的东西。所以，此策划可以考虑增加一些内容元素。

此外，如何处理好节目中问题的意义和娱乐之间的关系，也是策划者需要思考的重要问题。至于节目的内容能够获取受众的持续的注意力则在很大程度上取决于"互洞嘉宾"的水平，所以，"互洞嘉宾"资源的获得也是本产品成败的关键因素。

12.6 案例6：美租

12.6.1 产品介绍

美租（产品策划与设计者：任林慧、崔爽、王文晶、陈一炜）是提供服装租赁服务的App，通过线上线下协同，为用户提供全方位的租赁服务。

12.6.2 策划说明

美租产品策划书

（任林慧、崔爽、王文晶、陈一炜）

一、产品介绍

本产品主要聚焦于演出服装的租赁，为不常使用但急需使用演出服装的客户和服装店的店主创造一个相互沟通的平台和服务。App 通过 LBS 定位搜索，为用户展示附近的门店商品信息，可线上购买线下体验，也可线上支付同城配送到家，为用户提供相应的服务。

二、项目背景

产品是演出服装租赁平台。随着经济发展，人们的文化生活水平也日益提高，各种大众化的文艺节目，演出表演层出不穷。各个地方企事业单位，大、中、小学，社会团体等举行各种艺术类型的文艺活动的次数越来越多，对各种演出服装、舞蹈服装的需求也越来越大。但这类定做或者购买服装的需求由于时间不够和花费较大，且平时偶尔才用得上划不来而比较棘手。在这种情况下，通过借一批演出服装，完全可以实现花最少的钱，达到同样的效果。因此演出服装租赁市场应运而生了。

三、市场现状

（1）关店多：全国服装品牌持续关店，整体关店在一万间左右。

（2）缺平台：线下门店客流量少，缺少平台导流、贩买、运营等。

（3）体验差：网贩体验差，中高端客户回流线下寻求服务体验。

四、市场定位

平台定位为互联网+信息技术服务，以 App 的形式存在于市场之中。当下人们的文化水平日益提高，各种各样的艺术活动应运而生，而绝大多数活动所需要的服装仅需用一次。制作成本过高，时间过长，得不偿失。这时租服装就会大大节约成本，而我们所做的就是将同城所有服装租赁店面信息收集来提供给那些急需服装的客户，抓住急需服装这一痛点，我们可以提供最近的商家，架起一个桥梁。在互联网+的模式下，租赁平台在市场中更有价值。本产品的开发应用贴合市场，具有市场容量大、前景好，填补市场空白的特点。

五、市场需求

随着人们生活水平的提高和企业文化的发展，以及社会主义精神文明的要求，近年来服装租赁行业出现了翻天覆地的变化。主要表现在：

（1）年会市场的兴起，机关、企事业单位，演出服装租赁市场近年来变得异常火爆。

（2）建党 90 周年，各地蓬勃兴起红歌会，为演出服装租赁市场带来了新的高潮。

（3）社会主义精神文明的建设，吸引了大量基层组织参与的演出文化活动，带动了演出服装租赁市场。

市场需求很大，但是目前还没有具体针对地区的此类服务。

六、行业痛点

1. 线下购物痛点

（1）工作忙，时间紧，没空逛街。

（2）出行累，停车难，距离远。

（3）天气寒冷、炎热，雾霾天气不想出门。

（4）线下优惠信息无法及时获知。

2. 线上购物痛点

（1）质量不达标会出现假货。

（2）收货有周期（三四天到货）。

（3）尺码不合适，颜色有色差。

而美租服装租赁形式更多，内容更丰富，婚纱、礼服、晚礼服、演出服、正装、职业装、孕妇装，有让人想得到的，也有让人想不到的。服装租赁行业具有的投入少、风险低、收益好的特点，也使整个服装租赁市场发展前景广阔。

七、营销推广策略

先通过各大论坛发布文字，引起更多的关注。再通过 QQ、微信建群来打响知名度。

平台在前期以吸引客户为主，所以对注册用户免费，并对提供服务的从业人员也实行免费的注册制，以扩大平台的影响力。随着用户规模的上升，先对从业人员收取一定的押金，以保证服务过程的质量与监控。对客户实行积分奖励制度，根据购买服务的总金额和购买服务的次数，分别给予不同积分，并实行转介绍客户有奖制，前期扩大用户规模。

同服饰租赁公司保持积极合作关系，同时大力向需求方拓展，联系各种有需要舞台服饰的公司、机构，鼓励其使用本平台。

平台的主要优势有：

（1）线下品牌：正品货源，质量保证、App 下单，享受优惠。

（2）进店体验：试穿体验，轻松贩物、线上线下高质量服务。

（3）LBS 营销：无须出门，发现身边好货、商家优惠打折，尽收眼底。

（4）快速配送：店即是仓库，就近发货，下单即送，极速体验。

八、客户关系

合作关系：与服装店面之间达成合作。

商业关系：需求者与提供者相互交易。

服务关系：为软件顾客提供更方便快捷的服务。

客户细分：机关单位、企事业单位、各大高校、基层组织、当地出租服装与销售服装的店面。

九、购物流程

美租→用户搜索→发现好货→下单购买→快递接单进店体验→送货到家完成取货。

十、SWOT 分析

优势：目前市场上关于租赁服装的 App 很少，这有利于抢先赢得市场份额。市场潜力大，发展空间广阔：买演出服装只穿一次没有必要，这时候通过租赁，完全可以实现花最少的钱，达到同样的效果。

劣势：对于新产品，受众从认识到接受可能需要一定的时间，投资回收期较长。已经成熟的公司比如美团等，对其冲击力较大。

机会：随着经济发展，人们的文化生活水平也日益提高，各种大众化的文艺节目，演出表演层出不穷。

威胁：用户习惯尚未形成，App 目前刚刚起步，市场占有率低，没有形成规模和品牌效应。

十一、盈利模式

（1）平台营销增值服务费：不仅解决交易问题，更解决了店面营销问题，线上引流——信息传输——刺激消费——留存运营等。

（2）交易佣金/保证金服务费收益：服务费、保证金、佣金采用正常的 5%～15%佣金制度，不同品类佣金不同。

（3）平台广告收入：普通电商的广告品牌置顶——优先推送——个性推荐发现等广告形式。

十二、实体店的营销利器

功能介绍：商家后台管理、后天数据分析、商家营销管理、附近客户数据留存、LBS营销；附近活动提醒、需求发现、附近店面实施动态、用户线上办理店面会员。

十三、实体店的销售模式

实体店在美租上注册账户→登陆之后点击卖家中心→卖家后台管理，可以修改标题，上传出租的服装，店铺装修等都在里面。

十四、未来规划

（1）线下店面类型扩充：将尝试其他类型店，如化妆品、珠宝、母婴、零食。

（2）粉丝经营，盘活用户：将重点开发营销功能，如会员管理、客户数据分析。

（3）硬件结合，虚拟试衣：将尝试和虚拟试衣合作，如虚拟试衣引流和留存数据。

（4）店即站点，同城配送：店即仓库、快速发货和第三方物流合作。

十五、美租 App 小组分工

1．前期

（1）崔爽、王文晶：提供想法和文案。

（2）任林慧：查找相关的资料和商业计划书，制作部分 PPT。

（3）陈一炜：制作 PPT。

2．后期

（1）任林慧：产品策划书、美租图标设计、查找相关后台管理模式、美工画图。

（2）崔爽、王文晶：App 相关图片、美工。

（3）陈一炜：设计说明。

（注：此策划案发表时有改动）

12.6.3　分析点评

这款产品是物联网时代的必然产物，是电商的一部分，销售变成了租赁，美租也只是一个线下服装产品供给服务的网络平台。在这个平台上，新媒体产品的文化属性，并没有得到很好的体现，这是需要策划者注意的问题。但这并不妨碍我们继续分析和评价这个策划案。

举个例子，我们刚吃完晚餐，吃得很好很饱，这时有人请你吃大餐，你恐怕难以下咽；而如果你刚看完一场电影，眼睛和心灵都很"饱"，这时有人请你听音乐会，你可能欣然赴约，听完音乐会，你又去看画展……你的精神没有"饱"的时候，只有身体有疲倦的时候。所以，我们可以这样理解文化产品与非文化产品：非文化的物质产品（非奢侈品），我们可以称之为刚需（有"饱"的时候，但没有它则"饿"甚至威胁生命），而文化产品则是非刚需（没有"饱"的时候，没有它我们也能生存，只是精神会"饿"）。而这款美租App所提供的更多的是倾向于非文化性质的物质服务。

总体而言，策划案的构件是比较周全的，只是每一个部分都简单了一些，深入性显得弱了些。美租 App 需要做的可能更多的是整合、连接、调控等，而作为策划者可能更多的要考虑此项租赁服务线下的整体布局与实际运营模式，这是起到决定性作用的部分，也是策划者必须清醒认识的问题。

➡ 12.7 案例7：虚拟影院

12.7.1 产品介绍

虚拟影院（产品策划与设计者：闫秋涵、马嘉彤、王亚静、苏春夏）产品是一款以拼单方式进行定时而不定量的在线观看院线热映电影的移动 App。

12.7.2 策划说明

虚拟影院 App 产品策划简案

（闫秋涵、王亚静）

一、主要功能

1. 电影拼单

App 内可以创建房间，每个房间一部电影，加入房间的人平摊此电影费用，人数越多每个人所花的钱就越少。

2. 外卖小食

看电影怎么能少的了零食爆米花，在 App 内下单，会有附近最近的超市进行配送，不用出门，也不用久等。

3. 弹幕功能

同一个房间的观众可以以弹幕形式进行交流，如果是朋友之间一起云观影，互相交流也是一大乐趣，陌生人之间也能通过相同槽点、笑点、泪点交到志同道合的朋友，如果你只是想安安静静地看场电影享受一个人的宁静也可以选择将弹幕关掉。

4．投影投屏功能

手机屏幕小？没关系，你可以利用投影功能投射到空白的墙壁或者投影机幕布上，或者利用投屏功能用电视观看，以最大限度满足你的观影体验。

5．盈利模式

费用取决于拼单观影人数与电影本身价值（即使是电影院每部电影价格也不一定相同)，外卖功能可以与合作超市进行分成。

二、核心竞争力

（1）现阶段网络上所说的虚拟影院也只是用 VR 眼镜实现观影，你不仅需要购买 VR 眼镜，还无法与朋友一起分享，而我们的虚拟影院只需要一部手机，一款 App 就能解决你的观影需求，更加方便，更加全面。

（2）传统影院场数有限，时间固定，票价高，座位有限。

（3）虚拟电影院优势：场数不限，时间自己定，票价低，座位充足，方便。

三、小组分工

小组分工：闫秋涵（提出想法，初步文案）、王亚静（完善文案、页面制作）、马嘉彤（制作 PPT）、苏春夏（材料整理）。

12.7.3　分析点评

此虚拟影院 App 产品策划基本说清楚了"虚拟影院"的意思，也能够在我们的头脑中呈现一个通过手机便可进行选场、选片、观影的文化消费场景。此款 App 最主要的点，在于院线同步观影的拼单式实现。但问题也随之而来：

（1）并非现在的腾讯视频、爱奇艺、优酷、咪咕、哔哩哔哩等视频 APP 没有想到这个主意，而是限于政策和市场层面的规范与规约。或许，将来可以，但现阶段恐难实现。

（2）外卖功能的设置显得节外生枝，单做此项就构成了与美团外卖、饿了么等 App 的竞争，线下铺展工作难且工作量大，也并非此 App 的核心功能，如增加之，非但无助，而且有损。

这种思维的挖掘是非常可取的，也切实地抓住了用户的痛点。作为受众的我们，也并非总是在想看电影的时候去影院，毕竟有很大一部分人更喜欢在私人空间里观影（或者是躺着观影）。对热映影片的需求是每个人都有的，然而我们在策划时也一定要考虑到影片制作方和发售方的利益。对于传统院线场所的保护，既是发售方的诉求，也是版权保护的一种有效手段。当然，我们也看到一些网络大电影，虽然质量参差不齐，但是这种网络首播、网络盈利也是一种创新。

此外，在虚拟影院 App 中，这种拼单的消费或盈利模式，确实有优于会员制的消费或盈利模式的地方。例如，这部网络电影定时在晚上 8 点播放，此场的售价为 3 万元人民币，有 40 万人在 3 个小时前预定并有 30 万人点击观看，则观看影片的人只需要每人支付不到 0.1 元钱。如果每天看一部这样的电影，那么一年只需要 36.5 元便可。而作为虚拟影院 App 一方也会有更多收益，同时，也便于激励院线方提高内容资源质量。

12.8 案例8：魔音

12.8.1 产品介绍

魔音（产品策划与设计者：于金玲、刘颜雪、陈永越）是基于"模仿"心理和行为而构建的一个全民参与性质的音乐类专业（供非专业人士）展示与交流的App。产品将"模仿"作为切入点，构建了一个较有新意的新媒体产品策划案例。

12.8.2 策划说明

魔音 App 产品策划与设计初稿

（于金玲、刘颜雪、陈永越）

玩转魔音，模音来袭！

一、产品名称

魔音（App）。

当你听专辑的时候，有没有偷偷模仿偶像的动作要要酷？或者说，中二的你，是否想象过自己就是 MV 里的主角？有没有想过也能像他们一样，跟着音乐的节奏摇摆，酷到没朋友？有没有想过像电视剧男女主一样拥有一段完美的爱情，或者是像海贼王一样去海上、无人岛上探险？

二、产品概述

1. 产品背景

随着移动终端的普及和网络的提速，凭着其"短平快"的优良特性以及与现在人们快速阅览需求的良好契合度，魔音发展而来，相信越来越多的人会喜欢它的简洁、幽默。

2. 产品定位

魔音是一款专注于模仿的音乐视频类软件，同时也是提供给有着共同爱好的年轻人的交友社区。魔音总体分为两大类：一是模仿知名演员和著名歌手的音乐作品，拍摄音乐的MV，凭借着或夸张或唯美柔和的声线吸引大众；二是模仿热门影视剧中感人经典桥段，凭着自己理解为人物配音，可上传原画和配音部分，也可上传你自己拍摄的"电视桥段"和配音。品牌形象鲜明。

3. 发展方向

（1）画质清晰，声音完美无杂音。未来更加注重特效、滤镜、美颜、变声的优化，更大限度地还原原画、原声，实现"模"的主题。相信它未来的发展前景非常广阔。

（2）尽量与娱乐相结合，发掘用户的想象力，让自己成为别人模仿的"大咖"。

（3）受众人群：适合所有人，但软件的大部分受众应该还是喜爱搞怪、爱玩的人群。

三、产品架构

魔音的主页由首页、上传、交友、我的，四部分构成，能上传自己满意的作品，能交到志同道合的朋友，能收获许多的粉丝，能发掘自己的才华和想象力，还能接受受众的建议。魔音 App，相信能给许多人带来不一样的快乐体验。魔音 App 产品架构图见图 12-2。

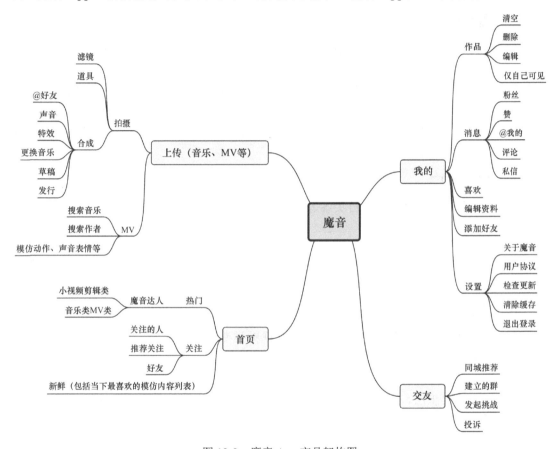

图 12-2　魔音 App 产品架构图

注：根据于金玲手绘图整理。

四、产品特色功能

围绕"模仿"这一主题。

（1）对歌曲的模仿。选择你喜爱的歌手，例如周杰伦，模仿他唱过的歌，也可根据个人喜好决定是否拍摄相关音乐的 MV，凭借系统和"观众"的综合打分，获得把自己推进热门的条件。

（2）对电视桥段的模仿。在这一环节中，你可以单纯为你喜爱的影视剧、动画等配音，发布出去，也可以自己拍摄一段视频，加上自己理解的配音精髓。

（3）在交友部分，你可以发起挑战或接受挑战，同样的歌或同样的视频配音，谁更能让对手折服，谁能获得更好的分数，谁就能得到更高的知名度，获得更多的粉丝。

五、产品内容分析

目前，市场上已有全民 K 歌，抖音软件，但 K 歌主打的是 PK 唱歌，抖音主打的是自己合成的特色小视频，抖音某些方面的滤镜有点和某些拍照软件的滤镜类似，但魔音主打的是模仿，不光音乐可以模仿，视频、配音也可以模仿，它主要引导青少年发挥自己的想象力，利用自己的活力记录对青春的理解以及中年人对生活的体会。

六、盈利模式

（1）在进入首页前和在各个界面中，插入广告，广告包含与唱歌有关的物品，赚取广告费。

（2）"魔音"玩家可自愿买"硬币"，5 角 1 个硬币，可用来献给自己喜欢的"魔音达人"，硬币多的人可能会被推送到热门，获得更大的关注度，足够满足你好玩的心理。硬币也可当作挑战其他达人的门票，发起一次挑战需花费 3 元购买 6 个硬币，硬币由获胜方获得，就是说知名度也由获胜方获得。

七、软件推广

通过微信公众号、微博、今日头条等进行推广。

八、关于版权问题

可在每个模仿的歌曲和电视电影桥段注明出处，同时每模仿一首歌或一个电视电影桥段需投入 1 个硬币，由原著获得。

九、小组分工

于金玲：提供想法，设计产品主要功能之视频类专项，文案撰写，分析产品概述，分析受众，设计产品架构图，建设产品盈利模式等。

刘颜雪：提供想法，设计产品主要功能的音乐类专项，产品盈利模式分析，PPT 制作。

陈永越：提供想法，了解"魔音"软件与市场中某些软件是否存在冲突，负责文案产品内容分析。

12.8.3 分析点评

魔音 App 产品策划有一定的市场价值和开发潜力，但它也存在着需要克服的问题。

（1）魔音主打"模仿"牌，这一点是值得深入挖掘和鼓励的，模仿有多种可能，对明星，对他人，都是一种偶像时代的自娱或他娱行为。这在"朋友圈"众多的新媒体时代，不得不说是一个很好的突破口。同时，这款 App 也主要靠 UGC 模式来实现内容供给和更新。事实上，我们换个思路考虑，很多如"全民 K 歌"App，其用户所唱的歌曲绝大多数也是既定版权作品（明星演唱过的作品），所以，这些用户的 K 歌，实际上就是在模仿，更进一步说，对于一些准专业的模仿者或歌唱者来说，模仿是创造性地模仿。

（2）策划者注意到了"众娱"时代下的音乐发展态势，即"模仿+特效"。所谓"特效"，即是众多音视频编辑软件所带来的配乐等特殊效果，用以实现美化或娱乐的作用。这款 App 的定位是为非音乐专业人士（音乐爱好者）提供的娱乐软件，但是策划者如果能够以此为平台，不断挖掘具有开发潜力的原创型网络歌手，或许也可以成为这款 App 的特性。

（3）版权问题是这款 App 所面临的最大问题。自媒体用户所上传的资源很少有考虑版权问题者，而一旦涉及侵权作品上传，那么 App 的审核与发布，便异常重要。此前今日头条自媒体平台便面临很多此类问题。所以，我们在新媒体产品策划时，看到新意与商机的同时，也一定要想到与此同时所面临的技术、版权及内容等相关难题或瓶颈。否则，产品行之不远。

【思考与练习】

1．我们要在策划前做一个分析师。所以，请你和小组成员一起分析一款或多款大家一致认为最值得共同分析的新媒体产品，然后将它（它们）的优点、缺点、内容、模式、效益、流程等所有你（你们）认为有价值或可以分析点评之处都列出来，分享给同学们。

2．分组策划一款新媒体产品（用时 20 天后做初次汇报，教师点评后，进行相应修改、调整、转变或进一步策划），并进行选题论证、调研、分析、统计与设计：策划文案、汇报 PPT、绘制流程图、设计草稿、调研相关文献材料等。展示并提交新媒体产品策划书、汇报 PPT、产品原型图或其他设计材料。

参 考 文 献

[1] 克莱沃宁. 你的品牌需要一个讲故事的人[M]. 陶尚芸，译. 北京：中国友谊出版公司，2018.

[2] 麦克丹尼尔，盖茨. 当代市场调研[M]. 李桂华，等译. 北京：机械工业出版社，2018.

[3] 哥乔斯. 产品经理手册：第四版[M]. 北京：机械工业出版社，2017.

[4] CAGAN M. 启示录：打造用户喜爱的产品[M]. 武汉：华中科技大学出版社，2017.

[5] 乌立齐，埃平格. 产品设计与开发：原书第 5 版[M]. 北京：机械工业出版社，2017.

[6] 韦伯斯特. 注意力市场[M]. 北京：中国人民大学出版社，2017.

[7] 金根培. 重新定义产品[M]. 长春：北方妇女儿童出版社，2016.

[8] 李斯特，多维，等. 新媒体批判导论：第二版[M]. 吴炜华，付晓光，译. 上海：复旦大学出版社，2016.

[9] 施密特，等. 重新定义公司：谷歌是如何运营的[M]. 北京：中信出版集团，2015.

[10] 博克. 重新定义团队：谷歌如何工作[M]. 北京：中信出版集团，2015.

[11] 沃瑞劳. 用户思维[M]. 北京：中国友谊出版公司，2015.

[12] 博赞. 启动大脑[M]. 北京：化学工业出版社，2015.

[13] 塔瑟尔，赫菲尔德. 电子媒体管理[M]. 北京：中国广播电视出版社，2014.

[14] 希思·C，希思·D. 让创意更有黏性：创意直抵人心的六条路径[M]. 北京：中信出版社，2014.

[15] 迈尔-舍恩伯格，库克耶. 大数据时代[M]. 盛杨燕，周涛，译. 杭州：浙江人民出版社，2014.

[16] 格拉德威尔. 引爆点：如何引发流行[M]. 北京：中信出版社，2014.

[17] MEY C V. 谷歌和亚马逊如何做产品[M]. 北京：人民邮电出版社，2014.

[18] 阿克. 管理品牌资产[M]. 北京：机械工业出版社，2012.

[19] MCQUAIL D. McQuail's Mass Communication Theory[M]. 6th ed. London：SAGE Publications，2010.

[20] 希格. 代码 2.0：网络空间中的法律[M]. 李旭，等译. 北京：清华大学出版社，2009.

[21] 贝蒂格. 版权文化：知识产权的政治经济学[M]. 北京：清华大学出版社，2009.

[22] 雷纳德. 当代市场调研[M]. 李本乾，等译. 北京：中国人民大学出版社，2008.

[23] 施瓦尔贝. IT 项目管理：原书第 4 版[M]. 北京：机械工业出版社，2008.

[24] 麦奎尔. 麦奎尔大众传播理论：第四版[M]. 北京：清华大学出版社，2006.

[25] 莱希格. 代码：塑造网络空间的法律[M]. 李旭，等译. 北京：中信出版社，2003.

[26] 巴赞. 思维导图——放射性思维[M]. 北京：世界图书出版公司，2000.

[27] MCQUAIL D. Mass Communication：An Introduction[M]. London：Sage Publications，1983.

[28] 崔保国. 中国传媒产业发展报告（2018）[R]. 北京：社会科学文献出版社，2018.

[29] 唐绪军. 中国新媒体发展报告（2018）[R]. 北京：社会科学文献出版社，2018.

[30] 叶明桂. 如何把产品打造成有生命的品牌[M]. 北京：中信出版集团，2018.

[31] 冯帼英. 品牌魔方：6 维度成就冠军品牌[M]. 北京：机械工业出版社，2018.

[32] 康韦. 做企业就是做市场[M]. 北京：金城出版社，2018.

[33] 刘常宝．市场调查与预测[M]．北京：机械工业出版社，2018．

[34] 刘涵宇．解构产品经理：互联网产品策划入门宝典[M]．北京：电子工业出版社，2018．

[35] 何佳讯．品牌的逻辑[M]．北京：机械工业出版社，2018．

[36] 刘显铭，等．互联网产品修炼手册[M]．北京：机械工业出版社，2017．

[37] 张永杰．互联网产品经理的34堂必修课[M]．北京：人民邮电出版社，2017．

[38] 寿步．网络安全法实务指南[M]．上海：上海交通大学出版社，2017．

[39] 张京成．中国创意产业发展报告（2017）[R]．北京：中国经济出版社，2017．

[40] 张平．网络法律评论[C]．北京：北京大学出版社，2017．

[41] 申晓博．逆营销[M]．北京：中国财富出版社，2017．

[42] 林升梁．整合品牌传播战略与方法[M]．北京：中央编译出版社，2017．

[43] 中国互联网协会．互联网法律："互联网+"时代的法治探索[M]．北京：电子工业出版社，2016．

[44] 周苏，王硕苹，等．创新思维与方法[M]．北京：中国铁道出版社，2016．

[45] 陈永东．赢在新媒体思维——内容、产品、市场及管理的革命[M]．北京：人民邮电出版社，2016．

[46] 闫荣．产品心经：产品经理应该知道的60件事[M]．北京：机械工业出版社，2016．

[47] 卫海英，陈凯，王瑞．市场调研[M]．北京：高等教育出版社，2016．

[48] 金错刀．爆品战略——39个超级爆品案例的故事、逻辑与方法[M]．北京：北京联合出版公司，2016．

[49] 蒋晓东，宋永军．创品牌：移动互联网时代的品牌转型、打造与传播[M]．北京：机械工业出版社，2016．

[50] 董璐．传播学核心理论与概念[M]．北京：北京大学出版社，2016．

[51] 白远．中国文化创意产业发展与产品内外需求[M]．北京：经济管理出版社，2016．

[52] 匡文波．新媒体概论[M]．2版．北京：中国人民大学出版社，2015．

[53] 国家新闻出版广电总局出版专业资格考试办公室．数字出版基础（2015年版）[M]．北京：电子工业出版社，2015．

[54] 林刚．新媒体概论[M]．北京：中国传媒大学出版社，2014．

[55] 陈光峰．互联网思维：商业颠覆与重构[M]．北京：机械工业出版社，2014．

[56] 吕丽，流海平，顾永静．创新思维：原理·技法·实训[M]．北京：北京理工大学出版社，2014．

[57] 舒咏平．品牌传播教程[M]．北京：北京师范大学出版社，2013．

[58] 匡文波．新媒体概论[M]．北京：中国人民大学出版社，2012．

[59] 吴多辉．每个人都是创新天才——像乔布斯一样思维[M]．成都：成都时代出版社，2012．

[60] 李海容．泛媒时代[M]．广州：暨南大学出版社，2011．

[61] 郭庆光．传播学教程[M]．2版．北京：中国人民大学出版社，2011．

[62] 许湘岳．团队合作教程[M]．北京：人民出版社，2011．

[63] 陈勤．媒体创意与策划[M]．北京：中国传媒大学出版社，2009．

[64] 郭娅莉，等．媒体政策与法规[M]．北京：中国传媒大学出版社，2006．

[65] 郝朴宁．话语空间——广播电视谈话节目研究[M]．北京：中国社会科学出版社，2005．

[66] 陈初友，王国英．TOP创意学经典教程[M]．北京：北京出版社，1998．

[67] 邹瑜．法学大辞典[M]．北京：中国政法大学出版社，1991．